U0053366

德國史
Germany
中歐強權的起伏

周惠民——著

三民書局

增訂四版序

　　《德國史——中歐強權的起伏》最早寫成於 2003 年,交代德意志民族兩千多年的興衰。然時勢推移,每需更新,遂有兩次增訂,期能與時俱進。此次,借書局重刷之便,得以補述近年德國政經社會變化。

　　2019 年以後,人世間忽然經歷劇變,新冠病毒來襲、俄國與烏克蘭發生衝突、海上難民漂流、近東兵燹再起,種種變故,在在與德國有關。基督民主聯盟長期執政之後,民心思變,2021 年起政權轉換。社會民主執政聯盟上臺後,立即面臨大疫造成的經濟不景氣及歐洲戰事與難民引發的社會議題。一時之間,民意紛陳,令人目不暇給。此次增訂即以最近局勢為主,整理來龍去脈,野人獻曝而已。

周惠民於 2023 年 11 月 21 日

自　序

　　寫歷史很難，作者的史觀、讀者的背景都會影響內容。寫西洋史更難，對一個許多讀者不太熟悉的地方，用有限的篇幅來說明，經常面臨不知從何說起的窘境。寫德國史尤其難，歷史上的「德國」在許多封建勢力的分分合合中發展，疆域、組織都很難明確掌握，如何交代其歷史脈絡，1866 年以前的奧地利算不算德國？

　　由於國內德國史研究缺乏，多年來，德國史教學都要倚賴英文的著作，難免受限於作者史觀及原設定讀者的背景知識，英國讀者對德意志封建、社會組織有較多認識，可以省去許多說明，但對國內讀者而言，就較難掌握而必須解釋。

　　幾年以前，三民書局劉先生發心要寫一套「國別史」，邀請相關課程的教師參與。這實在是一種創舉，終於有書局要擺脫「翻譯」的形式，寫一套「外國史」給「本國」的讀者閱讀；作者雖學識淺薄，倒也很願意接受這樣的挑戰。應承之後，才深切體會上面所說的寫史難處。

　　撰寫本書期間，曾獲得德意志學術交流總署 (DAAD) 的資助，前往德國蒐集相關資料及著作，並請教許多學者，討論基本的綱要及重要的史觀，例如奧地利及瑞士與「德國史」的關聯；

也盡量參考了國內外現存的中文相關著述。但因為教學工作繁忙，只能利用課餘時間寫作，很難一氣呵成。幾經停頓、延宕，初稿終於數年之後完成，但無論結構或行文都嫌粗糙，只好留中。

今年年初，利用前往日本研究的機會，在東京成城大學幽靜的環境中，參考了日本學者的「德意志史」著作，重新改寫。又請了輔大歷史研究所的明智、佑蓁及政大歷史系的桂慈、如舜及蕙筠幾位同學校對一遍，才有現在這個樣子。

書局當初希望能寫得簡單、易懂，以十萬字為原則。奈何作者缺乏以簡御繁的本事，還是超過了篇幅。說明不清楚之處，仍是所在多有，也許有一天可以在不受篇幅限制的情況下，把這些過失補過來。

周惠民記於行兒周歲

德國史
中歐強權的起伏

目 次 | *Contents*

第 1 篇

從部落到帝國

德意志史的開端

前　言

　　國人都知道「德國」，也對德國的文化、工業技術有相當深刻的印象，但是要問到德國歷史發展的情況時，許多人又說不出個所以然來。中學的歷史課本中並沒有針對德國作主題式的討論，甚至有些人不清楚奧地利與德國有何關聯。國內許多德國史的書籍又多為翻譯作品。西方人寫給西方人讀的德國史，並不會對他們清楚的東西作太多的描述，所以這些書籍譯成中文時，還缺少一些重要概念的說明。本書因此希望能針對國內讀者的需求，對重要概念加以說明。其中最重要的概念可能就是：什麼是「德國」？也許有讀者要問，這不是一個很奇怪的問題嗎？可是，德國人往往也無法把這個問題作一清楚的說明，因為歷史上的德國是一個相當模糊的概念。

　　一個民族在撰寫其民族歷史時，多會先將其歷史發展的舞臺

作一清楚的描述。如同英國、日本這樣的島國民族，疆域確定，其歷史輪廓自然清楚。即使在中國歷史上，疆域經常變化，也歷經了多次邊疆征服王朝的入侵或與一些滲透王朝並存，但中國歷史的輪廓，也較少爭議。相形之下，德國歷史學者對其歷史發展的場景，就比較難定義。有位德國歷史學者指出：

> 德意志很難懂，德意志史也很難寫。為何如此呢？德意志人的土地 (Deutschland) 就在中歐的某處，要加以較清楚的界定只是徒增煩惱。❶

的確，在封建時期的德意志地區，諸國林立。對德意志人而言，「中央政府」、「民族國家」都是十九世紀以後才逐漸成形的一種概念。在此之前，沒有「德意志史」或「日耳曼史」❷。許多史家，只對他們安身立命之所的歷史加以敘述。因此蘭克（Leopold von Ranke，1795–1886 年）的史學鉅製，也僅止於「普魯士史」。薩克森 (Sachsen) 的公爵出任英格蘭國王後，薩克森史家也不曾將其疆域自動擴大到英格蘭地區。

1871 年以後，德意志史家開始要撰寫新帝國的歷史時，也難免踟躕。德意志的歷史要自何處入手？最後得到的共識是：日耳

---

❶　Valantin, *Veit, Geschichte der Deutschen* (1979, Köln), p. 17.

❷　此處「德意志」從德文發音，較偏重政治發展；「日耳曼」則以其部落角度討論，較重地理位置，兩者未必同義。

曼人正式自法蘭克王國分出來以後，才算是德意志史的開端。但是德意志人活動的區域，仍是無法清楚界定，只好依不同的時期再加以說明。

　　為了讓對德國史有興趣的讀者方便對照，本書保留德文的原樣，音譯時也以德語發音為準。

第一節　日耳曼族

　　因為缺乏文獻記載，所以德意志人早期的歷史，並不是很清楚。羅馬帝國最早開始記載日耳曼部落 (Germanen) 的活動，但這些日耳曼部落與今日之德意志民族並不相同。當時所謂的「日耳曼部落」，是對所有居住於北歐及中歐，使用印度－日耳曼語系的各個部落的統稱。現代的民族學家對這個名詞的含意尚不清楚，大約可信的是歐洲較早的居民克爾特人 (Kelten) 先使用這個名稱來稱呼新移民。而凱撒（Julius Caesar，前 100–前 44 年）遠征高盧時，用「日耳曼族」這個名稱來稱呼當時居住在萊茵河右岸（在今日德國境內）的各個部落。其後，「日耳曼族」的概念才逐漸介紹到羅馬人的世界裡。

　　日耳曼部落是指原先居於斯堪地那維亞半島南部（包括丹麥）及其臨近地區的一些民族，他們的文化及宗教相當接近，所以成為一個文化圈。西元前 1000 年左右，因為北歐地區氣候轉壞，該地區的居民開始向南遷移。到西元前 450 年時，他們分布在萊茵河沿岸，南至阿爾卑斯山以北，東到外克塞河（Weichsel，即維

斯杜拉河 Vistula）的地區之內。到了西元前二世紀，這些民族又開始另一波的民族移動，而開始與羅馬世界有較多的接觸。

對這些日耳曼部落進行研究之前，必須先對這些民族加以區分。許多人類學者根據這些部落的社會組織、宗教信仰及文化型態作為區分的依據，大致勾勒出蠻族早期的生活情況。

日耳曼部落雖是以語言、血統、生活習慣、文化及信仰為族群的指標，但因散居之故，個別差異可以相當大。所以西元四世紀起的大規模族群遷移時，並非整個血緣民族集體行動，而是以較小的氏族組織為單位。歷史學者將這些移動的日耳曼部落約略的分成西日耳曼人、東日耳曼人及北日耳曼人三個大類別。西日耳曼人指的是西元一世紀時居住在西起萊茵河，東至衛塞河 (Weser)，南至多瑙河，北達北海的這些族群。這些族群又可依據他們的居住地細分為：

1. 萊茵－衛塞河族群：包括蘇甘柏 (Sugambrer)、登克特 (Tenkterer)、烏必耳 (Ubier)、布魯克特 (Brukterer) 及巴達維 (Bataver) 等族。三世紀時，這些部族被合稱為法蘭克人。

2. 北海族群：包括了盎格魯 (Angels)、富瑞生 (Friesen) 及薩克森。一部分的盎格魯族、薩克森族及尤特族 (Jüten) 又於五世紀時征服了不列顛地區。

3. 易北河族群：包括謝魯斯克 (Cherusker)、馬可曼 (Markomanen，原意可能是「邊區民」)、夏登 (Chatten)、許維本 (Sweben) 及色畝農 (Semnonen) 等族。謝魯斯克族稍後與其他小族併入為薩克森族，夏登族是日後黑森人 (Hessen) 的祖

先。賀畝圖族 (Hermunduren) 則與圖林恩 (Thüringen) 地區關係
密切。許維本族與其他小族成為分布在西南德地區及萊茵河左
岸（即今日之亞爾薩斯）的阿里曼人 (Allemanen) 的祖先。

4. 東日耳曼族群包括了原本居住在斯堪地那維亞的哥德人等不同
   的部落。他們沿著外克塞河到俄國南部地區後，分為兩個主要
   部落：東哥德及西哥德。除哥德人外，東蠻族還包括了布根德
   人 (Burgunder) 及汪達爾人 (Vandalen)。布根德人在西元前 100
   年時仍在奧得河 (Oder)、外克塞河一帶居住，在西元四世紀時
   已遷移到萊茵河中游。汪達爾人的活動區域則是在什列西恩一
   帶。郎哥巴登人 (Langobarden) 的身分較不易界定。這一支原本
   居於更北之處，而與馬可曼人及謝魯斯克人有接觸，到二世紀

圖 1：日耳曼族群分布圖

時才遷移到今天匈牙利一帶，所以有些學者認定他們是易北河日耳曼族群，但也有人主張他們應屬於東日耳曼族群。

5. 北日耳曼族群主要包括留在斯堪地那維亞及丹麥的各個部落，其中部分後來被稱為諾曼人 (Norseman) 及維京人 (Vikinger)。

所有日耳曼族群的社會組織有一個共同的特徵：以氏族為基本單位的強有力父權社會，這些氏族同時也是遷徙時的基本單位。塔西陀斯在他的著作《日耳曼紀》(*Germania*) 一書中，曾描述居住在萊茵河岸的日耳曼民族，說明日耳曼族群的社會有不同等級，包括自由人、半自由人及奴隸三個階級。自由人是有戰鬥能力的農民及工匠等；半自由人則為一些依附者或被釋放的奴隸。奴隸主要來源則是戰爭中的俘虜及奴隸所生之子女。根據塔西陀斯的描述，奴隸與自由人之間的差異，並非十分明顯。

> 一般而言，（日耳曼部落的）奴隸並沒有太多的工作，與我們的奴隸不同。每一個（奴隸）都有自己的房子以及耕地，要交給主人一定量的穀子、牲口或衣料，與佃農無異。在某種程度上，奴隸也需要服些勞役，但其他的工作，如家務等，仍是由主母及其子女自行處理。❸

許多部落曾經有過「王」的制度，但主要擔任一些與祭祀有關的任務。這些以奉祀為主的王，在部落遷徙的過程中，往往被

---

❸ Tacitus, *Germania*, §25.

領軍打仗的「軍主」所取代。軍主又因有許多「部從」擁戴，漸漸成為世襲，演變成「國王」制。「部從」制度則演化成「附庸」制，與日後的封建有密切關聯。

第二節　日耳曼部落社會與羅馬帝國

西元前 113 年時，一部分的日耳曼族群，如慶柏 (Kimber) 及條頓 (Teutonen) 等族群已經從尤特蘭 (Jütland) 地方向外遷徙，進入羅馬帝國所控制的阿爾卑斯山南麓地區，並與羅馬軍團發生衝突。初期，日耳曼部落雖然獲勝，但在西元前 101 年時，被羅馬將領馬里烏斯 (Marius) 殲滅於佛切里 (Vercelli)。西元前 71 年時，許維本族的一個部落領袖阿里歐維斯特 (Ariovist) 又率領大批的部從進入萊茵河上游之地，引起羅馬帝國之關切，西元前 58 年，凱撒與之決戰於慕爾豪森（Mühlhausen，位於今日之亞爾薩斯境內），將之逼退。由於日耳曼部落不斷進入，羅馬帝國改採和綏政策，與各部落領袖結盟，希望維持一定程度的和平。例如西元前 38 年，羅馬將領阿格力帕 (Agrippa) 與定居於萊茵河東岸的烏必耳人訂約，雙方和平相處，烏必耳人活動的中心也逐漸發展成為羅馬帝國在萊茵河以東地區的政治及軍事中心，也就是日後的科隆 (Köln)❹。

---

❹　Köln 之原名為阿格力帕殖民地 (Colonia Agrippinesis)，簡稱 Colonia，即是科隆。

　　羅馬帝國本有意將其邊界推向易北河，但在擴張的過程中，遭遇謝魯斯克人的抵抗。西元 9 年時，謝魯斯克部落主阿米尼烏斯（Arminius，前 18?–21 年）在條頓堡森林區打敗羅馬將領瓦魯斯（Varus，前 46–9 年）之後，羅馬皇帝奧古斯都（Augustus，前 63–前 14 年）便放棄了這種企圖。萊茵河東岸地區羅馬殖民地的發展則相當迅速，城市如雨後春筍般興起，羅馬帝國的工藝技術如燒磚、製陶、玻璃等傳入日耳曼地區。寬廣的道路四通八達，新引進的耕作方式如種植葡萄等則改變原有耕種方式。日耳曼人也以羅馬的技藝，創造富有民族色彩的工藝作品。

　　日耳曼部落與羅馬帝國的關係愈來愈密切，許多人漸次加入羅馬軍團，開始接觸一些高層次的管理及行政技術，這對羅馬帝國而言，未必是福。當羅馬皇帝尼祿（Nero，37–68 年）死後政治混亂之時，日耳曼部落也利用自羅馬人學到的行政及組織技術，組成強有力的軍隊，大敗羅馬軍隊，計畫建立一個帝國。

　　為了防止日耳曼人繼續入侵，羅馬人也像中國漢民族一樣，在邊界上築起一道防禦工事，以阻止馬隊的進入。自奧古斯都皇帝開始，羅馬帝國就在萊茵河與多瑙河之間，修築這種工事，稱之為界牆 (Limes)。二世紀時，羅馬界牆大概分為四段：

1. 下日耳曼界牆：自萊茵河左岸到農衣衛 (Neuwied)。
2. 上日耳曼界牆：從萊茵布洛爾 (Rheinbrohl) 往東到陶怒斯 (Taunus) 然後折向南到洛爾西 (Lorch)。
3. 瑞特界牆❺：自洛爾西東北延伸至古琛豪森 (Gunzenhausen)，再折向東南到多瑙河沿岸。

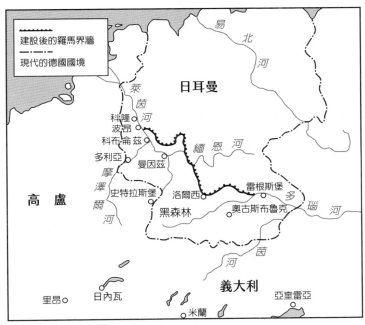

圖 2：羅馬—日耳曼之間的界牆

4.多瑙界牆：沿多瑙河而下，至匈牙利境內。

　　界牆多為土牆或壕溝所組成，有時也以木柵欄為牆。每隔一段目視的距離之內，另有石材所造的瞭望塔。界牆之內，大約每隔十五公里就設立一個營區，屯兵駐守。牆內也有馳道通往各個渡口。羅馬帝國國勢仍強時，這些界牆還能發揮阻斷日耳曼部落入侵的功效，但隨著羅馬帝國國勢日衰，日耳曼人逐漸滲透到帝國境內。260 年左右，阿里曼人就曾占領部分界牆內的地區，迫

---

❺　瑞特界牆 (Rätischer Limes) 因羅馬帝國瑞特恩省 (Rätien) 而得名。

使羅馬帝國放棄界牆，防守線逐漸後移。

　　由這些界牆的建築，我們大致可以了解羅馬帝國與日耳曼部落的邊界。羅馬帝國與秦漢帝國一般，無法解決游牧民族犯邊的問題。但隨著西羅馬帝國的逐漸衰落，這些界牆就走入歷史。這些界牆的遺址，至今仍存在德國西南部的郊野。

　　界牆的設置，使羅馬帝國與日耳曼族群間有一些往來的交通據點，漸漸發展出一些市集，再擴大成為城鎮。今日德國境內許多著名城市如帕掃 (Passau)、雷根斯堡 (Regensburg)、科布侖茲 (Koblenz)、曼因茲 (Mainz)、科隆等城市的起源，均可追溯到這個時期。

　　隨著羅馬文化進入日耳曼部落居住地區的是當時在羅馬帝國內已經相當盛行的基督教信仰。自 313 年君士坦丁大帝（Konstantin，272–337 年，在位期間為 306–337 年）詔令宗教寬容之後，基督教在羅馬境內傳播愈來愈廣，特奧多西一世（Theodosius，347–395 年，在位期間為 379–395 年）時，確立基督教為羅馬的國教，更激起宗教信仰的熱情，許多教士開始向外傳道，日耳曼部落所居住的地區自然是傳教的重點。在四世紀初期，日耳曼族群已經開始接受基督教義。科隆城也建立一個主教的座堂。最早有關日耳曼部落信仰的記錄是 313 年時科隆主教到羅馬參加宗教會議。但這尚不足以說明基督教在日耳曼族間傳布的狀況。341 年時，一位西哥德族的烏爾飛拉（Wulfila，310–383 年）被任命為哥德人的主教，並開始以哥德人的文字翻譯基督教經典，日耳曼族才開始大規模的接受基督教。五世紀時，東哥德

人也開始接受基督教義。但是此時日耳曼族所接受的，是阿利安教派學說❻，與羅馬公教有許多差異。因此，當日耳曼部落占領羅馬帝國土地之後，因教義差異，反而造成爭執。

　　三世紀左右，匈奴人因與漢帝國的戰爭不斷失利，被迫往西移動。經中亞大草原越過鹹海、裏海，直到黑海北端。375 年，匈奴大敗東哥德人，迫使東哥德人西遷。東哥德人首先進入今日的匈牙利地區，除了四處劫掠外，並向東羅馬帝國要求貢品。西羅馬帝國的統帥艾提烏斯（Aetius，390?–454 年）❼則採取與匈奴合作的策略。在高盧戰場上利用匈奴軍隊來對抗日耳曼部落，頗有成效。匈奴軍隊中最著名者莫過於阿提拉王（Attila，406–453 年）❽。他在 445 年殺害其兄，單獨統治匈奴諸部，勢力達到頂峰。但他與西羅馬帝國發生衝突，因而在 451 年時將高盧劫掠一空，並率匈奴及日耳曼族聯軍逼進到今日特洛伊附近。艾提烏斯則組織日耳曼聯軍（包括法蘭克人、布根德人及西哥德人），並打敗了阿提拉；阿提拉乃於 452 年轉戰到義大利。在重金及力勸之下，阿提拉才撤軍。453 年，阿提拉在與東日耳曼部落的公主結婚前夕暴卒，匈奴帝國失去領導中心之後，很快的瓦解土崩，日耳曼各族才得以重新獨立的發展。

---

❻　阿利安教派為四世紀時亞力山卓城 (Alexandria) 之教士阿利烏斯 (Arius) 所創，對基督之解釋，與公教 (Katholizismus) 有異。在 325 年舉行的尼採阿 (Nizäa) 宗教會議上，受君士坦丁大帝質疑，稱為異端 (Ketzer)。
❼　艾提烏斯在幼年時曾為匈奴人質，對匈奴事務熟悉，故而與匈奴聯盟。
❽　阿提拉就是尼布龍根傳奇中的埃策爾 (Etzel)。

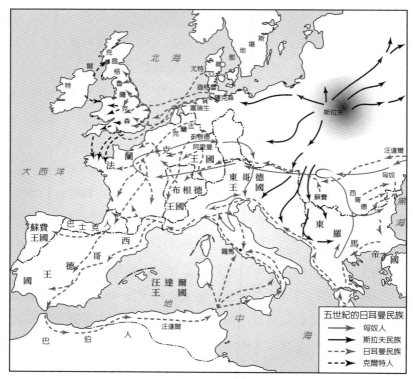

圖 3：五世紀日耳曼民族遷移圖

第三節　法蘭克王國的成立與發展

　　在萊茵河下游地區居住的西日耳曼部落經過長時期的整合與
兼併之後，逐漸形成一個較大的部落型態，到三世紀的中葉，開
始稱為法蘭克人。法蘭克人逐漸進入羅馬帝國的境內居住，也在
羅馬軍中服役。較著名者如阿博喀斯特（Arbogast，?–394 年），

他在特奧多西皇帝時代，曾擔任地區軍事指揮官。由於法蘭克人與羅馬保持良好關係，也逐漸在今日之比利時、萊茵河及默塞河 (Mosel) 一帶定居，並形成一穩定的封建社會。當 476 年西羅馬帝國滅亡時，他們趁機征服高盧北部到羅瓦河 (Loire) 一帶。克勞得威西（Chlodwig，466–511 年）在此建立一個大帝國。即後世所稱的法蘭克帝國。

梅羅維恩王室就在此時興起。梅羅維恩王室始祖是沙利安族 (Salien)，名為梅羅維奇（Merowech，411?–458 年），根據沙利安人的傳說，他的先祖為海中水怪。這個家族勢力逐漸擴張，成為一個地方級的小共主，到克勞得威西時期，才利用羅馬帝國混亂的機會，趁機擴張，建立政權。克勞得威西生於 466 年。他的父親黑爾德利希（Childrerich，?–481? 年）是沙利安法蘭克的部落主。克勞得威西在 482 年繼承其父後，利用武力及權謀，先後將各地諸侯兼併，並打敗羅馬帝國殘存勢力。此後他的對手只有高盧西南部地區的西哥德帝國及萊茵河左岸的阿里曼人。東羅馬帝國此時也只能對之加以攏絡，給予各種不同封號。

498 年，克勞得威西受到他的妻子克勞德希爾德（Chlothilde，474–545 年）影響之下，在雷姆斯城由主教施洗。由於他的公教信仰，使他在外交政策上採取與信仰阿利安教派的日耳曼族敵對的態度。在此時期，法蘭克人開始引進羅馬的法律及行政組織，並頒布《沙利安法典》(Lex Salica)，又將行政中心遷到巴黎。511 年，克勞得威西死在他的新首都時，帝國的雛形已經相當完備。

根據日耳曼的傳統，所有的兒子均有相同的繼承權。所以克

勞得威西去世後，法蘭克王國由他的四個兒子，透易得利希
（Theuderich，485–534 年）、克婁都摩（Chlodomor，495–524 年）、
黑爾得貝特 （Childebert，496?–558 年），以及克婁塔 （Chlothar，
500?–561 年） 平均繼承。此時四個人仍繼續其父的對外擴張政
策，所以國家仍然維持著統一的形式，並未分裂。531 年時，透
易得利希與克婁塔兩人合作征服了圖林恩王國，接著四人又合力
消滅了布根德王國。雖然法蘭克王國不斷的擴大，但後繼的統治
者如何「分治」卻是一個問題；多元統治終究無法長久，若非集
權於某人，就必然分裂。638 年，統治者之一達哥貝一世
（Dagobert I，602?–639 年） 去世，帝國權力分配的爭執終於表
面化。公開衝突的結果，是一些強有力的諸侯趁機崛起，甚至有
取而代之之勢。其中，又以長期控制實際政治事務的丞相
(Hausmeier) ❾處於最有利的位置。七世紀末期，法蘭克王國實質
上已經被分成兩個部分：

1. 紐斯提恩 (Neustrien) 在西邊，以巴黎為中心。
2. 奧斯提恩 (Austrien) 在東邊，以雷牧城為中心，稍後遷移到梅
   茲城 (Metz)。

　　雖然王室衰弱，國家分裂，但由於世襲的丞相並無立即取而
代之的必要，所以梅羅維恩王室一直維持御而不治的政治功能。
在卡爾‧馬特爾（Karl Martell，688–741 年）❿為相（714–741 年）

---

❾　所謂丞相，原本為國王親信，處理日常事務，屬於內朝官體系。但長
　　期掌權的結果，反而成為帝國內最有權的外朝官，甚至操廢立的大權。

時，甚至有一段時間根本沒有國王。743 年，梅羅維恩王室的黑爾德利希三世才又被立為國王。但 751 年時，他被放逐到修道院中，梅羅維恩王室結束。丞相丕平三世（Pippin III，714–768 年）**⓫** 自號為法蘭克王，並於 754 年受到教宗史迪範二世 (Stephan II) 的敷油，等於承認其統治之合法**⓬**。

第四節　卡爾大帝（Karl der Große，742–814 年）

丕平於 768 年去世，所遺下的帝國依傳統由其兩個兒子——卡爾 (Karl) 及卡爾曼 (Karlmann) 兩人共同統治。卡爾初繼位時，便刻意將其弟孤立於政治之外，以便自己能單獨統治。數年後（771 年）卡爾曼死，卡爾便將帝國統一。卡爾原與郎哥巴登王國有同盟關係，但郎哥巴登國王德西德里吾斯二世 （Desiderius II，720–786 年）卻不希望看到卡爾的勢力過分擴張，於是支持卡爾曼的兒子對領土的要求，並請教宗為他們行敷油禮，承認他們「法蘭克王」的地位。卡爾憤而出兵，於 774 年打敗德西德里吾斯二世，並自任郎哥巴登王。他繼續其擴張政策，於 778 年兼併

⓾　Martell 意為鎚子。西方史家稱他為大鎚子卡爾。

⓫　丕平三世，又稱為小丕平，俗稱矮子丕平。

⓬　此時羅馬教宗因受到郎哥巴登人的攻擊，求助於丕平，並對丕平及其子行敷油禮。丕平則同意出兵相助，並許諾所有對郎哥巴登人用兵之際所征服之土地均獻給教會，是為 「丕平之捐獻」 (Pippinsche Schenkung)。但這些征服的範圍到底有多大，尚有爭議。

圖 4：卡爾大帝

巴燕 (Bayern)❸，788 年將其君主塔西羅三世（Tassilo III，741?–796? 年）放逐到修道院中。但是往後對薩克森人的征服行動則沒有如此順利，大約征戰了三十年，才將薩克森的勢力鏟平。

800 年時，卡爾前往義大利，並於同年耶誕節接受教宗列奧三世 （Leo III， 750–816 年）加冕，稱之為「羅馬人之皇」，這也代表卡爾的帝國成了與拜占庭帝國對等的帝國，直接挑戰拜占庭的權威。

在內政方面，卡爾必須費極大心血，以維持這個大帝國的運作。他先廢掉所有世襲的地方君主，並將政治事務交給一些貴族管理。對各地諸侯也透過職務任命及新封土地來收編，成效也相當良好，漸漸形成一種貴族政治。維持帝國體制最有效的另一個辦法是確立帝國教會體系。卡爾在各地成立主教區，給予主教各種封地與賞賜，並調整教會內部組織，使之成為帝國統治體系中的一個重要環節。

他又在帝國新征服的土地上建立許多「邊區侯」(Markgraf)。

---

❸　一般所稱之巴伐利亞 (Bavaria) 則為拉丁文名稱。

防止周邊民族的侵略。例如在庇里牛斯山南邊建立西班牙邊區
(Spanische Mark) 以防阿拉伯人；多瑙河邊建立帕弄寧邊區以防亞
洲來的阿瓦人 (Awaren)；在北海一帶也建立丹麥邊區，以防維京
人的騷擾；在西北邊境也有一個不列顛邊區。這些沿邊諸侯握有
軍事及司法權，與唐代藩鎮十分類似。卡爾雖然對各個部落的舊
有習慣相當尊重，並命人記錄及整理他們的現存法律，但也另外
制訂一套法律制度，頒布實施。

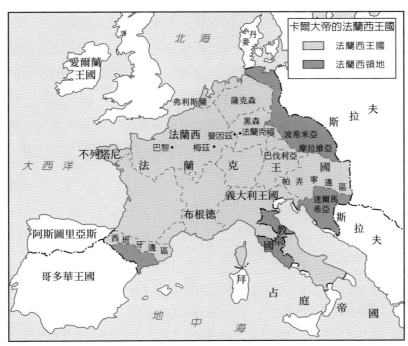

圖 5：卡爾大帝所建立的「沿邊諸侯」

　　卡爾將各地的飽學之士徵召到宮廷中，將古代及各地的知識及技藝都加以整理、保存，故而有「卡羅林恩王朝的文藝復興」之稱。由於卡爾的貢獻甚大，也普遍贏得民心，故在生前就受到「大帝」(der Große) 的稱號。

　　卡爾也根據法蘭克人的傳統，於 806 年時，將其帝國分給三個嫡子 ❶ 。但兩個較長的兒子均早逝，只剩其幼子路得威西（Ludwig，778–840 年）❶，故而卡爾於 813 年封他為「副帝」(Mitkaiser)。814 年 1 月 28 日，卡爾逝世於他生前最喜愛的居所——阿亨城 (Aachen)。

　　卡爾大帝時代，由於版圖擴張，中央便極力加強其對地方的控制，法蘭克王國逐漸演變成一個帝國。中古以前的統治者並沒有固定的居所，他們經常帶領大小扈從，在其領域之內的不同宮廷 (Pfalz) ❶ 中居住，並處理各種政務：司法審判、追比稅賦、發布詔令乃至接見外國使臣。卡爾大帝最喜歡的宮廷是阿亨城。該城建於八世紀中，許多建築仿拜占庭而成，金碧輝煌，並有溫泉。卡爾自 794 年以後，就長年居於此地。

---

❶　卡爾另有非婚生子女，但根據教會法，這些非婚生子女並無法律地位。

❶　史稱虔誠者路得威西 (Ludwig der Fromme)。

❶　由於這些宮廷為固定建置，與周代的東都或清代的承德性質接近，但因統治者並無固定居所，居於某地時，某地即為朝政中心，而非行宮。

第五節　法蘭克帝國之分裂

卡爾死後，由其子路得威西繼位，因其兩兄均早逝，故尚無風波。817 年，路得威西頒布詔命，規定帝國繼承制度，以其子婁塔（Lothar，795–855 年）為副帝，諸子則分封為王，並規定王位繼承之順序。但稍後又自毀原則，將其所偏愛的幼子卡爾（史家稱為「禿頭卡爾」，Karl der Kahle，823–877 年）之繼承順位提前，因而引發爭執。840 年，路得威西死，年紀較幼的路得威西（史家稱為「德意志人」Ludwig der Deutsche）及卡爾兩人結盟共同對抗婁塔，並於 842 年在史特拉斯堡 (Straßburg) 設誓，不讓其兄繼位為帝，雙方終至兵戎相見。鬩牆之戰最後於 843 年時以〈費當 (Verdun) 條約〉解決，婁塔一世雖保有皇帝稱號，卻非最高統治者，他獲得「中帝國」(Mittelreich)──土地包括北海自須爾德河 (Schelde) 及衛塞河口到隆河 (Rhone) 一線迄阿爾卑斯山脈東側並連接義大利。卡爾獲「中帝國」以西之地，路得威西則獲「中帝國」以東部分。這種情況一方面顯示法蘭克人的傳統仍具有相當大的約束力，另一方面也顯示日耳曼民族尚未具有經營「帝國」規模的組織行政能力。「中帝國」即因幅員廣大，皇帝無法有效控制各地政務，叛亂不止。義大利地方的統治者在十世紀初就要求恢復羅馬時代的「皇帝」稱號，布根德地區也很快獨立。「中帝國」的本部只剩了婁塔林吉恩 (Lotharingien)❶，而婁塔也無合法繼承人，故而其地在 870 年時，由卡爾及路得威西在梅爾

森 (Meerssen) 訂約，依馬斯河 (Maas)—默塞河—日內瓦線為界，各自控有部分土地。在 875 年時，卡爾確保了「皇帝」的稱號，也努力的維持帝國形式上的統一，但東、西法蘭克統一的情況也只維持到卡爾三世❸的時代（885–887 年）。此後便各自發展，而以東法蘭克為基礎的區域，遂發展成為日後的德國。

　　德意志位於歐洲中部，其四境與不同民族接壤，不同民族自不同角度認識德意志人，也因此有不同的稱呼。例如西歐法蘭克人同為日耳曼成員，稱呼萊茵河東岸的地區以最接近的部落阿里曼部落為主，這個概念一直延續、擴散到其周邊地區，所以法文的 Allemagne ， 西班牙文 Alemania 都是來自對阿里曼部落的稱呼，後來土耳其語也根據法蘭克人的習慣，稱德意志人為阿里曼人 (Almanya)。克爾特語的 An Ghearmáin，義大利語 Germania 則是古羅馬時期的日耳曼。波蘭文則稱德意志人為 Niemcy（意為外國人，foreigner，指這些德意志民族無法使用斯拉夫語）。許多斯拉夫語系民族也稱德意志民族為 Niemcy。芬蘭人與薩克森部落接觸較多，芬蘭語便稱德意志人為薩克森人 (Saksa)。

---

❶　指婁塔之地，即洛林 (Lothringen)。

❸　卡爾三世為德意志人路得威西之子，史稱胖子卡爾。

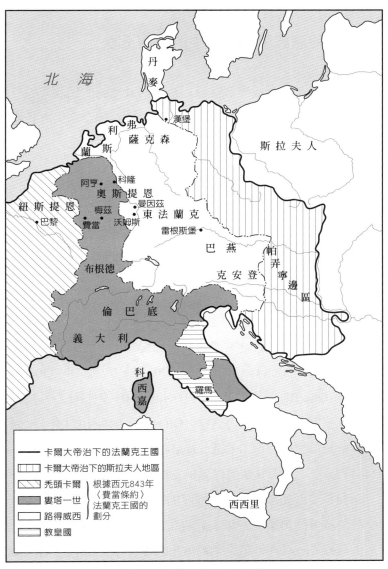

北海

丹麥

漢堡

弗利蘭斯 薩克森

斯拉夫人

科隆
阿亨
奧斯提恩
梅茲 曼因茲
費當 沃姆斯
東法蘭克

紐斯提恩
巴黎

雷根斯堡

巴燕 帕弄寧邊區

克安登

布根德

倫巴底

義大利

科西嘉

羅馬

西西里

卡爾大帝治下的法蘭克王國
卡爾大帝治下的斯拉夫人地區
禿頭卡爾
婁塔一世
路得威西
教皇國

根據西元843年
〈費當條約〉
法蘭克王國的
劃分

圖6:法蘭克帝國之分裂

第六節　德意志早期歷史中的幾個王室

當法蘭克王國分成幾個部分以後，西歐地區的民族疆域逐漸成形，從萊茵河兩側到奧得河的土地，大致為德意志民族控制，與日後「德國」的概念，相當接近。但當時這片土地之上，並沒有一個統一的政府形式，強有力的諸侯可以在自己的封地內行司法、行政及徵稅之權。甚至可以前往境外無主之地開疆闢地，另成一統，普魯士的早期發展，便是由條頓武士團組成的東進組織，進入斯拉夫民族居住區域而建立的。

諸侯間雖有推舉共主習俗，但共主也只享有形式上的統治權。王位雖非世襲，但現任者由於經濟及政治的優勢，父死子繼的情形頗多，因而形成幾個連續統治的「王室家族」。例如源於薩克森的路易芬恩 (Liudofinger) 家族，於十世紀到十一世紀間，連續有漢利希一世 (Heinrich I)、奧圖一世 (Otto I)、奧圖二世 (Otto II)、奧圖三世 (Otto III) 及漢利希二世 (Heinrich II) 擔任國王，被稱為「薩克森王室」或「奧圖王室」（Ottonen，919–1024 年）。繼之而起的是源於法蘭克蘭 (Frankenland) 的沙利安王室（die Salien，1024–1125 年）及與其關係深遠的史陶芬王室 (die Staufen)。

漢利希二世死後，薩克森地區的奧圖王室無合法繼承人，各諸侯乃決議另選奧圖王室母系近親孔哈德 (Konrad) 為王。孔哈德原為史拜爾 (Speyer) 地區之伯爵 (Graf) ❶⑨，家族源自沙爾法蘭克 (Salfranken)，故史家稱其家族為沙利安。沙利安王室統治時期，

發生了幾個較為重大的事件，包括：漢利希三世（Heinrich III，1016–1056 年）企圖改革教會引起重大的政教爭議，及十字軍運動 (Kreuzzüege) 事件。

中古時期許多教宗熱衷參與世俗事務，甚至從事征戰、買賣教職，逐漸與一般君主無異。教士亦有娶妻生子的事實。所以「改革教會」就成了許多人共同的要求，歐洲各地都有類似的呼聲。其中，又以布根德境內的克拉尼 (Cluny) 地方之修道院最為積極。這些修道院的教士主要的訴求有兩點：

1.禁止教職買賣 (Simonie)。
2.禁止教士娶妻 (Zölibat)。

漢利希三世與其妻阿格納斯（Agnes，1025?–1077 年）均為虔誠之基督教徒，繼位後，開始推行大規模的「教會改革」計畫。先後將三位與他意見不同的教宗推翻，並於 1049 年扶助與他理念接近的列奧九世（Leo IX，1002–1054 年）為教宗，希望能藉此而自教會內部改革積習。但漢利希英年早逝，其子漢利希四世（Heinrich IV，1050–1106 年）繼位時，年僅六歲。一場更嚴重的政教衝突，方興未艾。衝突的重點之一為主教「任命權之爭」(Investiturstreit)。

1070 年米蘭總主教出缺，漢利希四世任命一名教士繼任，但教宗以「上帝使徒」的身分，另外任命一位人選，引發爭端。1073 年，繼任教宗格列高里七世（Gregory VII，1020?–1085 年）

⓭　Graf 等級較侯爵、公爵為低。

更下令禁止國王任命主教。漢利希四世與教宗雙方均甚堅持，教宗乃下令，將漢利希四世身邊之顧問均處以「逐出教會」作為警告。但漢利希四世正因戰勝薩克森地區叛軍，志得意滿，乃揚言要教宗下臺。1075 年，教宗宣布撤銷漢利希四世王位，並將之逐出教會，德意志境內本已不服漢利希四世號令的部分諸侯如薩克森公爵，視此為倒戈之良機，打算另選國王。漢利希四世情急之下，於 1075 年冬季，著懺悔服飾，穿過阿爾卑斯山，到達卡諾薩 (Canossa)，請求教宗赦免。事情雖圓滿解決，但自此之後，王權嚴重受損，教宗凌駕於王權之上，對日後歷史發展，影響甚大。整個主教任命之爭中，羅馬教廷占了上風，由於教宗透過不同方式干預德意志境內事務，造成日後宗教改革時引起普遍的迴響。

　　漢利希四世在與教宗相持之際，為取得史陶芬家族之許瓦本

圖 7：卡諾薩請罪事件　圖為漢利希四世向義大利中部他斯卡尼修道院院長及其教父下跪的情景，請求他們能為他向教宗求情。

(Schwaben) 地區貴族費里德利希 （Friedrich，1050–1105 年） 支持，除於 1079 年將之封為公爵外，又以其女妻之。此後，史陶芬家族在德意志史上占一席地。1125 年，沙利安王室絕嗣。經過一段內戰後，重新選舉國王，史陶芬家族的孔哈德三世 （Konrad III，1093–1152 年） 獲勝，史陶芬王室正式出現。大體而言，史陶芬王室統治期間算是一個治世。在幾任國王統治期間最重大的事件，當屬「十字軍運動」。

第七節　德意志地區與十字軍

十字軍是歐洲史上重大的武裝殖民活動。十九世紀的歐洲史家主張，發動十字軍的主因是基督徒往耶路撒冷的朝聖之路受到穆斯林阻礙，教宗乃號召「義戰」(bellum justum)，以「解救」基督教聖地──巴勒斯坦，有些史家因此稱十字軍為「武裝朝聖運動」。近年來的研究則顯示，當時基督徒的朝聖之路雖然艱險卻未受阻礙。教宗發動戰爭，號召基督徒武裝攻擊穆斯林，顯然別有用心。

十一世紀後半葉，歐洲社會有幾個變因形成十字軍活動的背景：

1. 西歐，尤其是法蘭西地區，實施封建的範圍逐漸擴大，貴族階級人數增多。在發展機會受限的情況下，許多貴族希望能向域外發展，尋求新的機會。
2. 教會改革運動之後，教宗企圖擴大其影響力，領導風潮，確立其精神領袖的地位。

3. 此時期，基督徒陸續收復了伊比利半島北部與地中海的西西里、馬約卡等穆斯林占領區。教宗甚至許諾，死於「聖戰」的殉道者可得永生，一時之間，鼓舞了基督徒的士氣，希望與穆斯林一決雌雄，一舉收回巴勒斯坦聖地。

4. 西歐的商業活動開始恢復，部分人口離開土地，從事其他行業，故而渴望擴大商業活動的機會。

　　此時，位於亞歐邊境的土耳其人勢力興起，向西擴張，至 1071 年，拜占庭帝國在小亞細亞的領土已盡入其手，拜占庭帝國皇帝阿列希烏斯（Alexius，1048 或 1056–1118 年）乃向教宗烏爾班二世（Urban II，1042–1099 年）求援；教宗則善加利用了這個機會。

　　烏爾班二世原為法蘭西騎士階級的貴族，後入克拉尼之修道院，由於才能出眾，被選入羅馬教廷供職，成為教宗格列高里七世之機要。他繼任教宗之時，正好西歐幾個重要的政治領袖相繼謝世，群龍無首。烏爾班二世有意利用對外征伐以轉移內部鬥爭，因此在 1095 年起，在義大利北部挑起風潮，隨後他與一些隨員到達法國，了解當地情況後，在 11 月於克雷蒙 (Clermont) 召開宗教會議，與會者眾。烏爾班二世在會中極盡煽動之能事，號召法蘭克人收復被土耳其人控制的「上帝許諾之地」。在他的策動下，許多法蘭西南部及中部地區，及洛林、法蘭德斯和諾曼第等地的騎士加入這個行動，並將布製的十字架或縫於衣服肩膀部位，或標示於胸前，作為精神的標竿。

　　教宗承諾保護參加者的身家財產，並發給赦罪券，保證萬一

戰死沙場，可以立刻進入天堂。許多非官方的佈道者開始四下活動，鼓動眾人加入十字軍，隱士彼得　（Peter the Hermit， 1050–1115 或 1131 年）就是一個著名的例子。這些烏合之眾陸續自各地出發，越過巴爾幹半島，抵達亞洲邊緣，但武器匱乏，又長途跋涉，根本不是土耳其人的對手。值得注意的是，隨著十字軍行動開始，西歐地區也出現排外的浪潮，十字軍所到之處，非基督徒社群，尤其是猶太教徒，便遭到迫害，乃至屠殺。

　　就在東方十字軍行動之際，瑞典、丹麥及德意志東部的領主也組織如條頓 (Teutonic) 騎士團等武裝騎士團體，攻打波羅的海地區的異教徒，甚至與信仰希臘正教的俄羅斯發生衝突。從 1198 到 1290 年間，有過幾次重大行動，史家稱之為「北方十字軍」。

　　從 1095 到 1270 年間，西歐至少發動八次十字軍，解救「聖地」的成效有限，卻促成了商業興起及文化傳播，歐洲社會也因此有一番劇烈的變動。第一次十字軍於 1096 年出發，經過浴血苦戰之後，攻下耶路撒冷城。十字軍除了在該地建立一個「耶路撒冷拉丁王國」外，在安提歐希恩 (Antiochien)、埃得撒 (Edessa)、特理波里斯 (Tripolis) 及提貝里阿斯 (Tiberias) 均成立基督信仰的政府。不久之後，伊斯蘭教勢力反撲，西歐貴族必須數度組織十字軍，加以維護。例如 1145 年時，埃得撒陷落，在教宗及著名的奇斯特欽塞教團 (Zistersienser) 之伯恩哈特 (Bernhard)❷⓿的鼓動之

---

❷⓿　奇斯特欽塞教團為 1098 年在奇斯特欽塞 (Cistercium) 所成立之教士團體，法文作西妥 (Citeaux)，故亦譯為西妥教團。伯恩哈特為修道院院

下，組成了第二次十字軍（1147–1149 年），德意志王孔哈德三世也參與，但並無成效。1187 年，耶路撒冷為伊斯蘭教勢力所控制，費里德利希一世（Friedrich I, Barbarossa，1122–1190 年，人稱「紅鬍子的費里德利希一世」）自認身為神聖羅馬帝國皇帝，對基督教世界有保護之責，因而號召「全歐洲」行動，主導第三次的十字軍（1189–1192 年）。這一次的十字軍行動是中古最大的行動，但他於 1190 年在小亞細亞之沙累夫河 (Fluß Saleph) 渡河時滅頂，未能踐履「聖地」。英格蘭的獅心王理查 (Richard the Lion-hearted) 在無法「收回」耶路撒冷的情況下，與伊斯蘭教蘇丹撒拉丁（Saladin，1137–1193 年）達成協議，基督徒可以前往耶路撒冷朝聖。

十三世紀時，另有幾次的十字軍行動，但情況是每下愈況。第四次十字軍（1202–1204 年）不但沒有恢復「聖地」，反而攻陷了信仰基督的君士坦丁堡。1212 年，還有許多幼童為人拐騙到東方，販賣為奴，號稱「兒童十字軍」。1291 年時，基督徒在巴勒斯坦的最後一個據點阿扣 (Akko) 也為伊斯蘭教徒攻下，十字軍行動完全告終。

第八節　中古社會生活一景：紅鬍子的盛宴

有關帝國會議的情況，紀錄頗多。其中費里德利希一世國王

長，長於演說。

於 1184 年召開的帝國會議甚為經典，提供大家認識中古生活的重要面向。

　　費里德利希一世出身於史陶芬 (Staufen) 家族，先於 1152 年獲選為德意志國王，又於 1155 年加冕為神聖羅馬帝國皇帝，在位三十多年。1183 年，費里德利希一世發出請帖，將於次年（1184 年）春季五旬節在美茵茲城 (Mainz) 擴大召開帝國宮廷會議，並同時為其兩個兒子舉辦冊封為騎士的授職禮。費里德利希一世除了邀請德意志境內大小領主外，連遠在英格蘭、法蘭西、義大利及東歐許多重要諸侯、教會領袖都收到請柬，大多數人也都欣然出席。當時計畫邀約的賓客有數千人，每人都有扈從、警衛，估計會期中至少有兩萬人出席。當時美茵茲城人口只有一萬人，城內空間有限，更缺乏旅宿設施或大型宴會場所，就連教堂的空間都無法容納這些信徒。皇帝宮廷的工作人員便以搭建帳篷來解決住宿問題。近代以前，許多貴族經常出遊，也多以帳篷解決住宿，美茵茲的接待方案並無不妥，但如何覓得這樣的空地以搭建帳篷，仍需設計。美茵茲位於美茵河畔，城外河岸有許多沙洲，主辦單位便在此搭建一座臨時木頭城，包括大型會議場地及房舍，供王室與重要貴賓使用；另有較為簡易的木屋、帳篷等，也規劃出許多空地，部分來賓可以自行搭建。木城中還臨時搭建一座大教堂，用以舉辦宮廷會議及授職禮。

　　賓客總人數高達兩萬多人，主辦單位也要提供充足的飲食。當時貴族的飲食以野味為主，不喜蔬菜。1184 年這場盛宴，根本不可能找到這麼多野味，只能以飼養的家禽代替。當時一位負責

紀錄的僧侶記載：見到兩座巨大的養雞場，層層堆疊了雞隻，放眼望去，毫無盡頭。許多人根本不相信能夠一下子見到這麼多雞隻。除了家禽之外，河魚也是重要的食材，尤其是當時人們遵守教會誡命，許多宗教節日不能食肉，河魚自然派上用場。當時貴族的主食為麵包與香料酒。西方人沒有喝開水的概念，而河水、井水很容易受汙染，傳播疾病，大家深以為戒。酒精可以消毒，酒類自然成了最主要的飲品，不過喝酒時都得兌水，也可以添加香料、蜂蜜，至於平民，只能滿足於啤酒。這種風俗，至今仍存於德意志地區。

　　宴會場中的重要主角包括各種神職貴族與世俗貴族，主教、公侯之外，還有一群騎士。中古時期，生活內容相當貧乏，許多

圖8：中古時期的騎士比武

貴族因此喜歡湊熱鬧，只要有任何會議、喜宴等活動，無不積極參與。美茵茲還特別安排好幾天的競技活動，馬術、騎馬對陣 (Lanzenstechen) 等。

　　活動消息不脛而走，許多吟遊詩人、歌手、戲團或雜耍表演團體也聞風前往，參與盛會外，也可以趁機掙錢。吟唱詩人還留下許多敘事詩，流傳久遠。

　　不過這場盛宴並沒有善終，宴會中，忽然狂風大作，吹垮房舍，許多人受傷，也有喪命者。有人猜測是上蒼不悅，謠言紛紛，活動因此戛然而止。

第二章 | *Chapter 2*

中古時期的德意志

　　「中古」(Mittelalter) 這個名詞，泛指從羅馬帝國勢力退出西歐地區，到「文藝復興」(Renaissance) 運動開展之前，西歐地區的歷史發展時期。近代時期許多史家認為羅馬帝國將其勢力東移至拜占庭之後，歐洲就進入一個比較黑暗的時代，直到文藝復興以後，才算又恢復光明，因此稱這段黑暗時代為「中間期」（Mittelalter 或 Middle Ages）。當然，現在史家對這樣的說法相當保留，此處用這樣的名詞，只是採取慣用的分期法。

　　十九世紀以後，歐洲學界才開始較有系統地描述中古社會與封建的關係。日耳曼人控制西歐後，逐漸改變其社會結構。日耳曼人融合羅馬的采邑制度 （feudum 或 fief）、獻地契約 (precarium) 及高盧地區克爾特人的附庸概念 (vassus)，加上日耳曼社會中個人宣誓效忠 (commendatio) 作法，經過長期的演變，發展出新的社會結構，稱之為「封建」(Feudalism)。

　　中古時期的君主將土地分封給下屬貴族，換取其效忠與貢物獻禮；不僅在政治形成領主、臣下的關係，也可以進行次級分封，

形成一個綿密的社會網絡。歐洲貴族的等級如公爵、伯爵等，各有其語意與政治根源。公爵 (duke) 來自拉丁語 dux bellorum，原意為「軍事指揮官」，後來成為貴族頭銜，各地稱法不同，如德語稱為 Herzog，源自中古德語 herizogo，是「軍隊」(Heer) 與「領導」(ziehen) 之意。伯爵 (Earl) 來自北歐語 jarl，意為「首領」，維京人進入英格蘭後，將這個概念帶入；法語的伯爵 (count) 來自 comes，原意為「伴侶」，為君主的近臣，掌管軍事；德語則稱伯爵 Graf，來自拜占庭制度中的君主近臣「書記官」(grapheus)。從這些爵位的出現與發展，大約可以看出權力分化過程中，既有勢力與天子近臣轉為外朝官這兩個權力來源的主軸。

　　二十世紀中期以後的學者主張：「分封而眾建」應當只是政治起源的推論，中古社會中，並未出現分封的普遍作為，甚至沒有統一的概念與規則，不應稱之為「制度」。封建社會中，割據一方的傳統勢力逐漸成為領主，與其家屬及近臣形成統治階級；一般平民則以經濟與社會能力分成若干階級，眾階級之間，則有不同的文化表現。十世紀以後，法蘭克王國的社會組織與政治現實，具有明顯的階級區分，到了卡羅林恩王朝時代，效忠及俸祿的原則變得繁複，封建社會的特徵更為明顯。卡爾大帝以提高社會及政治地位的方法，招徠、攏絡地方領袖；許多較大的地方勢力也願意與卡爾結盟，以避免軍事衝突，雙方透過餽贈與婚姻，建立較為緊密的社會關係。

　　地方勢力有強弱之分，與法蘭克王室的關係亦有親疏之別。此時期，日耳曼各部落並未完全接受基督教信仰，教會也無力影

響社會，許多地方仍遵循傳統的法律與準則，各自為政。卡諾薩事件以後，教會對社會的控制愈來愈強，往往侵奪領主的治權及主權，因而經常發生衝突。十三世紀以後，許多西歐地區的君主為了強化權力，開始制訂法律，逐漸排除教會的影響，形成新的政治制度，社會組織也開始變化。

也有學者從不同角度觀察中古社會的結構，賦予「封建」不同的定義。1960 年代以後，以年鑑學派為首的中古史學者開始用更廣泛的概念來討論中古的社會組織，不再稱中古時期的政治與社會組織為「封建制度」，而以「封建社會」(feudal society) 的概念取代。

第一節　德意志王與神聖羅馬帝國皇帝

根據長久以來的習慣，德意志地區的最高政治領導人可能具有兩個身分：1.王位出缺時，繼承人先經過法定程序被推選為德意志王；2.德意志王通常會經教宗加冕，稱為「神聖羅馬帝國皇帝」(Kaiser)。兩者並非同時同步產生，也有的國王未接受加冕，只有「王」的稱號。以史陶芬王室為例，費里德利希一世先於1152 年為德意志王，但直到 1155 年才接受加冕禮，成為皇帝。其子漢利希六世也是先於 1190 年被選為德意志王，次年為皇帝。

中古早期，德意志國王的選舉仍是由三個階級——諸侯 (Fürsten)、貴族 (Adel) 及平民 (Volk) 共同參與。當德意志境內的封建制度穩定發展之後，少數諸侯的力量逐漸擴大，諸侯間彼此

圖 9：費里德利希一世（紅鬍子）

透過婚姻、結盟或繼承等社會網絡，擴大勢力，不僅侵凌較弱的諸侯，也對王權造成相當大的威脅。1188 年時，紅鬍子費里德利希為了攏絡部分諸侯，特別頒布詔書，給予部分貴族特殊地位 ，自此以後，有所謂「帝國諸侯」(Fürst des Reiches) 經常干預國王的選舉。但是一般諸侯對成為王位候選人一事興趣缺缺，因此除非一個王室因絕嗣而需另行安排繼承人，否則血統原則成為八世紀到十四世紀的選舉法規。

　　史陶芬王室於 1254 年結束之後，德意志地區的政治混亂，直到 1273 年哈布士堡 (Habsburg) 家族的魯道夫一世 （Rudolf I，1218–1291 年） 被選為王，政治局面才逐漸穩定，這一段期間，稱之為王朝過渡期 (Interregnum)。一般人對這個名詞的解釋是「無王期」(Königslose Zeit)❶，但事實正好相反，這個時期中，有許多「王」存在哈布士堡王室，德意志地區民族情緒逐漸擴張，政治領導人物強調其經過德意志地區諸侯所確認的德意志王身分，

---

❶　「無王期」之拉丁文原意為王朝過渡期，指舊王朝消逝，新王朝尚未產生的這段期間。

並不願接受教宗之加冕。十四世紀以後，封建諸侯開始積極參與政治事務，十四世紀初年，德意志重要的諸侯集會於倫色 (Rhense)，主張對王位繼承人表決之權，當時國王必須加以尊重，為此，皇帝卡爾四世於 1356 年在紐倫堡及梅茲召開會議商討，並於會後頒布詔書三十一章，因用金質封印而稱為〈金印詔書〉(*die Goldene Bulle*)，這是德意志歷史上最重要的文件之一，其中詳細規定：

1. 以「多數決」來選舉國王，避免兩「王」同時出現的窘境；也規範了國王選舉及登基之儀注、帝國議會之進行程序等。

2. 將一些有領土爭議的選侯加以釐清，同時確認長子繼承 (Primogenitur) 及代理制 ❷；選侯享有其轄區內完整司法權，以及開礦、鑄幣、設關抽稅等權。

3. 為避免各種封建權利及義務之糾葛與混淆，如非實際居於城中，不得享有城居民之身分；又禁止各領主間不得有同盟的行為。

　　值得注意的是，此時期以前的德意志，雖有帝國之名，卻是一個鬆散的封建國家間的聯合。到十五世紀時，帝國境內有兩千五百個左右的自治單位，包括五十個教會所轄的邦邑、三十個君主邦、七十個教會邦 ❸、六十六個自由邦及許多享有封邑的騎士。帝國最高的權力機構是帝國會議，分為三個階級：

1. 具有選舉國王資格的七個邦為一級 ❹。

---

❷　此處之代理制指繼承人未成年時，其選侯之職務選任代理的原則。

❸　含主教邦 (Bistum)、總主教邦 (Erzbistum) 等。

2. 其他有世襲君主的邦國及教會邦為一級。

3. 自由邦為一級。

這些邦國多享有主權，彼此無法統合。由於國王採取選舉制，變動甚大，所以帝國沒有明確首都。根據自古以來的習慣，德意志王可以依據個人好惡，在王宮中與境內重要臣屬會商，聽取其意見，稱為廷議 (Hoftage)。後逐漸演變成由國王指定地點，召開諸侯會議，並可作成決議，由國王發布。但由於皇帝並不具有行政及司法權，因此會議所有的決議對任何邦國都不具有約束力。卡爾原本希望藉著諸侯會議的運作，凝聚諸侯間的共識，成立一個較為集權的政府組織，卻因為十四世紀以後社會的長期動亂而未果。各地諸侯往往有互相結盟自重的情況，例如萊茵地區商業較為發達，成為各方勢力侵凌的對象，為求自保，該地許多城市先組成一個萊茵聯盟 (Rheinischer Bund)。這個聯盟發展得甚為迅速，數年之間，自阿亨到蘇黎士 (Zürich) 間有七十多個城市加入，甚至吸引許多封建諸侯也加入。

十五世紀以後，帝國組織逐漸確定，諸侯要求國王定期召開議會，並爭取出席，稱之為帝國議會 (Reichstage)，甚至成為具有

---

❹ 在三十年戰爭爆發初期，由於普法爾茲選侯戰敗，巴燕趁機侵奪其選侯的席次，1648 年的和約為了給予補償，再增設一名選侯，成為八席。十八世紀末期，許多權力逐漸增加的諸侯也希望成為選侯，以提升個人聲望，因而又增加了幾個選侯，如雷根斯堡、薩爾茲堡 (Salzburg)、托士加拿 (Toskana)、符騰堡 (Wüttemberg)、巴登 (Baden) 及黑森－卡塞爾 (Hessen-Kassel) 等地之諸侯。但只有空銜，無具實質意義。

憲法功能的代議機構，在國王的主持下，討論重要事務，並公布
法令。有些諸侯更希望能在不強化王權的前提下，將帝國成員團
結起來，並建立最高司法機構及稅務機構。但是這種努力，並無
顯著成效。1489 年以後，由於參與人數眾多，開始以階級為區
分，有選侯會議 (Kurfürstenrat)、諸侯會議 (Fürstenrat) 及自由市
及帝國市會議 (Kollegium der Frei- und Reichsstädte)，分別舉行會
議，表決議案。1497 年以後甚至規定，帝國會議中所有決議必須
於會後公布，並具約束力。至於是否真具有約束之力，則端視國
王本身的力量而定。此後，「神聖羅馬帝國」一直停留在這樣的鬆
散邦聯形式中。

　　這段期間中，德意志人對帝國或王位一直有不同的看法。例
如馬克西米連一世（Maximilian I，1459–1519 年）於 1486 年起
任德意志王，1508 年起為皇帝，自稱「經由選舉的皇帝」
(Erwählter Kaiser)，無需加冕。其孫卡爾五世（Karl V，1500–
1558 年）在 1516 年時被選為德意志王，到 1530 年時才成為皇
帝，特別選擇於波隆納 (Bologna) 加冕，有意避開羅馬城。其弟
費迪南一世（Ferdinand I，1503–1564 年）於 1531 年任德意志王，
1556 年任皇帝，但已經不再接受教宗之加冕，自此以後，成為常
例。教宗對德意志境內事務的干涉減少，神聖羅馬帝國皇帝與德
意志王的意義逐漸結合為一，到魯道夫二世（Rudolf II，1552–
1612 年）以後，已經沒有稱德意志王的必要。

第二節　帝國會議之召開

　　神聖羅馬帝國面積廣袤，古代交通不便，召開會議並不容易，並不輕易聚會。十二世紀以後，較為親近皇帝的邦國開始形成不定期聚會，稱為「宮廷會議」(Hoftagen)，通常會指定一個主教邦或帝國城市舉辦。1495 年，皇帝與諸侯訂約，將帝國會議寫入帝國憲法，成為一個定期會議團體。1663 年以後，基於交通考量，帝國會議通常在較接近帝國中心位置的雷根斯堡舉行。但也可能因傳染疾病或戰爭原因，改到其他地點召開。

　　在十七世紀中期之前，帝國會議總共召開過四十餘次，時間長短不一，有時僅有一週，也可以長達數月。1806 年，拿破崙解散神聖羅馬帝國，帝國會議也成絕響。德意志帝國成立之前，北德聯邦重新組織帝國會議，但其意義與功能皆有不同。德意志歷史上，帝國會議不定期舉行，也沒有一定的形式，名義上會議期間貴族可以提出各種建議，但效果有限，根本與今日的立法會議相去甚遠，但這是中古時期貴族社會的重大事件。一但帝國皇帝計畫召開帝國會議，提前一、兩年就得開始籌備，而會議期間的各種食宿及交通問題，也需要仔細籌畫。

第三節　德意志帝國概說

　　許多人對德意志帝國的性質並不清楚，聽到「帝國」的名稱，

往往以中國歷史上的概念比附，認為應是一個由皇帝統治，中央集權的政府。實際上，德語「帝國」(Reich) 的概念不可以直接譯為「(皇) 帝 (統治之) 國」，德語 Reich 僅指稱一個政治實體，例如 Königreich 應當譯成「王 (統治之) 國」。

德意志帝國究竟是怎樣的政治實體？如何運作？德意志地區原本的上位政治組織為神聖羅馬帝國 (das Heilige Römische Reich)，十五世紀以後，為了強調其「德意志民族」屬性，在神聖羅馬帝國之後加上德意志民族 (Deutscher Nation) 成為「德意志民族的神聖羅馬帝國」 (das Heilige Römische Reich Deutscher Nation)。1848 年，德意志地區開始有統一建國的呼籲，聯盟大會也通過了臨時憲法，但此次的嘗試並未成功，「德意志帝國」的名稱卻開始成為日常生活的概念，當時這個概念仍是一個「聯盟」(Deutscher Bundesstaat) 形式。1849 年，普魯士、薩克森與漢諾威三個王國成立「三王聯盟」(das Dreikönigsbündnis)，同意穩定政局，並成立一個統一的行政體系以領導德意志事務。這種統一建國的嘗試仍因奧地利反對而未能實現。

第四節　政教再次衝突

帝國疆域甚廣，卡爾四世並不能完全掌控，對義大利地區及布根德地區而言，名存而實不至。卡爾也專心擴張其家族事務，他先後取得許外尼茲一要爾 (Schweidnitz-Jauer) 公國 ❺ 與尼得勞西茲 (Niederlausitz) 等地，擴張波希米亞領土，又振興經濟，發展

文化，支持宗教活動。1346 年在布拉格創設主教區，1348 年建立
大學，使之成為神聖羅馬帝國的一處文化重鎮。布蘭登堡邊區侯
的繼承權於 1373 年落入其手，其子也在安排下，娶匈牙利公主為
妻，而讓其對匈牙利也有繼承權；卡爾又於 1376 年安排其子文策
（Wenzel，1361–1419 年，在位期間為 1376–1400 年）繼任國王，
進一步鞏固王室的地位。但 1378 年卡爾臨死前，歐洲發生教會紛
爭，卡爾本人無法解決，他的繼承人更缺乏政治智慧，遂有「大
分裂」（或稱為「西方分裂」das Abendländische Schisma，1378–
1417 年）。

　　教會分裂肇因於教宗曾經有七十年左右居於法國的亞維農地
方，到了格列高里十一世（Gregory XI，1329–1378 年）開始計畫
遷回羅馬，並且於 1376 年率其重要人員回到羅馬。但 1378 年格
列高里死，當時在羅馬的樞機主教於群眾的壓力下，選出義大利
籍的巴里 (Bari) 總主教為教宗，是為烏爾班六世 （Urban VI，
1318–1389 年）。樞機主教群雖然是在非自願的情況下選出教宗，
但仍承認其合法地位。可是烏爾班六世表現得相當自大狂妄，令
樞機主教群無法忍受，乃於 1378 年 9 月在豐第 (Fondi)，另外選
出根福（Genf，即日內瓦 Geneve）地方之樞機主教為教宗，是為
克雷門茲七世（Clemenz VII，1478–1534 年）。因羅馬拒之不納，
克雷門茲只有繼續居於亞維農，法王查理五世 （Charles V，

---

❺　位於波希米亞北邊、波蘭西邊的一個小公國 (Herzog tum)，卡爾第三任
　　妻子為該國繼承人，使之納入波希米亞版圖。

1338–1380 年） 表示支持，而英格蘭王理查二世 （Richard II，1367–1400 年） 及文策聯合了萊茵地區的四位選侯宣布支持羅馬教宗烏爾班；在此同時，以奧地利為首的一些德意志南部地區諸侯則選擇支持克雷門茲。兩位教宗雖然相繼下世，但雙方陣營又各自選出繼承人，使情況變得相當複雜。

1409 年 ， 兩方曾在比薩 (Pisa) 召開會議 ， 計畫廢黜兩位教宗，重新選舉，卻無法達成協議。文策又在此時被黜，新德意志國王魯伯雷希（Ruprecht，1352–1410 年）拒絕承認此次會議的效力，造成三個教宗同時存在，使情況益形混亂。當然此次事件並非單純的德意志事件，而與整個西方基督教世界相關。1414 年在新德意志王西格蒙（Sigmund，1368–1437 年）❻主導下，於康士坦茲 (Konstanz) 召開宗教會議，全歐重要國家的代表及許多神學專家聚集該城，希望達成三個重要使命：

1.重建教會之統一。

2.改革教會。

3.解決胡司 (Johannes Hus) 學說所造成的信仰問題❼。

在重建教會秩序方面，大會原計畫讓在比薩選出的教宗約翰二十三世（Johannes XXIII，1365?–1419 年）退位，但約翰暗中與奧地利侯費里德利希（Friedrich，1382?–1439 年）聯絡，投奔

---

❻ 亦有稱為西吉斯蒙 (Sigismund)。

❼ 十三世紀英格蘭地區的學者威克利夫（Wycliff，1328?–1384 年）質疑教宗威權及教會組織，此學說後來傳入波希米亞地區，胡司成為重要推行者，因而引起教宗的注意，並欲加以懲治。

圖 10：神聖羅馬帝國皇帝西
格蒙

維也納。德意志王西格蒙要求費里德利希立刻停止對約翰之保護，
否則將以實際行動對付，才順利罷黜約翰。其他兩位教宗並未出
席，但也均遭罷黜，大會另選馬丁五世（Martin V，1369–1431 年）
為教宗，1417 年 11 月即位，解決教會的問題。

　　1415 年時，大會通過另一項決議，判定胡司為異端。西格蒙
原本宣布將保證胡司之安全，但胡司卻被視為巫覡，火焚而死，
解決了信仰問題。

　　在教會改革方面的成就則相當有限，大會雖然作成決議，要
求教宗定期召開宗教會議，以博採眾議，但繼任的教宗均認為此
舉對其權力有礙，拒不執行，教會自然無法有效改革。

第五節　漢撒同盟

十二世紀以後，另外有一種城市聯盟的形式存在——漢撒同盟 (Hanse)。漢撒的本義為群 (Scahr)，古代行商為了抵禦盜匪，往往結隊而行，稱為漢撒。中古時期以前，西歐的貿易多為南北走向，由義大利越阿爾卑斯山經瑞士地區抵萊茵河，然後順河而下，直到海邊，再經由沿海航運，銷往各地。十世紀以後，商業活動逐漸興盛，北海等地的漁業開始發展，東歐的皮料、蜂蜜及蜂蠟（做蠟燭之用）、穀物、木料也相繼進入西歐市場，東西走向的沿海及內陸商業路線興起。德意志地區同時進行的向東墾殖 (Ostsiedlung) 運動，更促成商業繁榮。德意志沿海低地地區及萊茵河東岸一帶，成為相當重要的商業地區。當時航運的重心之一為位於北海的哥特蘭島 (Gotland)，1161 年，許多商人在哥特蘭島上的威士比城 (Wisby) 組織漢撒同盟，除了互相支援、對抗盜匪之外，也在各同盟團體之間，建立一些商業秩序如航行安全規約、債務、信用額度及規費等，並以 1158 年建城、位居樞紐地位的律北克 (Lübeck) 為同盟的中心。

由於向東墾殖運動，東海 (Ostsee) 沿岸有許多新興城市出現，律北克　（1143–1159 年）、里加　（Riga，1201 年）、羅司托克（Rostock，1218–1262 年）、但澤（Danzig，1238 年）等均在此時由德意志地區來的移民建立，這些城市也與北海地區的城市聯盟，共同進行商業及其他經濟活動，對斯堪地那維亞的商人組織

造成相當大的威脅。除了漢撒同盟使用兩桅到三桅稱為 Kogge 的高舷船隻載重能力較大，對手無法競爭之外，漢撒同盟間的商業技術（如信用貸款等）和較佳的組織能力都使得漢撒同盟控制當時北海到東海地區的商業，經常利用集體杯葛及聯合壟斷的方式，逼迫對手就範。除了德意志地區外，漢撒同盟在東歐、英格蘭等地，都建立起貿易據點。

十二世紀左右，德意志地區城市間結盟的情況相當普遍，漢撒同盟除了原有的商業同盟性質之外，又加上政治及軍事同盟的色彩，並且不斷的向外擴張。1362 年時，漢撒同盟的艦隊與丹麥發生武裝衝突，攻下哥本哈根 (Kopenhagen)，丹麥王瓦德瑪（Waldemar，1320–1375 年）被迫流亡。1367 年，漢撒同盟與梅克稜堡 (Mecklenburg)、霍爾斯坦 (Holstein) 及科隆等城聯盟，聲勢更盛，於 1370 年大敗丹麥軍隊，迫其簽訂〈史特拉松和約〉(*Friede von Stralsund*)，和約中甚至規定，丹麥選舉新王要經過漢撒同盟的認可。漢撒同盟不斷與斯堪地那維亞地區的勢力發生衝突，1389 年到 1395 年時，同盟軍隊封鎖斯德哥爾摩。在長期圍城過程中，德意志地區出現一個海盜組織，在史托特貝克 (Störtebeker，1360–1401 年) 的率領下，將食物運補到斯德哥爾摩，因而被稱作補給品同志會 (Vitalienbrüder)，史托特貝克還趁機洗劫漢撒同盟的重鎮威士比城，觸怒同盟。史托特貝克後來在戰鬥中被俘，並遭處死，但其故事不斷流傳，成為類似英格蘭地區的羅賓漢 (Robin Hood) 之傳奇。

丹麥與瑞典經過幾次失利後，開始倡議與挪威結成具有軍事

性質的卡馬聯盟（Kalmarische Union，1397 年），而梅克稜堡又因意見不合，威脅將脫離同盟與丹麥合作，甚至暗中與海盜團體勾結，對同盟的實力有相當大的影響。十五世紀起，英格蘭地區也開始發展海上貿易，荷蘭地區的商船也開始在東海地區出現，漢撒同盟的影響已經大不如前，但到十七世紀為止，漢撒仍是沿海地區的一個重要商業勢力。

第六節　十五世紀德意志地區社會組織

中古早期，西歐地區人口相當稀少。十一世紀以後，由於大規模傳染病漸少，戰爭較不頻繁，社會逐漸穩定，加上農業生產

圖 11：中古農民的生活

的技術改進，糧食供應增加，所以人口開始成長。根據英、法等
地區的研究顯示，十一世紀以後的三百年間，人口增加了兩倍。
德意志大部分地區也是如此，原本人煙稀少地區，如薩克森等地，
甚至成長了十倍。人口增加後，土地有不足現象。在育種、施肥
及輪耕等近代農耕技術尚未普遍之前，解決耕地不足的方法之一，
是設法增加原居住地區的耕地面積，開墾林地、淤填沼澤地等，
都是當時農民的重要手段；另一種可能則為向外墾殖。十一世紀
起，兩個重要因素促成德意志地區農民開始向東墾殖的運動。這
些活動都需要組織，所以各地君主必須講求效率，統治的形式也
隨著社會組織的多元而跟著改變。

一、特殊社會組織

　　中古以前，社會分工並不複雜，社會結構也相當簡單。人的
身分以血統為準，出生於貴族之家者，終身為地主，生於「自由
人」之家，則屬於「自由人」階級，社會底層則有「非自由人」，
生活狀況自然遜於「自由人」，受貴族階級支配。

　　中古社會中，騎士集團是一個特殊的社會階級，專門以武力
維生。由於當時以馬戰為主，參戰者必須準備隨員、馬匹、盔甲、
護具及武器，並需經常訓練，勢必無法從事耕種或其他經濟生產
活動；置辦武器及維持馬匹、隨員，所費不貲，也非人人可辦，
因而騎士階級多出身於貴族之家。戰爭之後，除可以獲得經濟利
益之外，社會地位也可上升，因此騎士身分為特權，且多為世襲。
但在卡羅林恩時期，戰爭規模逐漸擴大，兵源不足，所以部分領

主曾經將自由人及非自由人合組成軍隊，施以訓練，並提供各種裝備及開銷。十一世紀以後，許多貴族開始將這些作戰任務交付給其領下的一些「非自由人」，造成「非自由人」的社會地位逐漸上升。除了從事戰爭活動之外，一部分的「非自由人」也可以因其特殊的技能，為王室或豪族服務，成為另一特殊的社會集團，稱之為「家臣」（Ministerialen 或 Dienstmannen）集團。例如在商業較為興盛的地區，「家臣」為其主上經營商業，管理財產；遇有衝突，則充當信使，往來交涉。沙利安王室及史陶芬王室均重用這些家臣集團，用以對抗逐漸尾大不掉的貴族階級。一般地方小諸侯或教會也有小規模的家臣，以土地作為回報，使「家臣」已形同另一種形式的封建，社會地位也逐漸拉平。中古後期時，這些「家臣」已經逐漸被視為上流社會的基層。

二、騎士與義從

　　騎士階級是歐洲貴族階級中的最低層，共同特徵是血統，其父祖先要取得「騎士」身分之

圖 12：十二世紀德意志武士像

後，他們才有可能具有騎士的資格。史陶芬時代的家臣階級以在中央王室服役者為主，騎士階級也因而直屬於帝國，稱為「帝國騎士」(Reichsritter)。在此之後，多數騎士在較小的封建領主之下服役，待遇自然較差，所享有的社會地位，也較不如帝國騎士；但另一方面，對較低的社會階級而言，他們仍屬於統治階級，擁有一小塊領地，以提供他基本的生活。另有一些無法控有領地、無以謀生者，則可至其他騎士或領主處服役，稱之為義從（Knechte 或 Knappen）。

到了十四世紀以後，戰爭型態逐漸改變，步戰愈來愈普遍，騎士地位每下愈況，為了確保其地位，騎士階級訂定更嚴格的限制，例如要舉證祖先中有八位騎士者才能成為騎士，騎士間也互相結盟，成為一種武力強大的社會組織，甚至有以結夥搶劫為生者。

三、法律制度

十一世紀末期開始，由於商業活動興起，許多伴隨商務而來的經濟活動如市集、稅關（收稅的關卡），同時也有建築業等相關行業出現，德意志地區城居人口逐漸增加。城市興起之後，相關的組織技巧興起，社會開始多元。

日耳曼人的社會組織原本相當簡單，法律事務單純，並無書寫成文的規範來約束民眾。所有爭議事件均依習慣解決，執掌法律者完全根據記憶來引用法條。但各個族群的法律應是根據地理條件或族群習慣所制訂，與其他族群之習慣法必然有出入。所幸在農業社會中，族群間的交通並不頻繁，法律差異並不引起太大

的不便。十一世紀以後，族群間的交通隨著經濟行為、政治或軍事行動而有日趨密切之勢，因而對法律的需求增加。

城市居民因基本生活型態與鄉居人口有別，故而法律制度有很大差異，所謂「城市法」(Stadtrecht) 開始發展；在移墾地區，主其事者為吸引農民或投資墾殖者，必須以改善法律地位及立法保護等條件作為誘因，新的契約行為也必須有新的法律概念予以確認；教會改革時期，許多諸侯與教會間的糾紛亦必須依法解決。

因承羅馬帝國之餘緒，義大利地區的法學訓練一向盛行，十一世紀以後，這些法學理論開始往德意志地區傳播，許多學者受到現實需求之刺激及義大利學派的啟發，開始整理日耳曼部落之法律，將口耳相傳的習慣法記錄成文字。其中以東薩克森地區的騎士瑞樸高夫（Eike von Repgow，1180?–1233? 年）最為著名。他於 1220 到 1230 年間，將古代法律以德意志語寫下來，名之為《薩克森鏡》(*Sachsenspiegel*)。所謂《薩克森鏡》是指他將古代法律如鏡子般反映出來，並非個人之創作，使用德意志語而不使用學者通行的拉丁文，也意在使人們確信他只作忠實的記載工作，並未夾雜個人意見。當然瑞樸高夫所作的不僅是忠實反映，他將類似的法條歸類、整理，擷選之間已有許多個人評斷。在此之後，許多類似的法典紛紛編纂出來，名稱也類似，如《德意志鏡》(*Deutschenspiegel*) 及《許瓦本鏡》(*Schwabenspiegel*)。

第七節　中古晚期的生活

一、城　市

　　「城」與「市」本為兩種不同的概念。一般而言，城的興起遠較市為早，古代王朝國都、諸侯封地、卿大夫采地均有大小不同的城垣用以防守，作為其行政中心。所以有「城者，所以自守也」、「城者，以盛民也」的說法。由於交通方便，人口流動的可能增加，商業活動也日益興盛，「市，買賣之所也」。因而開始有市集出現，由於安全需求，市集也需要築牆加以保護，所以「市有垣」。城與市的功能漸有合而為一的趨勢。中古以前，城市有幾種型態：

　　帝國城 (Reichsstädte)：此類城市的存在，往往是王的首都，建立在王的私人土地之上，並不屬於封建諸侯，而直接轄於帝國之下，阿亨、法蘭克福 (Frankfurt)、紐倫堡、玻帕德 (Boppard) 等城，均屬此種。

　　另一類的帝國城則是建立在教會所擁有的土地之上，亦不隸屬於封建諸侯，直接在帝國架構下運作，如：科隆、沃姆斯 (Worms)、曼因茲❽及史特拉斯堡等。

　　在封建制度之下，城市原對其領主有繳納稅賦的義務，但這

---

❽　曼因茲城於 1462 年以後改變其屬性，不再是帝國城。

一類的帝國城之居民認為其「城主」既已成為帝，就不再有「城主」之身分，不應再向其繳納貢賦。部分城市如法蘭克福及紐倫堡，甚至對原「城主」在該城內之權力加以限制。這些城市也向其附郭擴張，建立起一個類似領主與附庸的關係。

中古以後，由於戰爭或其他事務的需求，許多城主往往將某一城市「抵押」❾。這種抵押往往也代表這位城主與此城市的封建關係結束。

根據慣例，許多城市為求自保，經常與其臨近城市訂立同盟條約，此類條約又多以攻守同盟為主要內容，合眾城之力，共同對抗其領主，往往對領主造成威脅。1235 年在曼因茲所簽訂的〈帝國境內和平條約〉(Reichslandfrieden) 中，特別明令禁止城市同盟 (Stdtebünde) 成立，但顯然不具有約束力，數年之後因史陶芬沒落，一個以和平為名的萊茵聯盟 (Rheinischer Bund，1254年) 成立，甚至受到威爾罕王的承認。此後，城市聯盟此起彼落，雖然 1356 年的〈金印詔書〉中，再度確認禁令，但徒法不足以自行，1376 年，又有許瓦本同盟 (der Schwäbische Städtebund) 出現，以對抗皇帝卡爾四世的稅收政策。卡爾四世雖斥之為不法，並派兵討伐，卻無法勝之。許瓦本同盟為求擴大實力，又於 1381 年與新成立的萊茵城市同盟 (der Rheinische Städtebund) 合併，聲勢頗

---

❾　例如封建領主必須從事戰爭，又缺乏經費時，往往預收往後若干年租
　　稅，而以讓渡部分封建權利為條件。亦有一再舉債而無法償還，另以
　　其他封建權利為償者。

盛，國王文策被迫承認之，但不久之後，文策將之消滅，並於愛格 (Eger) 簽訂和約，重申禁令。基於實際需求，此類同盟到十五世紀後再度復活。

二、大　學

　　歐洲大學由原本附屬於教會的學校擴大而來。十二世紀起，歐洲的大學已經開始陸續建立，並已經發展到相當規模，例如巴黎大學以神學及哲學著稱，波隆納大學以法學聞名，薩雷諾大學則以研究阿拉伯醫學為主。此後，在義大利及法蘭西地區就不斷有新的大學成立，在法理上他們均獲得教宗或皇帝之特許，成為一個法人組織，他們有獨立的司法權，不受一般世俗君主管轄，並享有頒發博士學位的權力。大學所傳授者，均為教會所認可的學門，包括神學、教會法、羅馬法、醫學、哲學等等。學生必須循序而進，先由基礎學習 (Grundstudium) 開始，學習完畢可獲學士 (Bacalaureus) 學位。有意繼續深造者，可依不同進度，獲頒執照 (Licentiat) 或碩士 (Magister) 學位，後來再發展出博士 (Doktor)之頭銜，與今日制度相去不遠。

　　大體而言，中古時期的學生多為教會人士，居於宿舍中。宿舍分為由教會管理的群體宿舍 (Kollegien) 及由大學教師組織的寄宿舍 (Burse)。1348 年時，德意志地區也開始建立大學，當時是由卡爾四世以波希米亞國王的身分，在布拉格建立第一所德語大學，1365 年時，奧地利侯魯道夫四世也斥資建立維也納大學。教會大分裂時，雙方陣營互相攻擊，學生也受波及，支持羅馬者不

得進入巴黎大學就讀，德意志境內開始興起建立大學的風潮，海德堡大學（1386 年）、科隆大學（1388 年）及萊比錫（Leipzig，1409 年）等大學相繼成立。此時大學亦自稱「公學」（Studium General），有別一些「特別學校」（Studium Particulare），這類學校均為地區性組織，不以培養學者、研究學術為目的，功能及目的與大學不同。

大學興起，使得研究學術的風氣大起，許多新事物也得以經由討論、研究而廣為流傳。配合大學興起的另一項重要發展為印刷術的進步。十五世紀時，歐洲人已經能普遍的造紙及印刷，紙張出現取代了原本使用的獸皮紙，書寫的成本下降，而印刷術的普及，更使書本價格降低，學術思想因而漸漸普遍。

三、行會組織

十三世紀以後，德意志地區城市中的許多專業人士開始組織各種不同的行會 (Zunft)，工匠、商人、醫生等等，均有專屬行會。行會也是一種非自願的同業團體，包含一個行業中的垂直分工，自師傅、夥計到學徒等。經濟上，行會成為一種壟斷且獨占的組織，因此強迫一地所有同業必須加入此行會；反之，如果不屬行會者，勢必無法在該地從事該行的活動。每個行會均由幾位長老 (Altermänner) 所控制，透過晨間談話 (Morgensprache)，除了維持許多傳統禮俗外，也決定行會中所有事務，例如：市場價格、生產秩序，甚或一個夥計的工資或一個學徒的出路。許多行會甚至有司法權，決定其行業中的社會秩序。由於其獨占的特性，行

會經常反對自由經濟，與中古後期新興起的貿易自然扞格不入，所以經常與城市領導發生衝突，十四世紀以後，行會與城市間的糾紛時有所聞。

　　除了經濟以外，還有文化及社會功能。每個行會有其固定的活動、慶典，於固定的時間聚會、望彌撒；婚喪喜慶，也是行會中的大事。

第八節　疾病、瘟疫與醫療

　　人類有史以來，都企圖用各種方法對抗疾病，早期希臘人的醫學知識相當發達，並傳播到羅馬帝國各地及阿拉伯地區。然而西歐地區對醫療的知識卻相當有限，多數疾病只能由民間醫術、牧羊人、藥婆 (Weisefrau) 或教會人士略加治療。一般而言，僧侶也執行醫療行為，因修道院中許多藏書涉及醫術，而且「藥僧」也有傳承，故而中古以前修道院扮演重要醫療角色，但由於教規所限，僧侶並不從事外科行為，因為即使充滿善意，如果有人因藥石罔效而死，則該僧侶仍可能被剝奪身分，所以當時僧侶只對內科從事醫療行為，間或摻雜許多誦經禱告類的精神治療。外科方面，則多倚賴學有專精的醫師 (Chiruge)，而有許多澡堂老板也兼治跌打損傷等外科毛病。

　　歐洲許多醫術來自阿拉伯，他們繼承希臘傳統，並加以發揚光大。穆斯林信仰對人體圖象也有禁令，更不可以肢解人類屍體，但阿拉伯醫術已經相當進步，並傳入伊比利半島，首先在薩雷諾

(Salerno) 地區建立第一所醫校。十二世紀初一位名為康士坦丁 (Konstantin) 的非裔人士將阿拉伯醫書譯為歐洲文字，之後又有許多希臘醫書結集出版，使薩雷諾成為十一至十三世紀的醫學中心。而由於對動物開始進行解剖，對生體及生物結構知識也進步許多，此後在拖雷多 (Toledo) 及蒙佩利耶 (Montpellier) 也有專門的醫學中心成立，均是深受阿拉伯和猶太文化的影響。

當時有許多學生前往薩雷諾學習，使薩雷諾聲譽鵲起。甚至有人從德意志專程前往求治。此後各地紛紛成立大學，醫學也是大學中重要的專科，十二世紀有波隆大學成立，以後如 1200 年成立的巴黎大學、1222 年成立的巴杜亞 (Padua) 及牛津等大學，都成為知名的學術中心。十四世紀起，德意志地區的大學中也都有專門的醫學中心，訓練醫生及研究醫學。事實上，在十三世紀已經有人發展出傳染 (Infektion) 的說法，但到黑死病流行後人們才廣為相信，十四世紀以後有關個人健康的書籍已經普遍，對脈搏等知識也廣泛傳播，但仍夾有迷信，如尿占法 (Uroskopie)。

一、瘟疫流行

十字軍運動之後，西方社會對東方開始有所了解，對東方商品如絲綢、香料（尤其是胡椒）之需求愈來愈大。此時交通以陸路為主，東方貨品經由中亞、奧斯曼土耳其帝國 (Osmanisches Reich) 到義大利，再由該地分銷歐洲各地。隨著亞洲商品進入歐洲的是一些傳染性疾病，義大利首當其衝。例如黑死病曾在西元五到七世紀間肆虐歐洲各地，後來消聲匿跡甚久，到 1347 年起再

度橫掃歐洲。

　　黑死病是一種由老鼠為中間寄主，經由跳蚤傳播的疾病，分為三種主要型態，攻擊人類的肺部、腺體等處，患者全身發痛，死亡甚快。1347 年時，首先出現於義大利，並迅速往北向法國蔓延。而此時英、法兩國正進行長期戰爭（即後世所稱之「英法百年戰爭」 the Hundred Years' War，約 1337–1453 年）。軍隊數目雖不多，往往只有千人之譜，但隨著軍隊之往來征戰，疫症乃在英、法兩國散播，造成大量死亡。這一波瘟疫稍後也進入德意志地區，而且對城居人口造成的影響遠較鄉居人口為大，這是由於城市中居住空間狹仄，人們過於接近，互相傳染機會增加，而且並無適當的防疫或消毒措施，使得病死者仍成為病菌的散播者。

　　如此條件之下，自然易於發生瘟疫，這次瘟疫的流行，大約持續有百餘年的時間，從 1350 到 1473 年間，各地均陸續有發病記錄。第一波流行時，德意志地區許多城市幾乎成為空城（死者與逃亡者均眾）。紐倫堡之土賀 (Tucher) 家族對 1462 年 8 月到 1463 年 2 月有相當可信的記錄：4,493 人死亡，次年則有 8,780 人。黑死病造成各地人口損失情況不一，總約在 30% 至 50% 之間。

　　此時流行的致命疾病除黑死病外，尚有流行性感冒 (Influenza)，往往造成併發症而致命。十四到十五世紀間在德意志各地區均傳出疫情，故而有史家稱十五世紀為「瘟疫時代」(das Zeitalter der Pest)。

二、瘟疫以後的社會

　　十五世紀以後的一百餘年期間，人口開始呈穩定而且持續地增加，當然此時人口增加與糧食供給量增加有密切之關聯。十六世紀起，歐洲糧食作物因新作物品種如玉米、馬鈴薯及豆類作物自美洲地區引進，加上輪種、休耕及林間隙地之利用等農業技術的改良，使供應量增加。食物供應增加則造成人口得以增加。1560 年時歐洲人口已經逐漸回升至 1320 年左右之水準，人口增加在各地均造成繁榮之景象。

　　地理大發現 (the Great Discoveries) 雖然帶給歐洲無盡的財富，但同時也帶進無盡的災難。十五世紀以後，斑疹傷寒 (Fleckenfieber) 及梅毒 (Syphilis) 開始在歐洲地區流行。十六世紀時，雖然各種疫症仍時有所聞，但對德意志地區人口並未造成太大影響，人口總數仍呈上揚之勢。由十五世紀的一千三百萬增加到十六世紀末之一千六百萬左右。人口增加，物價也隨之上漲，購買力則普遍降低。

　　此時氣候亦有反常現象，1600 年被描述為「糧價上漲，瘟疫與死亡橫行」。1607 年的冬天也是出奇寒冷而次年春天又遲遲不至。根據氣象學之研究，三十年戰爭期間，歐洲溫度要較今日平均低攝氏一．四度。而 1580 年左右，各地再度傳出疫情，腺性鼠疫、斑疹傷寒、痲疹及天花均流行一時，到 1608 年時，仍造成各地之驚慌。圖丙恩 (Tübingen) 大學便曾舉校他遷，以求免禍。1613 年當神聖羅馬帝國皇帝馬提阿斯（Matthias，1557–1619 年）

在雷根斯堡召開帝國會議時，附近地區有瘟疫傳出，會議並為之
中斷，自皇帝以下，均逃離該地，巴伐利亞之領主亦封鎖該城，
以免造成大規模流行。

第九節　猶太人

　　猶太人是歐洲社會中較為特殊的一群，他們與其所居社會中
的大部分人種族不同，宗教差異更大。歐洲的猶太人均為外來移
民，他們約在九世紀時隨阿拉伯人進入伊比利半島，然後逐漸向
北部擴散，進入今天歐洲大部分地區。最早的猶太人因為信仰問
題，他們並不受基督教的法律保護，但自卡羅林恩王室以來，大
部分君主為利用這批猶太移民，均對之提供適當的保護，甚至有
時猶太社區可以經由繳交特別費用，獲得宗教信仰及自行司法的
權利。十三世紀以後，許多君主及貴族亦透過立法程序，對猶太
人施以保護，例如 1356 年的〈金印詔書〉中就有對猶太人保護的
條款。

　　但這些保護令往往只在城市中有效，所以猶太人便群居於城
市中，甚少從事農業生產活動者。但教會對猶太人一直採取孤立
的政策，只准其居於特定的區域，形成一個猶太區 (Ghetto)。
1215 年的宗教大會中甚至通過法令，所有猶太人必須穿上特定服
裝，包括一頂尖頂帽及黃色紋彩，以資辨識；並禁止基督徒為猶
太人服雜役。猶太人也不准從事工匠等技術行業，及許多工商活
動，所以大部分猶太人只能從事金融業，靠借錢取息為生。由於

基督教社會對猶太人一直相當歧視，並存偏見，當社會有任何不安時，猶太人便成代罪羔羊，經常遭集體屠殺的命運，歐洲發生瘟疫時就是最佳例證。

猶太民族與德意志民族有相當大的差異，除了人類學上的區別之外，這兩個民族在風俗習慣、宗教信仰乃至飲食衣著方面均有顯著區別。儘管如此，猶太民族長期生存於德意志地區，與德意志民族的發展息息相關。不同時期的不同政府對猶太民族採取不同的政策，大體而言，在 1492 年以前，許多歐洲政府已經開始有系統的進行排除猶太人的行動；相對地，德意志地區的君主對猶太人的態度相當寬容，這種態度的差異主要是因為德意志地區沒有一個中央政府可以推行這樣的政策。

由於居住環境並不理想，猶太民族經常遷徙，遷徙過程中常與其他民族發生衝突，甚或遭到壓迫。根據許多猶太教經典的記載，自西元前十六世紀以來，猶太民族就經常於尼羅河及地中海一帶移動，當羅馬帝國興起之後，他們隨著羅馬帝國的勢力進入歐洲，活動地區雖為以南歐為主，但高盧地區及萊茵河東岸也可以見到許多猶太民族的蹤跡。西元四世紀前後，羅馬帝國的統治階級接受基督教信仰，並將之傳播到日耳曼民族的各部落，部分猶太人被迫改奉基督教，但有許多居住於今日西南歐地區的猶太人仍然保持他們既有的生活方式及宗教信仰。羅馬帝國瓦解後，日耳曼民族紛紛建立國家，不同政權對其境內的猶太民族也有不同的政策。卡爾大帝相當歡迎猶太民族，認為猶太人是優秀的商人及工匠，可以帶來大量的經濟活力，因此他在位時期，許多猶

太人在今日的法國北部及德意志西部建立社區。自此之後，猶太
人的命運與歐洲歷史發展息息相關。

　　猶太人所面臨的第一個問題是宗教歧異。西歐地區信奉羅馬
公教，雖與猶太人的宗教有密切關聯，但「一神教」信仰缺乏對
其他宗教（包括其他的一神教）寬容。宗教寬容與否也影響猶太
人在西歐的政治及社會權利，由於在族群數目上居於劣勢，各地
君主全憑喜好來制訂「猶太政策」，時而給予所有公民可享的權
益，時而又視之如寇讎，剝奪其身家財產。當社會發生變動時，
猶太人往往成為代罪羔羊。例如瘟疫流行之時猶太人曾遭迫害，
後德人相信瘟疫之流行與德人對猶太民族過於殘暴而遭天譴有
關，開始一段很長的救贖運動 (Geißlerumzüge)，鞭打自己裸露的
上半身，並前往遠處教堂朝聖，以求救贖。這種事例正足以說明
德意志與猶太兩民族間的糾葛。

十六、十七世紀的發展

　　十字軍運動之後，歐洲人開始認識東方文明，東方商品成為一種時尚，加上原本阻隔的地區因為大規模的人口移動而開始交通，許多隨之而起的商業活動，改變了十四世紀以後的社會結構。一位史家認為：

> 西歐自卡爾大帝以降盛行莊園制度，對農業及商業的發展，並非有利。莊園多為自給自足，經濟為封閉的。人民居住在小小天地之中，對境外的新奇世界，常懷恐懼，因為遠方只能帶來不祥。❶

　　義大利地區因地利之便，首先開始發展商業。貿易路線逐漸向北經由德意志南方、法國、尼德蘭地區（今比利時一帶）而後擴及全歐洲。從事商業並不需特殊身分或血統，勤勞及具商業才

---

❶　Morris Bishop, *The Middle Ages* (Houghton Mifflin: Boston), 1987.

能即可致富，引起許多人從事這種有利可圖的行業。許多商人開始組織商社，建造船隻，沿河川或近海地區往來負販。從事商業行為必須解決計算及利潤問題。教會原本禁止借錢取息，此時則以租賃及特許名義得以規避，解決一重大障礙。商人之間也逐漸發展出新的記帳及匯兌技術，商業規模得以日漸擴大。此時興起的大商人約有幾種型式：

1. 從事生產及製造者，包括農業生產及商品製造。例如因地利之便而專業栽種燕麥、葡萄，以供農產加工生產，如釀酒業者；或專門栽作某種農產品以供輸出者。

2. 組織商隊，以通有無為業者。以銷售為目的自各地收購農、礦、林、牧產品。自土耳其轉來之東方商品，俄羅斯草原之蜂蜜、毛皮，北海之漁產品，法國之酒類，均為主要內容。

3. 從事銀行業務，以匯兌及借貸為業者。資本主義的雛形已經具備，所以可稱之為「初期資本主義」或「資本主義之萌芽期」。

　　伴隨商業發展而來的，是許多市集的擴大，並逐漸演變成人口集中的城鎮，因為管理及行政的需求，組織的技巧與人才的需求逐漸增加。中古時期原本有簡單的學校教育，當讀書識字者可以進入行政體系服務，謀求生活安定時，許多人開始重視教育，各級學校因此發展。當時大學招收的人數雖然不多，但對社會的影響相當大。十五世紀以後另一個重要的趨勢是集權的君主制度 (Monarchie) 開始出現，許多封建領主為了擴大領土、增加稅收，開始與周邊地區有較劇烈的衝突，戰爭因此而不斷。

第一節　哈布士堡王室與義大利戰爭

　　德意志王西格蒙於 1437 年死於前往匈牙利的途中，盧森堡王室因而斷絕。波希米亞之王位由其女婿奧地利侯阿柏烈希特（Albrecht，1394–1439 年）繼承，隨即也獲安排被選為德意志王。阿柏烈希特在位僅有兩年即卒，在位其間紛擾不斷，教會改革之呼聲與日俱增，土耳其也不斷的侵犯邊境，轄區波蘭境內也有反抗運動。當阿柏烈希特於 1439 年死時，王室再度中斷，無合法繼承人，由出身於哈布士堡王室的史代爾邊區 (Steiermark) 侯費里德利希五世 (Friedrich V) 繼承，改稱費里德利希三世（Friedrich III，1415–1493 年），哈布士堡王室開始長期的統治。

　　德意志史上有一句名言：「全歐洲都在打仗，只有快樂的奧地利在結婚。」以維也納為中心的哈布士堡家族從十五世紀後期起，利用聯姻政策獲得許多土地，其中以馬克西米連一世與勃艮地的瑪莉（Marie，1457–1482 年）結婚後，繼承了勃艮地領主查理（Charlie，1433–1477 年）的領土，因為領土深入法境，引起法蘭西王室的疑懼。馬克西米連又命其子菲力普（Philip，1478–1506 年）娶西班牙王室的約哈娜（Johanna，1479–1555 年），使哈布士堡繼承人也可以繼承西班牙王位，讓法蘭西王覺得已為哈布士堡的勢力包圍，寢食難安。為求改善此種狀況，法蘭西王乃決意用武力改變現況。

　　十五世紀末年，法蘭西地區的瓦洛王室 (Valois) 出現幾位有

雄心壯志、企圖擴張領土的君主，因而與德意志地區的領主發生長期的衝突，尤其是 1494 年以後，長期兵連禍結，史家慣稱為「義大利戰爭」。義大利戰爭主要起因於米蘭地區的政治衝突，史佛沙 (Sforza) 公爵請求法蘭西王查理八世出兵相助，查理趁機占領許多義大利地區的土地，引起神聖羅馬帝國皇帝馬克西米連的反對，並與同樣對義大利地區若干領土覬覦已久的西班牙勢力結合，一起干預。查理被迫退兵，戰火稍熄。但繼任的法國國王路易七世再於 1499 年出兵侵入義大利半島。德、法雙方一度妥協，並與西班牙勢力共同瓜分義大利。此時，馬基維利 (N. Machiavelli，1469–1527 年) 在佛羅倫斯共和國服務，眼見義大利各勢力互相傾軋導致外患，有感而發寫下《君主論》(*Il Principe*)，提出他對解決現世政治的看法。

1519 年，已經即位為西班牙王的卡爾獲選為德意志王，加冕為神聖羅馬帝國皇帝為順理成章之事，因而引起法蘭西王法蘭西斯一世猜忌，乃於 1521 年對哈布士堡宣戰，卡爾因此與教宗列奧十世及英格蘭王亨利八世結盟，雙方交戰數年，法蘭西斯一世被俘，簽訂〈馬德里條約〉，結束這一波戰事，但戰爭的危機仍時時存在。1526 年，法蘭西斯發動另一波戰事，雙方又糾纏三年多，傭兵 (Söldener) 叛變、主帥陣亡等等，使雙方戰事均不利，因而約定和談，大致仍以〈馬德里條約〉為主要依據。

1536 年，米蘭因公爵去世，無繼承人，再度成為焦點。一番激戰後，再度休兵。如此不斷的往復，不僅兵疲馬乏，也影響哈布士堡的內政，例如：因為當時的軍隊結構及作戰仍以傭兵為主，

哈布士堡自知自己無力應付，必須求助於德意志內較大的封建勢力，因此在對內政策上較為寬鬆。故而馬丁路德（Martin Luther，1483–1546年）鼓吹宗教改革時，卡爾必須稍留餘地，才造成大規模的宗教分裂。

　　哈布士堡因疆域分散，君主長期在神聖羅馬帝國境外發展，造成兩個重要結果：一方面，其內政事務經常由出自西班牙的官僚體系主導，德意志史家乃常稱十六世紀為「西班牙世紀」；另一方面，王室缺席，也使帝國缺乏一中心主導力量。此時其他地區正朝向「中央集權式」的民族國家方向發展，德意志地區錯失先機，國家發展因而較臨近地區為晚。

第二節　傭兵制度與戰爭

　　近代以前，西歐地區並沒有常備軍隊，遇有戰爭時，君主號召其領下的貴族助戰，成為常態。十字軍運動時的軍隊組織，仍屬此類。此種戰爭方式規模不大，領主的負擔也少。相對的，由於裝備相當昂貴，具有戰鬥力者有限，所以兵源不多。中古時期以前，騎兵是作戰的主力，騎士 (Ritter) 也成為封建制度中一個特殊戰鬥團體。同時因缺乏訓練及協同作戰能力，騎馬作戰也受到地形相當的限制，所以這種以騎兵為主的戰爭形式效果並不佳。

　　十四世紀以後，西歐地區開始發展出傭兵制度，這種情況與兩個因素有密切關聯。其一是步兵取代騎兵成為作戰主力，其二則為新式火器的使用，也限制了騎兵的功能。十四世紀以後火藥

傳進歐洲，發展成前膛裝填的槍、砲及炸藥；一方面，槍枝只適用於步兵的射擊，騎士無法在馬背上射擊；而火器能穿透盔甲，壕溝或城牆均能限制騎兵的行動，騎士作戰的特質均無法延續，重要性自然漸失。1315 年時，瑞士的步兵就曾以相當簡單的裝備打敗奧地利裝備齊全的騎兵隊。

另一方面，引進火藥之後，戰爭規模逐漸擴大，戰鬥型態也跟著改變，大砲及炸藥對付城堡的效果相當明顯。攻城之後，掠地的工作仍需步兵，步兵愈顯重要，因此有許多領主改以步兵作為戰陣的主力，漸漸取代騎兵，戰爭不再是貴族階級的專利。

此時又發展出一種新的作戰方式——雇請傭兵。傭兵早期兵源以自由人為主，所需的武器如長矛及劍應自備。領主通常會指定一人負責招募兵源，每四百到五百人為一個單位，稱為一個小旗 (Fähnlein)，數個小旗再合成一團 (Regiment)。成軍之後，負責招兵工作的人也自然成為軍隊的統帥。這些傭兵與領主間形成一種雇傭關係，軍人以兵餉維生，故稱為「吃餉者」(Söldener)，即後世所習稱的「傭兵」。十五世紀中期以後，傭兵制度成為作戰的常態，由於戰爭愈趨頻繁，兵源需要量大增，許多不知戰爭為何物、以兵餉為主要著眼的烏合之眾也加入軍隊。三十年戰爭中，正是以這類傭兵為作戰主力。

傭兵制度有幾個缺點：首先，這些軍隊是為錢而戰，傭兵隊與雇傭主之間，並沒有任何效忠的關聯，當雇主無法及時付出兵餉時，傭兵隊隨時可能停止作戰，或投向願意付出更高兵餉的領主，或者轉換成為洗劫地方的搶匪。戰爭期間他們按日計酬，所

以也沒有意願盡快結束戰事,對地方的騷擾荼毒更是平常。三十年戰爭期間幾位重要的傭兵隊長如瓦稜斯坦(Wallenstein,1583–1634年)或提利(Tilly,1559–1632年)等人,均曾數度變節,對雇主造成極大的威脅,所以馬基維利在《君主論》一書中,對傭兵制度大加撻伐。

從現代醫學的角度看,傭兵隊往往成為疾病傳播的重要媒介,因為軍隊駐紮之處有許多人攜家帶眷,而小販或其他人等也跟隨其後,形成小型的移動市鎮,污染水源,散布病菌,所到之處往往疫症叢生。許多專家對三十年戰爭中人口消耗的統計有相當大的出入,主要就是在於是否認定因疾病(黑死病、痢疾、傷寒等)而死亡為戰爭消耗,但兩者間的關係至為密切。

原先的騎士所組成的騎兵隊雖然並未消失,但他們的功能逐漸轉變,甚少再投入戰場之中。到了十六世紀火砲普及之後,新成立的軍種「砲兵」(Artillerie)加入戰場。由於砲兵的裝備需要大量投資,已經非一般領主所能負擔,國家化的軍隊才逐漸成為正規。

第三節　馬丁路德與宗教分裂

文藝復興以後,知識分子開始勇於探討人與上帝的關係,教會組織自然也引起人們的注意。由於羅馬教廷在過去的一百年中,經歷了「大分裂」等問題,在世人心中的地位,已是每下愈況。十五世紀初年,「大分裂」之後,雖然有心之士企圖重振教會威

望，並召開幾次宗教會議，討論教務之興革，但只流於「運動」❷
的形式，而無實質改善。而許多教宗的私德亦有可議之處，牽涉
入國土爭奪等世俗之務，與一般世俗君主並無太大差別。因此
1514 年時，伊拉斯慕思（Erasmus，1466?–1536 年）發行過一本
小冊子《尤理烏思的放逐》(*Iulius Exclusus*)，藉著寓言的形式嘲
諷當時教宗尤理烏斯二世，假藉彼得之口，認為教宗並無進入天
國的資格。這種說法對當時知識分子有相當大的影響，1517 年，
任教於愛爾福特 (Erfurt) 大學的馬丁路德更引起大規模的騷動，
史家多稱為「宗教分裂」(Glaubenspaltung)。

　　「宗教分裂」是十六世紀最重要的事件之一，也有人稱這個
事件為「宗教改革」。從基督教的發展來看，1517 年以後的一連
串事件，造成基督教的分裂，其中又以德意志地區面臨的問題最
嚴重，許多地區因而長期兵連禍結，德國史家因此稱為宗教分裂，
可能較接近事實。造成宗教分裂的原因有許多，其中教會本身的
頹廢、糜爛經常招來批評，是主要原因之一。早在馬丁路德以前，
就不斷有人提出批評，並對羅馬公教提出改革的要求，比較近一
波的批評聲浪，以牛津大學的神學家威克利夫及波希米亞地區的
胡司為主要代表。而兩人遭遇的不同，也說明國君、領主與羅馬
教廷間的關係對宗教事務的發展有密切的關係。

　　若以德意志地區的政治結構來看，由於三個主教邦的主教具
有「選帝侯」(Kurfürst) 的身分 ❸，可以左右神聖羅馬帝國皇帝的

---

❷　所謂「會議運動」(Conciliar Movement)。

選舉，故而歷任皇帝對羅馬教會曲予優容，給以各項特權。概括
如下：

1. 免稅：教會財產享有免稅的特權，使各封建諸侯稅收減少。十
   五世紀以後，由於交通等各種建設增加，軍事費用支出提高，
   稅收需求增多，但稅基受教會侵蝕，國君不得不轉嫁到百姓身
   上。當百姓不堪苛捐雜稅之擾時，往往獻田給教會，轉變身分
   成教會的附庸或佃農，負擔反而可以減輕。如此一來，國君稅
   收更減，又需對境內其他人民增稅，成為一種惡性循環。

2. 司法：中古以來，地方之司法權原屬各封建諸侯，但教會司法
   體系獨立。教士干犯法條，只能由教會法庭處理；而教士若與
   平民發生糾葛，亦需交由教會法庭處理，情況類似中國近代史
   上的「領事裁判權」，造成國君相當大的困擾。

3. 經濟：教會對平民收稅後，運交羅馬教廷，往往不能徵收實物
   而以貨幣為主。歐洲本身缺乏貴重金屬，當金銀之屬解交羅馬
   之後，各地缺乏交易媒介，金銀價格上漲，對日漸擴大的經濟
   需求自然不利。

　　這些優惠引起各個封建諸侯相當大的不便，教宗的各種代表
又插手各地的政治事務，引起國君的抗議。德意志地區已經隱隱
有民族意識的產生，加上教會本身的發展也造成其威望低落，因
而有改革的要求。因此馬丁路德提出對教會的批評之後，迅速引
起德意志北部地區領主的反應，可以視為對教會不滿情緒的公開

---

❸　指特利爾 (Trier)、曼因茲及科隆。

圖 13：馬丁路德

宣洩。

　　路德於 1483 年生於圖林恩地方的艾斯雷本 (Eisleben)，父親本為佃農，勤儉致富，故而有能力讓路德求學。路德在愛爾福特大學修習哲學，1505 年畢業，對希臘文或基督教義等並無特別認識，原本打算另外修習法律，但學業開始後不久，便因曠野遇雷而誓言入修道院❹。歷經修道院學習之後，於 1512 年起成為威登堡大學教授。教書期間，他雖然嚴守清規，但內心仍然不安，自以為身負「原罪」，他講授的課程內容也多以神的正義及人類的缺陷等為主。經長時期思考及在威登堡教堂塔頂的自我禁閉之後，他獲得重大結論：人類因信仰而獲得正義，不能因為所作所為，希冀神的恩典。這個觀念的突破就是宗教改革的重要出發，尤其是有關赦罪券 (Ablaß) 的販售。

　　所謂赦罪券，是自基督教義中有關「罪與罰」的觀念衍生而來。基督教禮儀中有告解禮（Buß 或 Confession），如果犯了教義中的「罪」，即需接受「處罰」。這種罰則原本可能為朝拜

---

❹　1505 年 7 月 2 日路德為雷雨所擊中，他在恐懼中呼喊聖安娜，請其解救，並發誓如能不死，願意出家。7 月 17 日，在未得其父同意的情況下，在奧古斯丁會 (Augustiner) 出家修道。

（Pilgerfahrt 或 Pilgrimage）或念頌經文等。但中古以後，由於世俗對宗教崇拜愈盛，而教會需款孔急，乃演變為以金錢來救贖。

　　1517 年時，萊比錫的道明會 (Dominikaner) 教士特策爾 (Johann Tetzel，1465–1519 年) 在布蘭登堡選侯邦及馬得堡 (Magdeburg) 總主教邦境內銷售赦罪券，名義上是為羅馬城的彼得教堂籌集興建的經費。但是其中半數是被布蘭登堡選侯優阿亨 (Joachim，1484–1535 年) 的弟弟阿柏烈希特 (Albert，1490–1545 年) 用來支付其債務❺。因為需求甚大，此次所發行的赦罪券，甚至包括為死去的親友及將來可能發生的「罪」救贖，因此引起路德的不滿，而在 1517 年 10 月以拉丁文撰寫〈九十五點〉(95 Thesen)。原先這〈九十五點〉並非要供大眾傳閱❻，而是供神學課程討論之用；其目的也不僅在於攻擊赦罪券，而是要討論赦罪券所宣稱的救贖功能，甚至對告解的形式都有所質疑。路德自認此舉是維護基督教義，但對世俗化程度甚深的羅馬教廷而言，無疑是種公然挑戰，道明會首先在羅馬宗教法庭指控路德為異端。教廷對路德的領主薩克森選侯費里德利希三世 (Friedrich III，1463–1525 年) 有所顧忌，因而對此事件的處理採取拖延的態度。在費里德利希三世的安排下，教宗指派樞機主教卡耶堂 (Cajetan) 在奧古斯堡審訊路德，希望路德能提出辯解並撤回以前的言論。

---

❺　阿柏烈希特對收集教會頭銜甚有興趣，他已經購得曼因茲城大主教及馬得堡總主教的頭銜，又兼哈博司達主教邦的行政長官。這些費用均向奧古斯堡的富格家族貸款，必須償還。

❻　至今仍有史家懷疑這〈九十五點〉是否曾張貼在威登堡教堂門口。

路德於 1520 年時公開了著名的〈告德意志民族的基督教貴族書〉
(*An den Christlichen Adel Deutscher Nation*) 及〈論教會的巴比倫監
禁〉(*Von der Babylonischer Gefangenschaft der Kirche*),加深他與
教會的衝突。教宗於 1520 年底將他「逐出教會」,他卻把教宗的
詔書付之一炬。

　　1519 年時卡爾五世繼任神聖羅馬帝國的皇帝 ❼,他一方面必
須照顧德意志境內所有諸侯,但也必須與教宗充分合作,處於兩
難之間。在 1521 年時,卡爾五世安排在沃姆斯城召開他繼位後的
第一次帝國會議 (Reichstag),會議重點應為帝國架構的調整,但
他卻將路德召去,希望解決問題。稍後路德再度表示:除非經典
或理性能讓其信服,否則拒絕撤回其言論。卡爾五世乃宣布剝奪
路德公民權利,不再受帝國法律保護,並要求所有人不能給予路
德協助。但會前卡爾五世已經同意保證他安全離開,所以路德仍
回到瓦特堡 (Warteburg)。以當時神聖羅馬帝國的組織而言,皇帝
詔令未必會為諸侯所遵守,許多同情路德的領主仍給路德充分的

---

❼　卡爾五世為奧地利大公兼神聖羅馬帝國皇帝馬克西米連一世之孫,父
　　親為「美男子菲力普」(Philip der Schöne),在馬克西米連的安排下,娶
　　伊比利半島卡斯提爾及亞拉岡的公主 「恐怖的約哈娜」 (Johanna die
　　Schreckliche),生卡爾及菲力普等人。菲力普早死,卡爾身負奧地利等
　　國的國祚。他生於根特 (Ghent),接受法國文化,對德意志文化相當鄙
　　薄。德意志諸選侯所以會選舉他為帝主要有兩點考慮:首先,與他競
　　爭的對手為法國的法蘭西斯一世,根本拒絕德意志文化。其次,卡爾
　　統治區甚廣,將無暇過問德意志事務,而有利於各個德意志國君。

協助。路德便在瓦特堡的領主安排下，將《新約》譯成德文，使所有人均能直接閱讀。

　　1517 年路德發表其〈九十五點〉時，等於引爆一個炸彈，所有對羅馬教廷不滿的力量同時甦醒。要注意的是：路德從來未曾、也未能主導整個改革過程，教廷雖然一再要求路德收回其言論，但即便路德收回其言論，事件的擴大及繼續發展已是無可避免。

第四節　農民與農民戰爭

　　以農業為經濟活動主體的社會中，農民恆為構成人口結構之主體。中古之際，農民尚有「自由農」與「非自由農」之分。前者有相當行動自由，本來還可加入戰鬥，身分也可因戰功而上升。但戰爭型態發展成以馬戰及騎士為主體後，自由農喪失參與戰鬥之機會，只單純成為土地上之勞動人口，與「非自由農」之區別漸泯，1152 年帝國規定：農民不得擁有戰具，受到特別保護，但無形中也限制他們參與戰爭的機會，阻斷其地位上升的可能。中古末期，德意志境內除了少數地區之外，大部分農民均無行動及職業自由❽。農民對其領主有各種封建義務，除了繳田租及服勞役之外，在許多不定期的場合（如田地轉讓、繼承或婚姻）時❾，

---

❽　行動自由包括社會行為及法律行為兩種，如遷徙及婚姻之自由。職業自由則牽涉居住、行動自由，如放棄農業生產轉入城市從事其他行業。

❾　這些場合中身分或狀態的變化均與土地有關，因此須遵守由土地關係而衍生的義務。

尚需繳交特別捐納。

　　農民與其領主本來存有租佃關係，對這些租稅及不定期捐納也頗能接受，但一直要求漁獵及採伐權。擁有土地所有權之領主一直認為農民不得在其所有的森林中砍伐樹木、採樵或狩獵，也不可在其池塘沼澤中捕撈魚蝦，農民如有需求，必須另外繳費。為此雙方一直僵持不下，農民集體反抗運動時有所聞。發生地區以德意志西南部自亞爾薩斯到提洛一帶為主，也波及到薩克森地區，以十五世紀末的「花鞋會」(Bundschuh) 為例，自 1492 年起，就有農民以所著之鞋為標幟，向領主抗爭，由史拜爾向西南延伸到萊茵河上游地區，風潮不斷。

　　到宗教改革時期，農民也根據基督經典，認為經典上所不載的封建陋規，均不應承認，因而掀起反對運動。1525 年時，許瓦本地區之農民結成一個社會團體，制訂〈十二點章程〉(*Zwölf Artikel*)，除了要求廢止部分陋規外，也要求自行選舉鄉村神職人員之權利。農民運動有時成了集體搶劫及縱火等出軌行為，並向瑞士地區蔓延，也造成當地農民的集體抗爭。這一次的長期社會不安，合稱為「農民戰爭」。

　　馬丁路德原本對農民抗爭的行動表示支持，並對地主階級提出警告，希望他們能適度接納農民之要求。但農民運動愈演愈烈，圖林恩地方的神學家敏策（Thomas Müntzer，1489–1525 年）甚至提出「對抗世俗權力就等於實現天國理想」的口號，引起路德的恐懼，因而寫成一篇傳單〈反對盜匪般的農民團體〉(*Wider die räuberischen und möderischen Rotten der Bauern*)。路德此文，顯然

採取了與貴族階級相同的立場，引起時人對他很大的批評。

　　這些參與反抗運動的農民本為烏合之眾，並無任何戰爭經驗，雖有一些具有戰爭技能的貴族對之表示同情，並願意整編及訓練，卻無法與領主階級的軍隊對抗，短短幾週之內，領主已經有效的控制局面，撲滅反抗行動。並隨即設立法庭，對起事者施以非常嚴苛的刑罰。

第五節　宗教戰爭

　　十六世紀初期到十七世紀中葉這段時間，德意志地區最重要的事件是有關於宗教的爭執。路德對羅馬教廷的批判，演變為長期的爭端，各種改革教會的方案紛紛出現，發展成不同的教派。德意志各地大小君主因為不同的理由，選擇自己願意支持的對象。兩派勢力旗鼓相當，人人必須結盟以求自保，因而有「抗議教派聯盟」(Protestantische Union) 與「公教聯盟」(Katholische Liga) 出現。1618 年以後，因北歐及西歐的政治力量介入，造成兵連禍結。直到 1648 年簽訂和約，才勉強維持和平的局面。

　　神聖羅馬帝國皇帝為了重新建立羅馬公教的地位，於 1530 年在奧古斯堡舉行的帝國會議中，特別提出這個問題，但是改奉抗議教派的諸侯卻發表〈奧古斯堡宣言〉(Confessio Augustana)，強調他們的抗議教派信仰。卡爾五世並不接受，而一再聲明〈沃姆斯敕令〉(Wormser Edikt) 的效力。

　　抗議教派的諸侯乃尋求結盟，以對抗卡爾五世，他們在圖林

恩的徐馬卡登 (Schmalkalden) 一座城堡中商討，並決議要引進外國勢力對抗卡爾五世，例如正與卡爾作戰的法蘭西斯一世，並逐漸發展成全歐洲反哈布士堡勢力的大本營。他們計畫成立聯軍，也共同出資，但這個俗稱「徐馬卡登聯盟」的團體究竟只是烏合之眾。卡爾五世了解抗議教派諸侯欲聯法時，決定加以痛擊，卻一直為對抗法國的軍事行動所纏身 ❿。到 1544 年以後，終於可以抽身出來解決這個問題 。「徐馬卡登之戰」（Schmalkaldischer Krieg，1546–1547 年）中卡爾五世的軍隊大獲全勝，粉碎了這個聯盟。

雖然卡爾五世積極維護公教，也戰勝這些以路德教派為中心的抗議教派盟軍，但他心裡也很清楚，要將基督教重建成歐洲普遍尊崇的單一信仰是絕無可能。此時卡爾又必須集中精神對抗法國瓦洛王室，因此希望能在帝國境內維持基本的和平，所以差遣他的弟弟費迪南與抗議教派陣營的領袖薩克森選侯莫立茲（Moritz，1521–1553 年）商議，尋求一個妥協的方案。兩人終於在 1552 年於帕掃城簽訂和約，對信仰問題達成協議。費迪南又主導了 1555 年在奧古斯堡所舉行的帝國會議，雖然卡爾五世相當不滿意，但其終究解決了長期爭議。〈奧古斯堡宗教和約〉包括了幾個重點：

1.承認 1530 年〈奧古斯堡宣言〉，但只有路德教派的信徒享有平

---

❿ 1534–1536 年及 1542–1544 年間，卡爾均與法國的法蘭西斯一世作戰，無暇內顧。

等的宗教權。

2. 各個封建領主（包括帝國騎士階級）才享有自由選擇宗教信仰的權利。

3. 任何諸侯境內不同宗教信仰者可以自由遷出，不得對其財產或名譽有所傷害❶。

4. 上述原則仍應有兩種例外狀況：

　(1)沒有領主的帝國城中，兩教可以並存，聽由信徒選擇，互相容忍。

　(2)如果教會邦的神職人員（總主教或主教）改奉抗議教派時，必須放棄其教職，以免教會邦繼續世俗化。

奧古斯堡大會雖以宗教事務為主，但也同時解決帝國共同的事務。大體而言，為了維護帝國境內的和平，特別將帝國分為十個以軍事任務為著眼的「區」(Reichskreise)，每區有個最高的軍事長官 (Kreisoberst)，另有一「區議會」(Kreistag) 組織，由區中一位或兩位領主負責召開，以維持區內的和平。由於區議會的組織與皇帝無關，成為一種地方自治團體，對帝國架構自然有深遠影響。

第六節　反宗教改革與宗教迫害

　奧古斯堡宗教大會以後，羅馬教廷及神聖羅馬帝國的皇帝均

---

❶　以上三點即是俗稱的「控制土地即控制信仰」(Cuius regio, eius religio) 的原則。

努力想恢復抗議教派地區的公教信仰，有時甚至採取一些「非和平」的手段，可以稱之為「反宗教改革」(Gegenreformation)。1563 年時，巴燕地方已經開始採取行動，1583 年的科隆事件可以作為這類「反改革」的代表：科隆原為一總主教管轄的教會邦，在「宗教改革」過程中，總主教改奉抗議教派，使公教失去一個重要的據點，公教方面在 1583 年發動戰爭，將該總主教趕走，另立一公教派的總主教而收回該地。這又造成連鎖效應，帕得邦 (Paderborn)、明斯特 (Münster) 及威茲堡 (Würzburg) 等地均再度改奉公教。在此同時，公教也開始一連串的「宗教迫害」，在奧地利大公費迪南（Ferdinand，1529–1595 年）的指使之下，史代爾邊區、克安登 (Kärnten)、克朗 (Krain) 等地均發生對「異端分子」進行的「宗教審判」(Inquisition) 及大規模屠殺。

「宗教審判」這個字的拉丁文原意為「追蹤」、「檢查」。這個名詞重要之處為：無需經由被害人之指控，法院或行政機構即可自動提出調查。自古以來，教會一直就執行有關於「異端」的審判，但對一般人民所造成的影響仍是有限。到十三世紀以後，由於擔心教會的分裂，「異端裁判」成為一種特殊的常設機構，並將審判「異端」的權力，自主教移轉到教宗的手中，此種「異端裁判」在南歐，尤其是西班牙地區，最為盛行，也最早制度化。教宗特別委任道明會及方濟會 (Franziskaner) 為「審判者」(Inquisitor)。一個被認定為「異端」的人，往往不知道是誰告密，也沒有聘請辯護人的權利，甚至會受到刑求而招供；如果招供，可能受到的刑罰從最輕的告解，到沒收財產、監禁甚或死刑，而

「異端者」的死刑經常是火焚。如果拒不招供或推翻供詞，也往往以死刑結案，但一方面由於教會不願意執行死刑，而行政體系認為執行死刑有利可圖，所以死刑通常是由行政體系來執行。

　　十五世紀以後，「異端裁判」在德意志地區才較為普遍，1542年時教宗指定一個「樞機主教委員會」(Kardinalskomission)❷，成為德意志境內的「異端裁判」之終審機構。在某些地區，甚至連抗議教派徒都被視為「異端」而受審判，許多地區因而有所謂的「女巫案」。

　　「女巫」在歐洲的歷史相當久遠，而且來源不一。大致而言，一般教會史家都把「女巫」當作泛神或多神論的殘餘，而且為女性專屬的一種「異端活動」。歐洲自從接受一神教之後，這類宗教行動便成為非法。中古以後，「女巫學」相當發達，認為女巫與一些暗夜幽靈有關，可以變化成一些動物，也能在空中飛翔，甚至可以召喚惡靈。還有一類想法認為人類可以與魔鬼訂立契約，將其附於己身，並經常於夜間在某些場所集會。由於能與魔鬼結盟，教會方面就把「女巫」與「異端」畫上等號，將之劃入「宗教裁判」的管轄範圍。十六世紀以後，歐洲許多地方對於「女巫」極力迫害，成為一種盲目的群眾行為。1487年時，道明會修士因斯提投里思 （Heinrich Institoris，1430?–1505? 年） 與史布連耳 （Jakob Sprenger，1436?–1495 年）兩人將所有「女巫活動」收集成《女巫之槌》(*Hexenhammer*) 一書，成為一本日後對付「女巫」

---

❷　一般稱之為神聖公署 (Sanctum Officium)。

圖 14：公開燒死女巫的情形

審判的重要手冊。

在審訊「女巫」的過程中，往往株連無辜，雖然「女巫」僅
限於女性，但「同黨者」亦可能為男子或孩童。被控「女巫」的
原因不一而足，挾怨報復、代罪羔羊到不明恐懼，如牲口突然死
亡、收成不好或是任何足以威脅生存的理由均有。許多研究顯示，
受「女巫審判」牽連者，多為社會之低層乃至一些無業游民等社
會的邊緣人，不過富戶未必就可以完全倖免。

十七世紀以後，「女巫熱」 逐漸退燒，才開始有人敢於討論

「女巫」存在與否的問題。一位耶穌會教士史貝（Friedrich von Spee，1591–1635 年）長期擔任遭判死刑「女巫」的死前告解工作，對「女巫」有相當深刻的認識。他在 1631 年時匿名寫了一本《女巫案件的法律思考》(*Rechtliches Bedencken Wegen der Hexenprozesse*)，認為所有的「女巫」均是刑求的結果。十八世紀以後，另一位精研法學的耶穌會教士湯瑪士 (Thomasius)，也一直呼籲整個社會要廢除「女巫審判」。

伴隨「反宗教改革」而來者，是公教內部許多人士的自我反省，認為公教本身亦需適度的改革，才能爭取人們的信仰，其中以耶穌會的影響最為深遠。耶穌會士以知識為主要工具，與貴族相當接近，又建立許多學校，在大學中影響也甚大，1552 年成立了「日耳曼學術團」(Collegium Germanicum)，負責教務的推展，又在 1573 年成立一個「樞機主教處理德意志事務委員會」(Kardinalsausschuß Für Deutsche Angelegenheiten)，並於維也納及科隆兩地設立常設機構，負責推動教務。

他們除了努力在德意志境內恢復原有教區外，也積極拓展其他地區的基督教信仰。耶穌會的成立受到哈布士堡王室相當大的鼓勵。此時正值東西海上交通暢行無阻的階段，許多耶穌會教士乃乘著葡萄牙及西班牙的商船，前往中南美洲、亞洲（包括印度、中國沿海及日本等地），迅速獲得許多信徒。

第七節　三十年戰爭

　　所謂「三十年戰爭」，一般均指西歐主要國家在 1618 到 1648 年間所發生的武裝衝突。但這個名稱，並不能解釋當時的政治紛爭。如果以抗議教派及公教衝突作為事件的起因來看，尼德蘭地區早已經與公教發生衝突，若以神聖羅馬帝國作為主體來討論，則 1608 年抗議教派聯盟及 1609 年之公教聯盟成立，雙方武裝衝突已是不可避免，用此事件為「三十年戰爭」之開端，亦無不可。至於以〈西法稜和約〉(*Westfälischer Friede*) 簽訂作為衝突之結束，亦未能說明整個事件，西班牙的王室在 1648 年以後仍與尼德蘭地區進行戰爭。對當時人而言，他們所熟悉的概念是「波希米亞戰爭」、「瑞典戰爭」等等概念。到了〈西法稜和約〉簽訂幾十年之後，才逐漸有「三十年戰爭」這個概念，反而限制了人們對整個衝突的認識。

一、戰爭前的對立

　　許多支持「反宗教改革」的君主行動激烈，造成抗議教派地區人人自危，神聖羅馬帝國的皇帝或奧地利大公便處於相當尷尬的地位。奧地利大公本身兼有匈牙利及波希米亞的領主的身分，而這些地區的貴族階級又多改奉抗議教派。當費迪南死後，其子馬克西米連二世（Maximilian II，1527–1576 年）即位，繼續其政策，而哈布士堡的勢力仍強，尚無問題發生，到馬克西米連二世

的繼承人時代，情況開始動搖。魯道夫二世雖繼承一個龐大的帝
國，但他個性羞澀，對統治毫無興趣，宮中充滿天文星相家，政
務交由其弟及臣屬管理❸。魯道夫二世的弟弟馬提阿斯便有取而
代之的想法。1606 年時，馬提阿斯被推為哈布士堡王室之長，他
立刻與匈牙利的貴族簽訂條約，以宗教自由換取匈牙利的支持，
又與土耳其人訂立一個二十年的停戰協定❹。魯道夫自然感受到
相當的威脅，因此在 1608 年時與馬提阿斯達成協議，將奧地利、
匈牙利及梅亨 (Mähren)❺讓給馬提阿斯，但波希米亞為魯道夫所
有。1609 年時，魯道夫二世對波希米亞作了宗教自由的承諾，甚
至以「皇室詔令」(Majestätsbrief) 的形式公布，以昭慎重。

　　儘管有類似的保證，許多抗議教派地區的領主仍有自危之感，
因而計畫成立一個聯盟，以對抗公教的「反改革」。普法爾茲
(Pfalz) 的費里德利希四世已經在多方奔走。1607 年時，巴燕的馬
克西米連一世（Maximilian I，1573–1651 年）又出兵占領多瑙威
特城 (Donauwörth)，更是雪上加霜。1608 年本計畫在雷根斯堡召

---

❸ 　魯道夫二世自幼生長於西班牙，對天文、藝術、花鳥的興趣遠大於對
　　政治的興趣。他身兼神聖羅馬帝國皇帝、奧地利大公、波希米亞國王
　　及匈牙利國王等職，卻將政務先後委託其弟恩司特 (Ernst) 和馬提阿斯
　　處理。馬提阿斯野心甚大，因而有 1606 年以後的衝突。在魯道夫統治
　　下的神聖羅馬帝國一步一步走向「邦聯」型態。

❹ 　此時土耳其正受到波斯的壓迫，故而願意在許多方面讓步，以爭取西
　　方邊境的和平，才能專心對抗波斯。

❺ 　即摩拉維亞 (Moravia)，位於今捷克境內。

開帝國會議，也因此不歡而散。抗議教派諸侯因而成立一個「抗議教派聯盟」，甚至謀求與英格蘭、法國及尼德蘭聯盟，但實力最強的薩克森選侯並未加入這個聯盟，使其聲勢失色不少；公教方面也不甘示弱，於 1609 年在馬克西米連的鼓吹下，成立「公教聯盟」。兩大陣營成立之後，頗有勢均力敵之勢，形成一種「恐怖平衡」，因而必須避免衝突，以免事態擴大，1609 年到 1614 年間的「尤立西一克雷府 (Jülich-Kleve) 繼承問題」就是個例子。

1609 年，萊茵河下游在科隆與尼德蘭之間的尤立西等地的君主約翰‧威廉（Johann Wilhelm，1562–1609 年）死而無嗣，合法繼承人包括信奉抗議教派的布蘭登堡選侯及信奉公教的普法爾茲侯。魯道夫欲趁此機會擴張公教勢力，乃利用帕掃的諸侯利奧波德 (Leopold) 來控制這片土地。法國國王亨利四世 （Henry IV，1553–1610 年）則與德意志的抗議教派諸侯聯合，企圖反制哈布士堡，雙方衝突一觸即發。但此時亨利四世遇刺身亡（1610 年 5 月），抗議教派與公教雙方加上英格蘭及法國方面的介入，才安排約翰‧威廉的合法繼承人各自繼承部分 ❶⑥ ，並簽訂 〈杭騰 (Xanten) 條約〉，化解衝突。

魯道夫二世於 1612 年死 ，神聖羅馬帝國選馬提阿斯為帝。1618 年馬提阿斯六十一歲，年老而無嗣，因此以其堂弟費迪南繼位，並安排其先繼承波希米亞王位。費迪南與大部分哈布士堡王

---

❶⑥　新教 （喀爾文派） 的布蘭登堡選侯獲克雷府、馬克 (Mark)、哈文斯堡 (Ravensburg)。公教的普法爾茲侯獲尤立西 (Jülich) 及柏格 (Berg) 兩地。

室成員一樣，積極支持公教，又因耶穌會教育的背景，使波希米亞貴族對他相當不信任。1618 年時，哈布士堡王室下令將在公教土地上的抗議教派教堂關閉，引起波希米亞境內抗議教派徒不滿，因此決議在布拉格召開一抗議教派大會，並四處遊行示威。5 月，失控的群眾將哈布士堡王室派駐布拉格的行政長官 (Statthalter) 從王宮中的房間丟到窗外的護城河中，即所謂「布拉格拋窗事件」。波希米亞的叛變正式爆發。衝突愈演愈烈，波希米亞貴族甚至不承認費迪南二世為其國王，並於 1619 年 8 月選抗議教派聯盟的主席普法爾茲侯費里德利希五世 （Friedrich V，1596–1632 年）為國王。

巴燕的馬克西米連與費迪南有親戚關係，支持公教也最力，因而率兵攻打費里德利希，而抗議教派聯盟卻袖手旁觀。1620 年 11 月，費里德利希在布拉格近郊的外森柏格（Weißer Berg，意為「白山」）為馬克西米連所敗，費里德利希王位尚未坐穩便被迫逃亡❼，叛變敉平，抗議教派聯盟也瓦解。費迪南除了掌控波希米亞外，也恢復並確立其轄下各地的公教信仰，而普法爾茲的許多屬地及選侯的資格則由馬克西米連接收。這個時期，史家特稱之為「波希米亞－普法爾茲戰爭時期」（1618–1623 年）。

神聖羅馬帝國的軍隊在提利率領下，與一位著名的傭兵隊領袖瓦稜斯坦聯合向德意志北部地區逼進。他們兩人的軍事行動引起丹麥－挪威國王克理斯強四世（Christan IV，1577–1648 年）的

---

❼　費里德利希因而被史家稱為「一冬之王」(Winterkönig)。

戒心;一面擔心公教勢力不斷擴張,將對其領土不利,另一方面,克理斯強對德意志北部及波羅的海的商務利益十分有興趣,因此決定先發制人,對提利與瓦稜斯坦的軍隊展開攻擊。戰爭主要在德意志北部地區進行,史家稱之為「下薩克森一丹麥戰爭」(Niedersächsisch-Dänischer Krieg,1625–1629 年)。1626 年 8 月,公教軍隊在霸橫柏格 (Barenberg) 地區的路特 (Lutter) 擊潰克理斯強的軍隊,而可能受到瘟疫的傳染,許多抗議教派的重要將領又在這一年死亡,實力大受影響。帝國的軍隊因控制了尤特蘭、梅克稜堡及波蒙 (Pommern) ❶❽等地,對瑞典造成相當大的壓力。皇帝費迪南二世恐怕如繼續施壓,會造成抗議教派地區諸侯同仇敵愾,因此在 1629 年與克理斯強四世簽訂〈律北克和約〉,丹麥退出戰場。此時費迪南處於相當優勢的地位,因此在和約尚未簽訂之前,就頒布「重新任職詔令」(Reinstitutionsedikt),下令所有抗議教派徒必須將 1552 年以後沒收的教會財產歸還。

由於皇帝力量不斷擴張,甚至公教內部許多貴族也產生異議,在巴燕的馬克西米連的領導之下,他們利用 1630 年在雷根斯堡召開選侯會議 (Kurfürstentag) 的機會,要求皇帝將其主要支持者瓦稜斯坦解職。在此同時,瑞典國王古士塔夫·阿道夫 (Gustav Adolf,1594–1632 年) 率領一支軍隊在吳塞洞 (Usedom) 登陸,展開了抗議教派與公教間第三期的鬥爭,習稱為「瑞典戰爭時期」(der Schwedische Krieg)。1631 年 9 月,古士塔夫·阿道夫在布來

---

❶❽　在今日波蘭境內。

騰費爾德 (Breitenfeld) 重挫提利，打通往南方的通路，1632 年提利於雷希 (Lech) 陣亡，迫使費迪南重新召回瓦稜斯坦。雙方再在 1632 年 11 月戰於律層 (Lützen)，雖然抗議教派占上風，但古士塔夫‧阿道夫卻陣亡。另一方面，瓦稜斯坦已成為驕兵，往往自行其是，造成費迪南很大問題，決定再將他解職，並隨後遣人將之謀殺。古士塔夫‧阿道夫死後，抗議教派方面逐漸失利，1634 年 9 月，抗議教派聯軍在諾德林恩 (Nördlingen) 附近再嘗敗績，決意議和。1635 年的〈布拉格和約〉規定：

1. 費迪南停止執行「重新任職詔令」。
2. 抗議教派同意組成一個由帝國各階級組成的聯軍，並由費迪南擔任統帥。

　　戰事本可因此結束，但法國卻擔心神聖羅馬帝國一旦和平，費迪南會坐大並再度威脅法國，因而發動攻勢，戰爭持續甚久，稱為「瑞典－法蘭西戰爭時期」(Schwedisch-Französischer Krieg，1635–1648 年)。這一期戰爭中，始終沒有明顯的勝負，戰事拖延甚久，最後決定謀和。經過多次接觸，雙方達成協議，終於在 1648 年簽訂和約，結束德意志境內的戰事。

　　占優勢的瑞典聯軍，也是強弩之末，1644 年，瑞典政局稍有變動，古士塔夫‧阿道夫之女克麗斯汀納（Christina，1626–1689 年）已經成年，主理國政，希望盡速結束戰爭，以減少國力損耗；瑞典民眾均渴望和平而予支持。教宗烏爾班八世 （Urban VIII，1568–1644 年）亦於同年下世，繼任之英諾森十世（Innocent X，1574–1655 年）為義大利本身安全計，不希望戰火蔓延，呼籲法

國停戰。1644 年 10 月各地作戰勢力紛紛接受和談之呼籲，經過
漫長討論，交戰各方於 1648 年 10 月分別在明斯特與歐斯納布呂
克 (Osnabrück) 簽字，〈西法稜和約〉成立❶，但法國及西班牙仍
未結束敵對狀態，直到 1659 年才訂定和約，戰事至此完全結束。

❶　此和約並非交戰雙方共聚一堂簽訂，而是在不同地點，分別議定，因
　　明斯特位於西法稜地區，故總稱為〈西法稜和約〉。

絕對君權時期

　　原本在德意志社會中，並沒有國家或是獨立主權的概念。理論上，神聖羅馬帝國是德意志地區的共同政治組織，「帝國會議」解決了許多政治、宗教或社會爭端；皇帝對德意志社會也有相當的約束力量。當然有許多人對神聖羅馬帝國的概念已經產生相當的懷疑。就像伏爾泰（Voltaire，1694–1778 年）所說的名言：「既不神聖、亦不羅馬、更非帝國。」其實早有人發出類似的批評。「三十年戰爭」期間，這些約束的力量逐漸式微，封建領主體認到唯有擁有堅強武力才能自保。

　　西法稜和會之後更加惡化，許多新教地區的領主，在不同場合公開挑戰信奉羅馬公教之皇帝的威權。既有的社會秩序崩毀之際，勢必要創造新的社會秩序來維持政治的正常運作。所謂新的社會秩序，以如何規範人與其周邊環境的關係為主。由於各種社會變遷，部分封建體系下的臣屬在喪失或解除原本對神聖羅馬帝國皇帝的封建義務後，開始對新領主效忠，改變部分政治結構。領主為了建立自身安全體系，往往以建立軍隊為要務。建軍又以

財源為先，稅收的取得乃成為國君的施政基礎。稅收制度之健全又仰賴一套運作正常的行政體系，因此如何建立官僚制度成了國家最優先的施政目標。十七世紀中期以後，德意志地區許多封建諸侯因此開始朝建立國家體系及行政官僚組織的工作努力，希望能在其領地中建立起新的統治威權。

這種建立威權體制的潮流並非始於德意志地區，法國的王室對中央集權政府的追求最為積極，英格蘭的王室也有類似的努力。德意志地區的政治結構此時也有一些變化：許多領主因為戰後的兼併或是聯姻及其他繼承關係，控制地區擴大，實力增加，普魯士 (Preußen) 及西南德的巴登地方就是兩個明顯的例子。這些實力大增的君主開始成立官僚體系、建立稅收制度、建立軍隊，朝向中央集權體制努力，有人稱這個時期為「君主專制時期」(das Zeitalter des Absolutismus)，雖然在同樣的概念之下，但各地的表現仍有相當大的差異。直到十七世紀末期，德意志地區的政治發展仍相當多元，奧地利是主要的政治中樞，普魯士有一定的發言權，薩克森、巴燕等地的君主對德意志地區的事務也有一定程度的影響力。但十七世紀末期，普魯士力量逐漸強大之後，這些國家逐漸退居次要地位，成為普、奧爭雄的兩元局面。

第一節　十七世紀德意志地區的發展

十七世紀以前，位於奧地利的哈布士堡家族是德意志地區的主導力量，但十七世紀時，發生了幾個重要的事件，使哈布士堡

的領導地位受到嚴重威脅。首先是法蘭西地區出現了強有力的政治中心，新王室在幾位強勢領導人的帶領下，不斷威脅德意志地區；而布蘭登堡的統治者也追求富國強兵之策，成為一個地區強權，並不斷藉由各種方式擴張實力，挑戰哈布士堡家族的地位。

〈西法稜和約〉簽訂後，法國成功的削弱哈布士堡的力量，成為當時西歐最強大的政治勢力。三十年戰爭雖然在 1648 年時已經結束，但法國與西班牙間的戰爭仍然持續。1657 年，神聖羅馬帝國皇帝費迪南三世（Ferdinand III，1608–1657 年）去世，法國本欲打破哈布士堡壟斷帝國皇帝選舉的局面，另外支持候選人參與帝位的選舉；但費迪南三世之子利奧波德 (Leopold) 仍然當選，是為皇帝利奧波德一世（Leopold I，1640–1705 年）。然而在選舉過程中，利奧波德被迫與德意志地區之諸侯協議，不再介入西班牙事務。為此，法國在與西班牙的對抗中占了上風，於 1659 年簽訂〈庇里牛斯和約〉(*Pyrenäenfrieden*)。條約中西班牙除了割讓一些土地外，西班牙國王菲力普四世（Philipps IV，1605–1665 年）還被迫將其女嫁給路易十四，引起日後相當大的繼承權糾紛。

此時萊茵地區的諸侯因為勢力逐漸強大，企圖擺脫皇帝的控制，於是組織一個萊茵聯盟 (Rheinbund)，路易十四也加入這個聯盟，打算進一步削弱哈布士堡對德意志地區的控制力量。只是這個聯盟並沒有存在多久，在 1668 年就無疾而終了。另一方面，1661 年馬薩林主教去世後，野心勃勃的路易十四控制了法國政治，他的許多作為都引起歐洲各國的恐慌，帝國境內開始出現一種危機意識，認為只有支持帝國才能對抗法國的野心，於是又有

了效忠帝國的想法出現。

　　除了法國的威脅之外，哈布士堡還面臨了來自東方的壓力，十七世紀時，奧斯曼土耳其帝國控制包括巴爾幹半島、匈牙利在內的大部分南歐地區，歐洲大部分君主均體認到如果土耳其的勢力再往前挺進，將會對歐洲的基督教社會造成相當大的威脅，因此計畫將土耳其人的勢力逐出南歐地區。由於地緣關係，奧地利對這個事件更為注意。但法國則計畫利用這個機會，進一步壓迫哈布士堡王室，因此與土耳其君主保持相當友好的關係。利奧波德一世為免腹背受敵，乃於 1664 年與土耳其蘇丹簽訂一個為期二十年的休戰條約，雙方維持了一段相當長時期的和平。

　　1683 年，奧地利所屬的匈牙利地區發生反政府的抗爭，土耳其利用此機會，以宰相穆司塔法（Kara Mustafa，1634?-1683 年）為統帥，發兵二十萬人，侵入奧地利，甚至兵臨維也納，利奧波德倉皇逃逸，守城之責交給大將史達亨柏（von Starhemberg，1638-1701 年）。這一場戰事讓德意志地區的諸侯採取明顯支持皇帝的立場，開始組成聯軍，以解維也納之圍；而在教宗的號召之下，原本與法國結盟的波蘭王索比耶斯基（Johann Sobieski，1629-1696 年）也轉而支持利奧波德。1683 年 9 月，雙方在維也納近郊卡稜山 (Kahlenberg) 大戰，土耳其軍隊不敵而走。此次戰事中，布蘭登堡與法國結盟，薩克森與巴燕的領主則親自參與援軍的行動，德意志地區諸侯明顯劃分兩個不同的陣營。

　　1688 年，路易十四利用普法爾茲領主去世之際，主張對該地有繼承權，引發了普法爾茲之戰，許多德意志地區的諸侯紛紛捲

入這場戰爭，奧地利因此必須同時作戰。但許多優秀將領如薩弗依的歐伊根王子（Prinz Eugen von Savoyen，1663–1736 年）投效利奧波德，使奧地利尚能維持局面。1697 年，法國已經無心再戰，雙方議和，簽訂〈黎西威克 (Rijswijk) 和約〉，法國放棄對普法爾茲地區繼承權的要求。兩年後，奧地利也與土耳其簽訂〈卡洛維茨 (Karlowitz) 和約〉，土耳其撤兵，並割讓大部分其所屬之匈牙利及西本布根 (Siebenbürgen)❶地區，但仍然控制部分基督教徒所居住的地區，使日後衝突不斷。

第二節　布蘭登堡－普魯士的興起

　　普魯士原指位於東海沿岸的一塊領土，二至三世紀時，為哥德人所居，後由普魯資 (Pruzzen) 部落控制。十三世紀時，德意志武士團發動東進殖民運動時，為孔哈德一世 （Konrad I，1187?–1247 年）征服，但其周邊的波蘭封建勢力對之虎視眈眈。德意志武士團乃大量招徠德意志移民，以強化其防衛。十五世紀時，仍為波蘭王所敗，而臣服於波蘭，並逐漸轉變為普魯士大公國 (Herzogtum Preußen)。1618 年，普魯士大公國由布蘭登堡選侯繼承，但普魯士仍非神聖羅馬帝國境內的封建勢力。正因繼承問題，布蘭登堡選侯的領土實際上包括三個不相連的部分：

---

❶　該地原意為「七城堡」，為十二世紀時德意志移民所建之屯墾地。現屬羅馬尼亞。

1. 布蘭登堡選帝侯國 (Kurfuerstentum Brandenburg)：原為公國，幾經易手，1417 年由荷恩索倫 (Hohenzollern) 家族繼承，並獲選帝侯身分，改為選帝侯國。

2. 普魯士大公國。

3. 克雷府邊區侯國 (Herzogtuemer Kleve und Mark mit Ravenburg)：原為萊茵河下游小侯國，1417 年提升為公國，1614 年為布蘭登堡繼承。

　　此三個部分，社會組織有別，政治結構不同，境內各封建附庸未必全效忠於選侯。除此之外，也有其他問題，包括：無天然疆界以為屏障，易攻難守；受三十年戰爭影響，人口稀少，且產業不足，故普遍貧窮；三個領土彼此並不相連，無法有效控制；貴族勢力又相當強大，控有財政及軍事權，領主不能如伸指臂，有效指揮。十七世紀末期，許多德意志地區的領主都希望能建立一個主權獨立的國家。但這個地區許多邦國的基本性質與英格蘭或法蘭西不同，由於繼承、婚姻等各種歷史因素，許多邦國的領土並非單一完整的領域。以布蘭登堡－普魯士 (Brandenburg-Preußen) 為例：先是在十二世紀時，德意志國王敕建布蘭登堡邊區侯爵位，該地地位因為經濟活動日增及其軍事位置而日形重要。1356 年的〈金印詔書〉中規定其為「選帝侯」。1417 年，荷恩索倫家族繼承為布蘭登堡侯。十七世紀初又領有在萊茵地區的克雷府、馬克及哈文斯堡三地，1618 年又控有位於波蘭境內的普魯士，自此改稱布蘭登堡－普魯士。這些領地除了在地理上並不相連之外，歷史發展各異，經濟生產活動及社會組織有別，事實上

並沒有成立一個主權國家所應具備的任何條件。

曼因茲邦的情況也相當類似，該地原為一主教邦，同樣具有選帝侯的身分。其所控制之數十個區域，自薩克森北邊到萊茵河及其支流內卡河 (Neckar) 畔，散布各地。土地所有權錯綜複雜，各地所實施之法律自然不同，以普法爾茲為例，該地區位於萊茵河與內卡河匯流區，交通方便，成為各國君主都想染指之區，該地分屬不同領主，甚至包括法國國王及神聖羅馬帝國皇帝。

正因如此，當一些具有企圖心的君主要建立一個主權獨立的單一國家時，就必須將其所轄的土地「連結」起來，而連結的過程中，勢必出現兼併的情況，如何兼併他人或防止他人兼併則全靠武力。「軍國思想」(Militarismus) 就成了這個時代的一個重要特徵，布蘭登堡－普魯士尤為其中的典型。自費里德利希・威爾罕（Friedrich Wilhelm，1620–1688 年）開始，普魯士許多君主都致力於追求「富國強兵」之道，終於成為德意志地區強大的勢力。費里德利希・威爾罕生於 1620 年，年幼時生長於海牙 (Haag) 奧崙尼恩 (Oranien)❷ 王室的宮廷中，接受政治及軍事訓練。他於1640 年繼承爵位時，三十年戰爭正在進行，他所統治的大部分地區在三十年戰爭時為主要戰場，飽經戰火，加上瘟疫橫行，造成人口銳減，十室九空，相當殘破。於是他設定兩個主要工作目標：

---

❷　奧崙尼恩法文名稱為 Orange，原為法國封建領主，1530 年時由德意志拿紹 (Nassau) 地區之君主繼承其位，威爾罕一世時代並成為尼德蘭地區之領主。

1. 重整家園，以招徠移民，重建工商。
2. 建立一支常備軍隊，以求確保國家安全；除了免遭侵略外，更可擴張領土。

　　為了達到這兩個目標，他的兩個重要理念是：「普遍福祉」、「終極需求」，也就是說為了達到謀求普遍福祉的目的，他可以利用各種政治手段，而這些手段也可以在「終極需求」的名義下合理化。例如他常為了普魯士的利益變換陣營。東普魯士地區原為波蘭屬地，為此，他也必須臣服於波蘭王，因此他積極努力，希望能讓普魯士脫離於波蘭控制，1655 到 1660 年的北方戰爭中，他選擇以瑞典為盟邦，1656 年與瑞典訂立〈拉比傲 (Labiau) 條約〉，瑞典承認東普魯士之獨立主權。稍後，費里德利希‧威爾罕又與波蘭合作，並於 1657 年訂立〈衛勞 (Wehlau) 條約〉，波蘭承認東普魯士主權。他與法王路易十四的分合，也完全以自身利益為主要考量 ❸。

　　在國內政治方面，他的首要目標是建立一支常備軍；欲達成這個目標必須先取得財政來源，而當時布蘭登堡－普魯士的財源又控制在土地貴族 (Junker) ❹ 手中。1653 年，費里德利希‧威爾

---

❸　他先背離神聖羅馬帝國，與波蘭結盟，對抗瑞典，以獲得普魯士主權；接著又與神聖羅馬帝國並肩對抗法國，最後又與法國結盟，臨死前，則是與歐陸多數國家一起對抗法國，所以人稱布蘭登堡「換邊熱」(Wechselfieber)。

❹　Junker 之本意為少主 (Jungherr)，指一些控制土地的貴族之子。但稍後這個名詞指普魯士地區的土地貴族，他們倚賴土地生產，必須嚴格控

罕先與這些貴族達成協議，承認貴族許多經濟及社會上的特權，諸如法律上承認貴族將農民轉換成農奴的程序合法，並同意在政府決策時徵詢貴族意見；貴族則同意在六年內繳納若干款項，供其使用。費里德利希・威爾罕利用這筆錢建立一支軍隊，而又利用這支軍隊來徵收他所需之稅款，根本毋需「徵詢」貴族意見。

除了徵稅及建軍之外，他還希望能招徠移民以開墾土地。法國原本有許多抗議教派信徒，受〈南特詔令〉❺保護。但路易十四對這些抗議教派並不寬容，許多人因此開始向外移民。1685年，路易十四宣布廢止〈南特詔令〉，造成一波新的移民風潮，費里德利希・威爾罕則同時宣布〈波茨坦詔令〉，接收這批移民，柏林城中一度有六分之一的人口為法國移民，可見一斑。這些移民多具有專門技術及資金，對布蘭登堡－普魯士的建設有相當大的貢獻。

費里德利希・威爾罕於 1640 年繼承布蘭登堡選侯爵位之際，面對諸多問題。三十年戰爭在其轄區內造成相當大的破壞，有待投入大量建設。其領地又分散各處，政治組織及經濟結構並不盡相同，此時軍事行動又繼續進行，選侯必須獲得貴族的支持，才有能力應付各種軍事需求。他利用第一次「北方戰爭」（Nordischer Krieg，1655–1660 年）的機會，與不同陣營結盟，

制附屬於土地之上的農奴，形成一種特有的威權體制。

❺　法國地區的抗議教派，在亨利四世即位之初，曾經下詔保護，給予這些教徒自衛權，是為〈南特詔令〉。

換取最大的國家利益。

　　經過多次戰爭，他了解維持一支強大常備軍 (Stehendes Heer) 的重要，並透過協商，讓境內諸侯保有一定程度的封建特權，以換取他們的財政支持。此外，又引進尼德蘭的稅制，開徵間接稅，擴大財政來源。

　　由於布蘭登堡飽經戰火摧殘，人煙稀少，他為了發展農業墾殖，以提供種子、牲畜等為誘因，大力招徠移民。更於 1685 年利用法王路易十四取消 〈南特詔令〉，迫害法國境內呼格諾派 (Hugenotten) 教徒之機會，頒布〈波茨坦詔令〉，超過二萬名的法國熟練工匠、技師及中產階級進入柏林，對布蘭登堡的建設大有裨益。

　　為了發展商業，他積極從事道路、運河等與交通及水利有關的工程建設，並在非洲建立橋頭堡，進行遠洋貿易。此外，還採行關稅保護及專賣等相關政策，以擴大產業，增加國庫收入。費里德利希‧威爾罕於 1688 年去世時 ，其所轄的領地已經逐漸統一，並成為一個重要的力量，後人因而稱之為「大選帝侯」。

第三節　普魯士王國成立

　　費里德利希‧威爾罕去世後，由其子費里德利希三世❻繼承，

---

❻　此三世是指其為布蘭登堡選帝侯費里德利希三世 ；稍後稱王，則為普魯士王費里德利希一世 (Friedrich I，1657–1713 年)。

雖是創業不足，但守成有餘。其一生之志業在於稱號為王，他利用領地之地理位置與常備軍力，經常以中立或結盟為手段，周旋於列強之間。1699 年，西班牙王去世，並無子嗣，有機會競逐王位者包括分屬不同陣營的奧地利、法國等，代表奧地利利益的神聖羅馬帝國皇帝利奧波德一世乃與費里德利希交涉，希望布蘭登堡提供一支八千人的軍隊供利奧波德使用，並支持其子繼位為帝，換取利奧波德對其王號的承認。1701 年，費里德利希於普魯士之王山 (Koenigsberg) 加冕為王❼，是為費里德利希一世，其國號也改稱普魯士。此後十數年間，西歐地區一直處於戰火中，有以奧地利、法國及英格蘭為主的「西班牙王位繼承戰爭」（1702–1713年）及以瑞典、俄國、丹麥及波蘭為主要參戰國的「第二次北方戰爭」（1700–1721 年），普魯士夾於其中，自然無法倖免。

　　1713 年，費里德利希一世去世，其子即位為費里德利希‧威爾罕一世（Friedrich Wilhelm I，1688–1740 年）。費里德利希‧威爾罕一世之性情與其父完全相反，他崇尚節儉，對音樂、藝術、學術或奢華之工藝完全沒有興趣。即位之後，立即下令樽節所有支出，唯獨對軍事建設甚為注意，並不吝消耗大量經費預算，創立軍校及兵工廠；又招募壯丁，建立一支剽悍的「高個子兵團」。1714 年，他下令所有農民終生均有服兵役之義務，並逐漸建立徵

❼　利奧波德認為王山不屬於神聖羅馬帝國，可免他人之效尤，但費里德利希也不願稱「普魯士國王」，故含混的以「在普魯士之王」(Koenig in Preußen) 名之。

兵制，逐步將全國壯丁納入徵召之列。他又將貴族階級導入軍隊
領導階層，給予極高的尊榮，使貴族樂於效忠國家及國王。平日
他也喜歡穿著軍服，將王宮花園用於練兵，因此有軍人國王
(Sodaltenkoenig) 的綽號。有史家評論：「普魯士並非國家控制軍
隊，而是軍隊控制國家。」也多半從其行為作評論基礎。

　　費里德利希．威爾罕一世的另一個重要政治措施是將許多混
亂的行政體系逐漸納入中央體制之下，先由軍機院
(Kriegsdirektorium) 管理，後改稱為總院 (Generaldirektorium)，成
為日後的中央政府。地方行政組織也逐漸獨立於貴族之外，由中
央直接管理。1740 年費里德利希．威爾罕一世去世時，普魯士已
經是一個歐洲強權。

　　費里德利希（Friedrich II，1712–1786 年）原對音樂、文學等
有相當天分，卻對政治不感興趣，自幼在其父親嚴厲的督促之下，
不斷反抗，甚至有逃家的企圖。當計畫失敗，其同行者被其父費
里德利希．威爾罕一世當面處死之後，費里德利希才放棄抗爭，

圖 15：費里德利希二世

接受其父的安排，娶布朗石外溪
(Braunschweig) 侯之女為妻，能
稍按己意生活，與伏爾泰等啟蒙
時期的著名學者時有往來。1740
年，費里德利希．威爾罕一世
死，費里德利希即位，是為費里
德利希二世。他突然改變作為，
積極主導政治，利用哈布士堡王

室繼承權有爭議之際，自稱擁有什列西恩 (Schlesien) 之繼承權，出兵該地，與哈布士堡王室發生衝突。之後，兵連禍結，到 1763 年左右，局勢才稍見和緩。而經過長時期的戰爭，普魯士軍隊的紀律嚴明及國家意識的明顯，使普魯士成為當時歐洲重要強權，與英、法、俄及奧地利並稱。

　　普魯士的下一個目標是取奧地利而代之，成為德意志社會的領導者，但奧地利無意放棄其領袖地位，雙方因此進行不斷的爭鬥，史家稱為「兩元對抗」(Dualismus)。

第四節　奧地利的發展

　　從德意志歷史發展的角度看，奧地利原本位於邊區，在六世紀前後，巴燕公國為了鎮守邊疆，在該地設置邊區侯。八世紀以後，由法蘭克王國君主直接統治。十二世紀，建立奧地利公國，成為德意志歷史發展中的重要成員。十三世紀以後，哈布士堡家族入主，利用聯姻等各種方式，逐漸擴張其領土，並多次被選為德意志國王，加冕為神聖羅馬帝國皇帝，在十六世紀以後，逐漸扮演舉足輕重的角色。三十年戰爭中，奧地利受創甚重，其他封建勢力又逐漸興起，十七世紀以後，漸受到布蘭登堡－普魯士及其他外國勢力之挑戰，十八世紀時尤甚。

　　卡爾六世（Karl VI，1685–1740 年）為皇帝利奧波德一世之次子，因為他對西班牙王位有繼承權，在西班牙王位繼承戰爭時，與英、荷結盟，共同對抗法國的路易十四，由英國海軍將他護送

到西班牙，實際參與軍事活動。1711 年其兄約瑟夫一世（Joseph I，1678–1711 年）突然去世，乃繼其兄為奧地利大公，後又被選為神聖羅馬帝國皇帝。他體認到國家長期處於戰亂，國力耗竭，計畫結束對外戰爭，先與匈牙利之獨立團體達成協議，簽訂〈查特馬 (Szatmar) 和約〉，結束長達八年的匈牙利解放戰爭 （1703–1711 年）；又與列強達成協議，於 1713 年簽訂 〈烏特列希特 (Utrecht) 條約〉，結束西班牙王位之爭。根據這項條約，奧地利獲得米蘭、那不勒斯 (Naples)、薩丁尼亞 (Sardinia) 及西屬尼德蘭地區等地。

但卡爾六世並非真正愛好和平、努力從事國家建設之君主，由於領地分散，與各國難免發生爭端，他不思平息，反而積極介入國際事務，先後與土耳其及西班牙發生戰爭。對土耳其方面，他利用土耳其式微的機會，趁機掠奪部分土耳其領地。西班牙國王菲力普五世則對奧地利的部分領地（如義大利半島）有野心，雙方因此發生戰爭。另一方面，他也一直沒有放棄對西班牙王位繼承的權利，故而自 1713 年起，推動〈國事詔書〉(*Pragmatische Sanktion*) 之制訂。這份詔書以保持奧地利王室主權完整為要務，原本這份詔書為家族事務，後來卡爾六世要求帝國內之諸侯及列強共同承認奧地利王室主權「不可分割」。1716 年，卡爾之獨子去世，1717 年其女瑪莉亞·特雷熙雅 （Maria Theresia， 1717–1780 年）出生，使奧地利王室繼承權引發國際爭端。由於眼見無嫡嗣之望，而帝國習慣中又無女子繼承之例，卡爾乃於 1720 年以後推動各君主簽字承認這個詔書，以確保其女的繼承權❽。1736

年時，他又安排洛林公爵法蘭茲 (Franz Stephan) 與瑪莉亞・特雷熙雅結婚，計畫以其繼任為帝。

這份詔書也引起與哈布士堡有婚姻關係的巴燕及薩克森兩諸侯的政治野心，皆主張擁有對哈布士堡爵位的繼承權。1740 年卡爾六世去世後，巴燕與普魯士及法國結盟，尋求協助以爭取對奧地利的繼承權。但這兩國也各懷鬼胎，終至兵戎相見，引發一連串戰爭❾。

瑪莉亞・特雷熙雅為卡爾六世長女，其父死後，立即面臨列強侵略的危機。先是巴燕的卡爾・阿柏烈希特 （Karl Albrecht，1726–1745 年） 要求繼承奧地利所有權利，並與普、法合作，甚至獲選為神聖羅馬帝國皇帝，稱為卡爾七世 （Karl VII，1697–1745 年）。普魯士則要求奧地利將什列西恩割讓給普魯士，作為承認瑪莉亞・特雷熙雅繼承權的代價，瑪莉亞・特雷熙雅加以拒絕後，普魯士的費里德利希 (Friedrich der Große) 出兵占領該地，西班牙及法國亦趁隙侵略奧地利在義大利半島之領地。此時瑪莉亞・特雷熙雅已經生育，於是先安排長子約瑟夫（Joseph，1741–1790 年） 於 1741 年繼任匈牙利王位，安定匈牙利的局勢，並與普魯士達成〈柏林協議〉（1742 年 7 月），同意普魯士取得什列西恩之大部分地區，換取和平。英國及荷蘭因不願見到法國聲勢擴

---

❽　1732 年雷根斯堡召開的帝國會議中，各諸侯終於承認這份詔書的效力，列強先後簽字承諾，卡爾六世也付出相當大的代價。

❾　有史家稱此系列戰爭為「奧地利繼承戰爭」，亦有單指什列西恩問題，稱為「什列西恩戰爭」者。

張，出兵協助奧地利，瑪莉亞・特雷熙雅乃得以堅定地與入侵軍隊作戰。1744 年時，奧地利在對法、西兩國的戰爭中占上風，引起普魯士之疑慮，突然發兵波希米亞，普、奧再度作戰，但戰事對普軍不利。

1745 年皇帝卡爾七世去世，瑪莉亞・特雷熙雅成功地安排其夫當選為皇帝，是為法蘭茲一世（Franz I，1708–1765 年），使奧地利更占上風。普魯士乃策動外交攻勢，與英國達成諒解。在其盟邦相助之下，普軍兩度擊敗奧軍，扳回劣勢，雙方於 1745 年底在德勒斯登 (Dresden) 達成協議，普魯士保有什列西恩，但承認法蘭茲為帝。

由於戰爭並無明顯勝負，1748 年交戰各國在阿亨舉行和會，奧地利雖喪失部分領土，但仍保有強勢地位，普魯士則躍升為歐洲強權之一。

第五節　其他德意志諸侯的發展

一、薩克森

薩克森地區的歷史發展相當曲折，這個名稱來自西日耳曼的薩克森部落，原居於易北河下游一帶。西元五世紀時，部分薩克森人與盎格魯及尤特兩部落一同移往不列顛。其餘的薩克森人主要分為四個部落，在衛塞河及東、西法稜 (Ost- und Westfalen) 地區居住。八世紀末時被卡爾大帝征服，並接受基督教信仰，成為

法蘭克帝國的公國。在歷史發展中，公國的領主幾經易手，1260
年時，分裂為兩個部分：薩克森—勞恩堡 (Sachsen-Lauenburg) 及
薩克森—維登貝格 (Sachsen-Wittenberg)。前者於十四世紀改稱下
薩克森 (Niedersachsen)，1689 年家族斷絕，由他人繼承；薩克森—
維登貝格則於 1356 年時獲得選帝侯的地位，但也在 1422 年時斷
絕，改由麥森 (Meißen) 的邊區侯繼承。領土合併之後，薩克森的
勢力本可增強，但 1485 年時，再度因繼承而造成領土分割：恩司
特（Ernst，1441–1486 年）繼承薩克森—維登貝格之土地及圖林
恩中部，以維登貝格為首府，保有選帝侯稱號；阿柏烈希特
（Albrecht，1443–1500 年）獲得萊比錫、德勒斯登及圖林恩北部
地區，以德勒斯登為首府。

　　恩司特這一支系建立了維登貝格大學，並大力支持馬丁路德，
成為宗教改革的主要陣營。1547 年，約翰‧費里德利希（Johann
Friedrich，1503–1554 年）在徐馬卡登同盟與神聖羅馬帝國皇帝的
武裝衝突中為皇帝卡爾五世所敗，喪失領土及稱號，原有爵位交
由阿柏烈希特這一支繼承。

　　十七世紀時，薩克森仍是一個重要的政治勢力，在各種國際
衝突中，都有相當重要的地位。1694 年，統治者去世，繼任者費
里德利希‧奧古斯特一世（Friedrich August I，1670–1733 年）❿

---

❿　費里德利希‧奧古斯特身強體壯，天賦頗高，有許多情婦，他的綽號
　　「健壯的奧古斯特」(August der Starke) 可能就有雙重含意。繼其兄之
　　位而成為選帝侯後，對路易十四相當羨慕，一直打算效法。

更有野心，打算擴張薩克森，甚至成為一個王國。但在神聖羅馬帝國境內要取奪國王的稱號殆不可能，因而計畫以普魯士為榜樣，爭取波蘭國王的稱號；但這個計畫必須先獲得哈布士堡王室的支持，奧古斯特於是改信羅馬公教，加上各種賄賂，終於如願以償，於 1697 年獲選為波蘭國王，稱為奧古斯特二世 (August II)。他在薩克森地區及波蘭境內都採行新的經濟政策，獎勵工商活動，加強貿易，也計畫建立一支新式的軍隊。此外，他還網羅全歐著名工匠，在德勒斯登及華沙大興土木，使德勒斯登成為當時德意志境內最著名的藝術及文化之都，充滿巴洛克 (Barock) 風格建築。

當瑞典與俄國發生衝突時，奧古斯特計畫利用這個機會往波羅的海地區擴張，於是在「第二次北方戰爭」中與丹麥及俄國彼得一世組成聯軍，共同對抗瑞典，但戰事不利，1706 年時還被迫放棄波蘭王位，1709 年才重新取回。在整個戰爭中，俄國、普魯士及漢諾威等國君收穫甚大，薩克森未蒙其利，反受其害；俄國打敗瑞典之後，企圖向波蘭擴張，更使奧古斯特面臨強大壓力。

他雖打算效法當時的法國式威權統治，但面臨國內貴族相當大的反抗，波蘭的情況更不樂觀，始終不能如願建立一個中央集權的政府。1733 年奧古斯特去世之後，王位由其子繼承，但1763 年以後，薩克森又喪失對波蘭的控制。

二、巴　燕

巴燕地區位於阿爾卑斯山區與多瑙河谷地之間，位於交通要地，早在舊石器時代已經有人類居住。西元六世紀初期，巴尤瓦

(Bajuwaren) 人開始在此地區定居，這是巴燕地區名稱之由來。主
要城池包括：雷根斯堡、帕掃及薩爾茲堡。六世紀末時，為法蘭
克帝國征服，向其稱臣。七世紀左右，基督教信仰在此地大為風
行，建立一個主教區，稍後，由於人口增加，薩爾茲堡另行成立
主教區，巴燕地區與薩爾茲堡的關係才稍微分離。由於巴燕緊鄰
邊區，九世紀以後開始對外擴張。尤其在 955 年打敗匈牙利之
後，巴燕對外擴張之速度加快，也引起各地諸侯對此地的覬覦。
在此後兩百年間，巴燕的統治家族更替頻仍，衛爾芬 (Welfen)、
史陶芬及威特斯巴赫 (Wittelsbach) 等均曾入主此地；加上繼承及
分封等問題，十四、十五世紀時，巴燕呈現四分五裂的局面，力
量相當衰弱。藍茲湖特 (Landshut) 繼承戰爭 （1503–1505 年）結
束之後，巴燕才又成為統一的局面。1506 年公布的 「長子繼承
法」 (Primogeniturgesetz) 確認巴燕的王室繼承法，使封建領土免
於不斷分割的命運。

　　在宗教事務方面，巴燕領主為羅馬公教的積極支持者，傾其
全力對抗「宗教改革」，成為「反宗教改革」之主要角色。另一方
面，此時期的巴燕君主又擔心奧地利的勢力過度膨脹，因而與其
他德意志地區之重要諸侯合作，甚至尋求與法國君主共同壓制卡
爾五世。

　　在絕對君權理論流行的時期，巴燕的領主馬克西米連一世也
改善政府組織，剝奪地區封建諸侯的政治權利，企圖在巴燕建立
一個威權體制。1609 年時，馬克西米連一世將公教諸侯組織起
來，成立「公教同盟」(die Liga der Katholischen Reichsfüsten)，稍

後並與新教同盟發生對立，終於演變成長期戰爭，即是一般所稱之「三十年戰爭」。巴燕在這一連串的戰爭中獲得相當利益，包括領土擴張及「選帝侯」的身分。此時，馬克西米連決定終止與哈布士堡王室百年來的敵對狀態，改採睦鄰政策。十六到十八世紀之間，巴燕在神聖羅馬帝國中的影響力日漸增強，哈布士堡王位繼承權之爭發生後，巴燕也捲入其中。

第六節　什列西恩戰爭與七年戰爭

1740 年，卡爾死後，普魯士王費里德利希二世就以子虛烏有的藉口，主張對什列西恩有繼承權，出兵占領，並以承認瑪莉亞‧特雷熙雅為代價，要求奧地利承認普魯士在該地的主權。瑪莉亞‧特雷熙雅雖斷然加以拒絕，但普魯士有備而來，迅速控制該地。此時巴燕、薩克森及法國等亦紛紛加入圍剿哈布士堡的戰局，瑪莉亞‧特雷熙雅只好於 1742 年與普魯士訂立〈柏林協議〉，放棄什列西恩，並同意由巴燕的君主出任神聖羅馬帝國皇帝，解決此危機。

普魯士退出戰事之後，奧地利專心對抗巴燕與法國，並漸占上風，普魯士擔心奧地利反覆，又於 1744 年出兵波希米亞，但奧地利的軍力已漸改善，並控有優勢，普魯士被迫放棄什列西恩等地。而巴燕的卡爾‧阿柏烈希特皇帝又於 1745 年去世，巴燕群龍無首，乃在同意放棄繼承權主張的條件下，退出戰局。戰事發展對普魯士更加不利，普魯士乃轉而尋求英國的支持。1745 年，普

魯士軍隊在幾場戰事中以寡擊眾，打敗奧軍，雙方乃同意和談，並於德勒斯登訂立和約，普魯士可以保有什列西恩，但必須支持瑪莉亞‧特雷熙雅之夫法蘭茲出任神聖羅馬帝國皇帝。這些戰事之後，普魯士已經可以與奧地利平起平坐。

　　在兩次什列西恩戰事中居於劣勢的奧地利一直伺機報復，1756 年，機會終於到來。原本英國與法國為了海外殖民之事，一直有衝突。英國希望能將法國力量牽制在西歐大陸，所以與普魯士達成〈西敏寺協議〉，雙方同意在遭到俄國或法國攻擊時，互為支援。法國為求反制，乃謀求與宿敵奧地利合作，雙方諒解成立，成為西歐近代史上的「外交反覆」(Renversement des Alliances)❶。

　　1756 年 8 月，費里德利希二世先發制人，進攻薩克森。俄國與瑞典加入反普魯士的陣營中。戰事的發展對普魯士相當不利，奧軍在道恩 (Daun，1705–1706 年) 元帥的統帥下，於 1757 年大敗普軍於叩林 (Kolin)，普軍撤出波希米亞。在此同時，東普魯士、波蒙、布蘭登堡等地均受到反普同盟的攻擊，而法國則將英國所派遣的軍隊擊潰。普軍雖然力圖振作，並有相當反擊，但總體而言，普魯士國力過度耗損，情況相當危急。雖然在 1757 年時，雙方陣營尚能維持對抗的局面，但 1759 年以後的局勢，就對普魯士相當不利。在庫能司多夫 (Kunersdorf) 一役中，普軍為奧軍大敗，而倫敦方面又因首相庇特 (Pitt) 改變政策，拒絕提供普魯士經費援助，使普魯士岌岌可危。

---

❶　亦有人稱為「外交革命」。

　　就在四面楚歌之際，俄國的統治者依莉莎白（Elisabeth Petrowna，1709–1762 年）於 1762 年去世，由彼得三世（Peter III，1728–1762 年）即位，他對普魯士王費里德利希極為崇拜，甚至希望到其軍前擔任小卒，所以立刻宣布停止與普軍作戰，並與普魯士達成和議，除撤兵、交還所占之普魯士土地外，甚至與普魯士共同攻擊奧地利，戰事因而急轉直下。雖然彼得隨即為其妻凱薩琳（Katharina，1729–1796 年）推翻，但凱薩琳繼續支持普魯士。此時英、法雙方也就海外活動上達成協議，停止戰爭。在這樣的前提下，普、奧也同意和談，並於 1763 年簽訂〈胡博突斯堡 (Hubertusburg) 和約〉。奧地利同意普魯士保有什列西恩，但普魯士必須選瑪莉亞‧特雷熙雅之子約瑟夫為帝國皇帝。這場歷經七年的戰爭，雖然並沒有清楚的勝負，但在當時人的眼中，普魯士能獨立對抗群雄，已經是一個強權。

第五章 | *Chapter 5*

法國大革命與德意志社會

　　在西歐地區的歷史發展過程中，法國大革命標示了一個重要
的里程，不僅對法國衝擊甚大，對德意志地區也影響深遠。在革
命之前，德意志社會仍停留在封建架構中，每一個社會階級有不
同興趣，彼此間也鮮有交集。貝多芬（Ludwig van Beethoven，
1770–1827 年）、舒伯特（Franz Schubert，1797–1828 年）等音樂
家，則在貴族社會邊緣中求生，雖然從文藝活動及思想發展層面
看十八世紀的德意志社會是多采多姿的，但許多社會下層的人民，
則仍然面對貧窮、戰爭及瘟疫等天災人禍，以耕種為生的佃農階
級，更負擔了各種沉重稅賦，生活最為痛苦。法國大革命的爆發，
導因於許多社會階層對行政官僚體系的不滿，法國如此，德意志
地區也是如此。

　　拿破崙控制法國局面之後，因為各國聯合壓制，所以掀起一
波又一波的戰爭，初起之時，法軍橫掃歐陸，德意志地區反應不
同，有人視為進步革新的契機，因此與之合作；也有人視之為洪
水猛獸，亟欲防堵卻又幾無招架之力。長期戰爭的結果，許多邦

國遭兼併，也有邦國在拿破崙扶植之下，地位漸形重要，成為德意志社會中一股新的力量。

雖然拿破崙因擴張過於迅速，國力不及而終歸失敗，但他對德意志地區舊秩序的破壞，卻是德意志各邦在戰後必須面對的問題。神聖羅馬帝國這個行之有年的政治架構被取消之後，德意志地區如何建立新的國際秩序？普、奧兩國雖都受到拿破崙的巨大衝擊，但這些衝擊對普魯士的影響較為正面，對奧地利的負面影響就顯得嚴重許多。拿破崙一直企圖成立的「德意志第三勢力」也對日後德意志地區的政治發展有重要的影響。在德意志人建構新的德意志國家架構時，拿破崙的後續影響是不容忽視的。

第一節　法國大革命前的德意志城市與鄉村

十八世紀時，西歐地區雖然交通發達，商業繁榮，逐漸形成具有高度分工的城市文明，但當時封建制度仍影響許多生活節奏，農民不能擁有自己的土地，根據自己的意願從事生產，行會的力量仍控制許多貿易及生產的節奏。

在這個時期中，人口呈現較為靜止的狀態，鮮少流動。許多歷史學者討論人口流動時，會注意到包括兩個部分。一是空間上的流動：當一地人口快速增加，原本的經濟結構無法供養多餘的人口時，許多人會由鄉村移往城市，由人口過剩的地區移往人口稀少的地區。這樣的移動可以造成城市及都會區的興起，引發文化交流，知識累積及發展因而加速。

　　另一種則是社會階層的流動：城市興起之後，需要行政組織，許多較富裕的中下階級可以透過教育參與行政體系的活動，造成社會階級的上升。貴族階級也可能因為家道中落，社會地位逐漸下降。一個新興社會的階級流動應當是相當活潑，也可以擺脫原本階級限制，逐漸走向中央集權的國家體系。但由於德意志地區的封建制度遠較其他西歐地區要有效，在德意志社會中，每個人都生活在這個制度的控制之下，建立起一個明顯的社會關係：大領主→小領主→平民。到十八世紀末期，這樣的階級社會並沒有太大的變化，只是在各個不同的地區會有些不同的差異。

　　在一連串的戰爭中，各國君主都充分體會人口的重要；足夠的人口意味著充足的稅基和兵源。因此許多具有政治企圖的君主都希望採取適當的獎勵生產或鼓勵人民移入政策，以增加人口。尤其是普魯士及奧地利兩地。兩國除了戰爭及瘟疫耗損大量人口外，也希望能多開闢荒地，增強國力；普魯士甚至希望能移民實邊，以加強對新取得的什列西恩及波蘭部分地區的控制。

　　人口與糧食有密不可分的關聯，人口增加的同時，國君必須有效的增加耕地及提高生產效率，以增加糧食生產。耕地的取得則不外乎開闢山林、築堤、放乾沼澤、改良灌溉系統等措施，普魯士在奧得河及瓦特－那澈河 (Warthe-Netze) 流域的排水措施取得許多新耕地。新的品種或耕種技術也是增加糧食作物的重要方法，馬鈴薯的引進就是一個最佳的例證；輪耕則有效的提高地力，增加生產。政府適時提供農民貸款也對農業的發展有相當大助益，減免稅賦或徭役也是招徠農民的重要手段，至於大型的產業計畫

更需要政府出資或主導。

　　絕對君權時期，許多君主為了展示其統治的威權，特別效法法國國王路易十四，大修宮廷建築，略有「未睹皇居壯，安知天子尊」之遺意；許多小諸侯雖然並無相稱的財力，也盲目追隨時尚，德意志地區因而出現許多壯觀的庭園及宮廷，匯流入當時歐洲整體的流行趨勢「巴洛克」之中。在這些新興的宮廷庭園附近，逐漸有其他如市政廳、大教堂等公共建築的出現，形成新的市鎮。也吸引許多鄉村城市過剩的勞力，服務業逐漸增加，藝術、文藝及學術活動也日漸頻繁，社會結構明顯改變，維也納及德勒斯登可以作為範例。

　　維也納位於多瑙河畔，交通地位重要，一向為奧地利大公國首府，十四世紀時已有相當規模，大學、史蒂芬大教堂 (Dom) 等重要建築均已完成。三十年戰爭中屢遭瘟疫侵襲，又受土耳其軍隊之包圍，受創頗重。1695 年起，奧地利大公開始在城牆之外覓地，興建美泉宮 (Schönbrunn) 及其他公共建築，瑪莉亞‧特雷熙雅在位期間再加以擴建，甚至有「奧地利之凡爾賽宮」的稱號。維也納的文藝活動也因許多封建貴族支持而特盛，無怪乎許多藝術家、音樂家均流連於彼處，維也納因而成為音樂之都。

　　普魯士的首府柏林也相當重要。柏林原為低窪地區，沼澤、湖泊遍地。三十年戰爭期間成為主要戰場，因而受到非常嚴重的破壞。1685 年以後，普王招徠大批法國抗議教派信徒，他們對普魯士建設居功甚偉。德勒斯登則在薩克森公爵的努力之下成為一個典型巴洛克風格的文化城。其他城市如慕尼黑 (München)、漢

諾威 (Hannover)、卡塞爾 (Kassel) 等均在這個時期換了一個新的面貌。

也有新興諸侯從頭營建新的城池，例如巴登邊區侯 (Markgraf Baden-Durlach) 幾經兼併，領地擴大，乃聘請專家設計，營建新城卡斯魯爾 (Karlsruhe)，該城主要街道呈放射狀，象徵太陽光芒，成為德意志西南部工商業重鎮。

有意建立絕對君權的國君都必須從事必要的基本建設：有效的政府及軍隊。這些基本工具自然擴大財政支出，為滿足其財政需求，國君必須增加稅源，十七世紀末期各國的共同政策均以提高地力、鼓勵生產及擴展貿易為主要手段，總稱「重商政策」(Merkantalismus)❶。重商政策的實施需要一連串政府的配合措施：如建設展覽場地以舉辦商展；改善道路、橋梁或運河等基礎交通建設；統一度量衡、貨幣；以關稅調節進出口❷；建立船隊。尤其重要的是解除或減少原有的社會限制，例如行會制度。

中古以來，工商生產秩序多由各種行會控制，由各行會領袖決定樣式、價格及生產時程。行會為確保其利益，盡量避免改變，如機器的使用就是對行會生存的一大威脅而受到排斥。但在中古末期已經逐漸有分工生產方式 (Verlagsystem) 出現，工藝成品在大型的作坊中由雇傭工人從事單一項目的生產，這些受薪工人不

---

❶　這個字源自於拉丁文「貿易」(Mercari)。

❷　以當時狀況言，各國傾向盡量增加出口、減少進口，避免糧食或原料出口，這些貿易政策均有賴關稅調節。

受行會控制，所生產的零件經組合之後成為一件成品，較為制式、品質穩定、生產也較快速，成為日後大型工廠的原型。這類作坊到十八世紀後大量出現，生產的成品包括：陶瓷及玻璃器具、家具、貴重衣料（絲綢、絲絨、錦緞等）、馬車等，多供貴族或中產階級使用。此外，戰爭物資如武器、彈藥、制服等也多在國營的作坊中生產。由制服生產逐漸轉變成制式及量化的服裝製造工廠，專供平民使用，由此而發展出紡織業，成為近代工業的先驅。

第二節　啟蒙思想

　　西歐地區的思想與學術一直與基督教義關係密切。中古時期，基督教義成為所有思想的最高指標，到十四世紀以後，情況稍有改變，隨著商業發達，與基督教世界以外的地區有進一步的接觸，自義大利地區開始發展出不同的世界觀，除了宗教以外，許多人還體認自身的存在，進而追求自身存在的價值，這種想法在音樂、繪畫和其他工藝上的表現最為突出，其後在思想與學術上，也有許多改變，認為人是許多事務的中心、本元，因而有人本思想(Humanismus) 的出現。許多學者對基督教成為學術主軸之前的希臘時代學術產生莫大興趣。復古與創新成為這個總體風潮的兩大特色，我們也稱之為「文藝復興」，由於地理上的差異，文藝復興影響各地的時間先後有別。這個名詞含有「再生」的意義，反映出當時人自基督教神學解放後的喜悅。但隨之發生的宗教改革再度強化基督教經典在西歐知識界的威權，《新約》及傳統經典又分

別成為新教與公教的權威著作。

　　十七世紀以後，當宗教對立情況逐漸舒緩，學者再度自我解放，回到文藝復興以來的主軸。此時期由於商務活動增加，文化交流頻繁，許多思想得以互相刺激，造成十七世紀西歐地區的科學及技術迅速發展；這些新知識挑戰了長久以來人們所熟知的學說及理論，在宗教思想與新自然科學發生矛盾的基礎上，人性尊嚴和批判精神成為「啟蒙思想」(Aufklärung) 的核心；哲學家更提出人類可脫離宗教，憑藉理智尋得真理的說法。

　　所謂「啟蒙」，是十七世紀以來，自英格蘭及荷蘭開始發展的一種新的概念、態度及作法，逐漸擴散到法國、德意志地區，然後遍及全歐洲。自文藝復興以來，歐洲許多學者就努力去除中古基督教義中許多不合理的成分，認定人類思考及行動的準則不再是基督教的經典，而應該訴求人類的理性。笛卡兒 (Rene Descartes，1596–1650 年) 就主張理性的方法及系統化的懷疑。洛克（John Locke，1632–1704 年）的政治理論及哲學也以「自然法」(Natural Law) 為基礎，牛頓（Issac Newton，1643–1727 年）更是根據長期的觀察及實驗，提出重力及運動的理論。所以康德（Immanuel Kant，1727–1804 年）曾經表示：

　　　　啟蒙是人類自不成熟狀態中自我釋放，這種不成熟狀態卻
　　　　也是人類自行造成的。……勇敢地為自己的理性負責吧。❸

---

❸　原文係康德於 1784 年在《柏林月刊》(*Berlinische Monatsschrift*) 提出。

　　到了十八世紀，啟蒙思想在法國更進一步發展，孟德斯鳩（Montesquieu，1689–1755年）、伏爾泰等人均為著名的學者，在他們的作品中，處處可見到被釋放的理性。

　　十八世紀啟蒙運動承襲了理性主義與經驗主義的潮流，一方面堅信自然律，又漸趨於認同感性經驗的價值。啟蒙運動的主要觀念呈現在理性、自然及進步主義等議題上。思想家熱忱地相信理性且將自然規律的觀念推向權威頂峰，以之作為衡量上帝與人類的準則，並相信人類和社會將不斷進步，而趨於完美。在政治理論方面，多數哲學家認為政府應當是為人民的，但不一定要由人民來管理，而期望君主根據自然律統治人民，成為仁慈開明的君主制。這種政治學說漸成為開明專制、立憲政體及近代民主學說的源流。

　　啟蒙思想是全歐洲性的思想運動，它提高了理性、科學、自然和世俗化等觀念的地位，但在不同地區因其獨特的文化而顯現不同的特質。英國啟蒙思想較強調懷疑主義，重視科學精神與方法。政治上以發展立憲主義和民權為主，經濟方面則鼓吹自由放任政策。法國啟蒙思想則對權威、封建制具有強烈的批判性。而德意志的啟蒙思想則有宗教化、道德化的特色，肯定人的價值，亦承認宗教信仰的意義，這種特點表現在理性主義的哲學、宗教上的容忍及開明專制的理想上。德意志地區思想的批判性不如英法，與其工業經濟發展較落後、宗教勢力較強及受巴洛克調和哲學的影響有關。

　　德意志地區始終沒有完全受法國啟蒙運動左右。神聖羅馬帝

國雖缺乏全國性文化中心，但自十七世紀以降，許多德意志思想家❹結合帝國的文化傳統與啟蒙思想，宣揚個人自我完善的理想主義，確立感性與理性、主觀與客觀互不侵犯的價值範疇，以其精神文化對照西歐物質文化，奠定近代德意志文化民族主義的基礎。德意志啟蒙思想代表人物康德的思想可以代表神聖羅馬帝國傳統對西歐理性、科學與民主思潮的回應，歐洲的哲學中心亦從法國移到德意志地區。

啟蒙思想貫穿十八世紀整個德意志社會，影響其教育、哲學和文學的發展。十八世紀德意志文學出現了作為啟蒙思潮逆流的「狂飆運動」(Sturm und Drang)，它結合文化與民族的概念，強調直覺感性和情緒的價值，否認理性至高無上的權威，但其強調人類自我完善的可能性，又與啟蒙的基本精神相契合。它與啟蒙思想結合成德意志理想主義，為十九世紀初浪漫主義鋪路。

啟蒙運動是一種心智狀態，而非科學或哲學的進展歷程，啟蒙思想家理論上的爭論多於行動，以及宗教勢力強大的影響，其代表新興資產階級的願望未能實現。而歐陸鄉間的民眾只有當上層階級因受啟蒙之影響而改變對他們的態度時，才算是受到了啟蒙運動的影響。但啟蒙思想的批判推動了學術的發展，甚至為學術領域帶來新的涵義和內容。

---

❹ 如萊布尼茲 (Leibnitz，1646–1716 年)、萊辛 (Lessing，1729–1781 年)、康德、黑格爾 (Hegel，1770–1831 年)、赫德 (Herder，1744–1803 年) 等。

第三節　平民社會狀況

十七世紀的大部分時間及十八世紀中期以前，西歐地區經歷一連串的戰爭，人口損耗相當大，1750 年以後，人口逐漸恢復，而商業也開始發展，城市逐漸興起，社會面貌漸有改變。因此，西歐部分地區的領主開始改變其土地的利用，並給予其轄下的農民較多的自由，許多史家稱之為「農民解放」(Bauernbefreiung) 時期。所謂的農民解放，並不一定要解釋為自一種「奴隸」的狀態中解放成一個「自由人」，而是免除農民及其賴以為生的土地許多源自封建制度的限制。

在政治方面，雖然歷經不斷的兼併過程，德意志地區的獨立封建領域的總數仍然甚高，各自有其司法制度。較極端的例子是普法爾茲地區，一項調查統計指出該地區於十八世紀時分屬於一百二十七位領主，三十七個不同的法域；甚而出現一個村莊的五十戶居民分屬於四個不同的領主的狀況。

政治領域的割裂造成經濟活動的許多不便，許多領主缺乏從事領域外基礎交通建設的意願。道路、橋梁乃至日後發展的鐵路建設，均需以較大規模的政治地理單位作為基礎。普魯士所推行的關稅同盟 (Zollverein) 就是以這些經濟建設為誘因，吸引許多領主加入其政治統一的運動。

法國革命前後德意志的社會面貌與今日的德國有甚大差別，主要的經濟活動為農業，1750 年時，大多數人從事農業或與農業

相關聯的產業。德意志地區總人口數為一千五百萬人❺，造成這種人口稀少現象的原因相當多，糧食供應、衛生習慣、醫學技術、婚姻習俗乃至戰爭行為等都是原因。格林兄弟（Jacob Grimm，1785–1863 年，Wilhelm Grimm，1786–1859 年）在 1810 年代出版的《格林童話集》中蒐集了許多德意志地區的民間故事，主題不外乎繼母、女巫、惡

圖 16：格林兄弟

狼等人物，這些故事正足以說明當時社會狀況。現代以前，大部分人口長期處於半飢餓狀態，造成抵抗力弱、嬰兒死亡率高等人口現象。1770 年左右，德意志地區一般人民的平均壽命在四十歲左右，三分之一的初生嬰兒無法活過六個月，嬰兒死亡率高與糧食短缺有密不可分的關係，因糧食短缺會造成一種殺嬰的風氣。巴燕地方的農民在食物短缺時往往蓄意不給幼童任何食物，使其餓死，稱為「讓他上天」(Himmel lassen)。半數的幼童無法存活過十歲❻，由於醫學知識缺乏，平常百姓面對高死亡率的威脅時，

❺　這個數字當然包括整個神聖羅馬帝國，與今日德國的範圍不同，而當時法國算是人煙較為稠密的地區，人口約為兩千四百萬人。

❻　我們若以英格蘭地區為例，該地貴族在 1750 年時的平均壽命只有三十六・七歲，這些貴族並無缺糧之虞，但平均壽命仍短，可以說明糧食

往往只能以巫術解釋。

　　當時大部分的醫療設備集中於城市地區，1800 年時，柏林市醫生的平均數字為其周邊布蘭登堡地區的兩倍。但是城居人口要面對更多的健康威脅，例如缺乏自來水管、下水道，漢堡曾被瑞典生物學家林耐（Linaeus，1707–1778 年）批評為「大臭水溝」；許多外來人口則引進各種疾病，而醫療費用過高使一般人民根本無法負擔醫療費用。當然，當時的醫學知識落後，醫生所能提供的服務也極為有限，所以城居人口死亡率一直居高不下，1740 到1799 年間，布萊門市 (Bremen) 的死亡率就一直高過人口出生率，必須不斷靠外來人口補充。

　　饑饉也造成晚婚。十七世紀時西歐地區一般女子結婚時的平均年齡為二十六歲多 ❼，男子更稍晚些；配偶去世，另行婚嫁的情況相當普遍，繼父、繼母成為許多兒童生活的重要部分，《格林童話集》正好說明當時一般人民的生活經驗。

第四節　法國大革命對德意志地區之衝擊

　　十八世紀一個最重要的事件是法國大革命，這個事件雖發生於十八世紀末期的法國，但引發大革命的問題由來已久，類似的情況也存在於德意志社會。法國大革命發生後的五十年間，德意

供應缺乏不一定是人口稀少的主要因素。

❼　到十九世紀時，降為二十三‧四歲。

志社會一直受到法國革命的衝擊，所以必須對法國大革命的成因及影響有一了解。

「法國大革命」本為一個內政問題，但由於以哈布士堡王室為主的外國勢力干涉，使得此次事件愈演愈烈，演變成影響全歐洲的國際戰爭，德意志史家經常以「革命戰爭」(Revolutionskriege) 及「拿破崙時代」(Napoleonische Zeit) 指稱1789 到 1815 年這段時間。

有關於法國大革命及其衍生的戰爭，許多史家已經清楚且生動的描繪，對德意志地區而言，拿破崙主導歐洲政治發展時期影響最大的是戰爭所帶來的政治結構變化，這些變化促成古老封建體系的式微，造成近代國家概念興起，也使得德意志西部地區受到拿破崙的「自由、平等」口號的影響，希望建立一個新的政治體系，產生日後的「憲政國家」理念。

對法國而言，長期的戰爭已經促使法國發展出具有現代意義的「國家意識」，但對哈布士堡家族或「神聖羅馬帝國」而言，對法宣戰顯現奧、法對抗的傳統情結，整個戰爭仍然停留在具有「封建意識」的戰爭型態。但帝國境內的其他「諸侯」卻未必有強烈的戰爭意願，普魯士雖勉強與奧地利組織聯軍，但經過瓦密 (Valmy) 戰役之後，普魯士一直避免與法軍發生直接衝突，並且將注意力轉移到瓜分波蘭的行動上，而德意志西部地區部分諸侯甚至認同法國革命的政治理念，並希望藉拿破崙之助，擺脫哈布士堡的控制，因而與法國組成聯軍，對抗普、奧聯軍。拿破崙則利用這些諸侯，希望在奧、法之間建立一個親法的緩衝勢力。

1806 年「萊茵聯邦」(Rheinbund) 成立，正是這種想法的具體呈現。萊茵聯邦成為德意志地區可以與哈布士堡及普魯士抗衡的第三勢力，許多史家稱之為「第三德國」(Drittes Deutschland)，他們在行政、社會、經濟組織及財政稅收制度上仿效法國制度，進行改革，在日後德意志地區的政治發展中，扮演相當重要的角色。

一、法國大革命

路易十四在位時期，法國盛極一時，但由於國力過度消耗，也埋下法國由盛轉衰的種子。到路易十六即位時，法國財政已經瀕臨破產，許多政治領袖已經體認到改革的迫切，因而主張召開國務會議，討論如何解決法國內政的窘況。

法國本有一個由各個階級共同組成的會議體系，通稱為「三級會議」❽，但這個會議自 1614 年以後就未曾召開。1789 年 5 月 5 日，各階級的代表集會於巴黎，路易十六宣布三級會議開議。會議進行中，第三階級的代表認為應擴大會議之基礎，因而逕自宣布將三級會議擴大成「國民會議」(Nationalversammlung)，並獲得其他兩階級部分自由派代表支持。喧擾中，巴黎市民於 7 月 14 日攻進巴士底 (Bastille) 監獄，引發全面滋擾事件。國民會議效法美國獨立時所揭櫫的精神，於 8 月 26 日發表〈人權宣言〉，決議廢止第一、第二階級的封建特權，並取消人民的徭役；

---

❽ 三級會議指由神職人員組成的第一階級，貴族組成之第二階級，以及平民、工匠和農民所組成之第三階級。

又於 1791 年公布一個憲法草案，規定法國政體為君主立憲制，這部憲法成為歐洲各國自由民主體制的範本。

此時法國政治情勢相當混亂，法王有意向他國求助，而各國君主都密切注意其發展。1791 年 6 月間，路易十六還計畫逃離巴黎市區，但事機不密，為革命黨人所執，押回巴黎繼續擔任根據新的君主立憲憲法❾所規定的「法蘭西國王」。路易十六於 1792 年 3 月任命吉隆特 (Girond) 派組成政府。但新政府也無法控制局面，因而於 4 月間安排路易十六出面，對奧地利宣戰，以轉移國民的注意。當巴黎地區的局勢愈來愈混亂時，歐陸許多國家計畫出兵以安定其秩序，路易十六暗中與之聯絡，法軍則節節敗退。革命政府乃於 8 月間將路易十六囚禁，宣布廢止君主制度，改行共和。1793 年 1 月，共和政府公開審判路易十六，並以危害國家安全罪名處死。法國內政並未因國王之死而趨於穩定，此後數年間，法國一直處於內部紛擾及對外戰爭中。

二、普奧與法國之戰

由於法國大革命及其所揭櫫的政治理念對其他君主專制政權形成相當大的衝擊，使得奧國政府不得不放棄對普魯士的敵對態度，轉而希望能與普魯士聯手解決法國大革命所帶來的政治及社會變化。1791 年，神聖羅馬帝國皇帝利奧波德二世（Leopold II，1747–1792 年）❿與普魯士王費里德利希‧威爾罕二世（Friedrich

---

❾　該憲法由路易十六於 1791 年 9 月批准。

Wilhelm II，1744–1797 年）在皮爾泥茨 (Pillnitz) 簽訂協約，宣布將共同干涉法國問題。這個協約造成法國革命政府極大反應，因而在 1792 年 4 月間對奧國宣戰。普魯士根據協約的規定，與奧地利合組聯軍 ，由布朗石外溪大公 （Herzog von Braunschweig，1735–1806 年）率領，先攻下費當等地，向巴黎進軍，並警告革命政府，如對法國王室有所不利，將招致嚴重後果。這支軍隊遇到法軍的抵抗，雙方在瓦密遭遇，互相砲擊，但並無明顯勝負。在普魯士軍隊尚未加入戰局的情況下，聯軍總司令布朗石外溪大公就決定放棄戰鬥。由於天候泥濘、疫症流行，撤軍行動中聯軍遭到嚴重損失。這場戰役轉變法國大革命的發展，德意志文學史上著名作家歌德 （Wolfgang von Goethe，1749–1832 年） 親歷此次戰役，並因此認定這次戰役是世界歷史上的一個重要轉捩點。

　　1793 年，法國革命政府將路易十六處死，普、奧等國再度組成聯軍，企圖干涉。法國開始實施大規模徵兵，在戰場上取得相當勝利，並占領奧屬尼德蘭地區及萊茵河左岸神聖羅馬帝國之屬地。1795 年，法國利用普魯士正忙於瓜分波蘭，無法分兵而必須保持西線和平的機會，與奧地利在巴塞 (Basel) 訂立和平條約。兩年之後，拿破崙在義大利獲勝，法軍又入侵並占領奧地利大公的許多領地，法國再與神聖羅馬帝國境內諸侯簽訂條約，奧地利被迫割讓尼德蘭及義大利境內的米蘭等領土。

---

❿　利奧波德二世為路易十六王后瑪麗·安東妮（Marie Antoinette，1755–1793 年）之兄。

三、大陸封鎖與德意志經濟發展

1793 年，倫敦政府決定對法宣戰，並封鎖法國港灣，以打擊法之經濟，法國則禁止任何英國物資進口，但並沒有具體或明顯的成效。於是拿破崙占領其他歐陸地區，試圖擴大其封鎖範圍，使其控制下之港口，均不得與英國貿易。1805 年，拿破崙更企圖對英國用兵，在特拉法加 (Trafalgar) 遭遇敗績，因而更強化其經濟封鎖之決心；1806 年，打敗普魯士之後，自柏林下「大陸封鎖令」(Kontinentalsperre)，所有歐陸港口禁止來自英國之船進入，英國貨物不准上岸。

而英國利用海上優勢，於 1807 年下令禁止所有「中立」船隻進入法國港口，這些政策使法軍控制地區的港口遭受重大打擊，部分產業蒙受重大損失，諸如法國西部、荷蘭、西法稜、薩克森、什列西恩地區的紡織工業及普魯士的穀物，外銷均遭打擊；但另一方面，也使各地開始用機器紡織，如比利時、瑞士、薩克森或圖林恩地區，薩克森地區的機器製造業更因此而發達，魯爾地區 (Ruhrgebiet) 的鋼鐵業也因此而發達。

對法國地區而言，由於拿破崙的政治控制，使法國受封鎖之惠，但並未達到拿破崙預期的政治效果。這是由於一方面英國許多貨物本就多銷往歐陸以外的地區；再者，走私貿易猖獗，英銷往歐陸貨物，不減反增。

真正受到大陸封鎖政策影響的地區，則對拿破崙無比反感，導致拿破崙之加速敗亡。

四、第二次聯盟戰爭

　　1797 年起， 奧地利與法國在萊茵河上游東岸小城哈斯達 (Rastatt) 召開長達兩年的會議，商討領土主權讓渡的相關事宜，但奧地利此時又與英、俄兩國祕密協議對抗法國。1797 年 12 月，在拿破崙的強迫之下，奧地利放棄對曼因茲的主權。次年 1 月，法國更提出以萊茵河為界的要求。法軍此時勢如破竹，捷報頻傳。在尼德蘭地區建立巴達維亞共和國 (Batavische Republik)，在瑞士地區建立希維共和國 (Helvitische Republik)，義大利北部也成立一個共和政體，顯示拿破崙的實力已經可以越過萊茵。此外，拿破崙又占領俄皇所屬的馬爾他，另一路軍隊在埃及也有斬獲，引起英、俄兩國的恐慌，因而與奧地利商討，成立第二次聯盟，共同對抗法國。只有普魯士認為在雙方勝負不明的情況下，保持中立是最有利的選擇。

　　1798 年底，俄軍已經抵達德意志南部地區，趁隙向法軍控制地區前進。 1799 年戰爭再度爆發， 聯軍在調度方面意見並不一致；奧、俄兩國對義大利地區作戰進程有意見；英、俄在尼德蘭地區的登陸行動也不能協調。1799 年蘇黎世戰役失利後，俄皇決定撤兵，拿破崙此時已經成為第一執政 (Erster Konsul)，控制法國政局。他先提出停戰的要求，但實際上仍希望藉歐陸的戰勝以彌補他在埃及遠征的失利，他在義大利及南德地區均獲勝，使得奧地利必須認真思考停戰問題。1800 年時，西歐的政治局勢相當混亂，法國掌握陸權優勢，而英國則利用西歐大陸上各國紛擾的機

會，向外擴張，稱霸海洋。該年底，俄皇與斯堪地那維亞諸國達成海上中立以共同拒英的協議。普魯士也加入這個反英的陣營，與法國站在同一陣線。此時英國海軍成功的擊敗丹麥艦隊，強迫其退出聯盟，衝突有明顯升高的跡象。英國內閣此時正好改組，庇特（Pitt，1759–1806 年）去職，繼任者無意求戰。俄皇保羅一世 （Paul I，1754–1801 年） 也在此時遇刺身亡，亞歷山大一世（Alexander I，1777–1826 年） 一方面希望與法國保持和平，另一方面也尋求紓緩與英國的關係。1800 年 12 月，交戰雙方正式議和，1801 年 2 月間在閭內維爾 (Luneville) 簽訂和約。雖然此次戰爭是奧地利與法國之間的衝突，與德意志大部分領主無涉，但法國提出帝國與法國以萊茵河為界，萊茵河左岸所有神聖羅馬帝國所屬土地如亞爾薩斯等地割讓給法國的要求，奧地利被迫接受。

1802 年，英、法也達成協議，雙方互相尊重，並對海外殖民地適度交換 , 以保持兩國最大利益。當來自海上及俄國之壓力減輕後，拿破崙便欲繼續他對中歐地區未竟的計畫。

圖 17：法蘭茲二世　1792 年，法蘭茲二世繼位為神聖羅馬帝國皇帝，成為最後一位皇帝。

　　領土割讓造成該地區原有領主受損，必須加以適度補償，也同時造成帝國境內的政治結構重整 。 為此 , 法蘭茲二世（Franz II ， 1768–1835 年） 於

1803 年 2 月召開一個帝國代表會議 (Reichsdeputation)，以商討調整領土的相關事宜。會議中作成決議，將帝國境內許多教會邦（包括科隆在內的二十五個主教邦、四十四個規模略小的教會邦）世俗化，實際則是沒收其領地，用以補償其他領土受損的封建領主。在這個計畫之下，一部分原本不屬於任何封建勢力的獨立城市也成為少數封建領主的轄地。

第五節　德意志地區之「新秩序」

在拿破崙的主導下，德意志境內許多諸侯在 1803 年時召開一個解決領土變遷的協調會議。根據拿破崙的計畫，先將帝國境內二十五個羅馬教廷控制的教會邦、四十四個由帝國直接管轄的領地，及一些不屬於任何封建領主的帝國城市，併入一切世俗君主境內，除了部分領主因而受惠之外，也大大削弱了教宗或皇帝對德意志事務的影響力。普魯士因此擴大他在德意志西北部地區的勢力，一些中型封建勢力如巴登、符騰堡 (Wüttemberg) 及巴燕也獲得相當的利益。巴登獲得萊茵河右岸原本屬於普法爾茲的土地，巴燕領主也將其勢力伸入法蘭克 (Franken) 及許瓦本地區；除了領土擴張之外，巴燕及符騰堡兩位封建領主改稱「王」，巴登邦領主改稱「大公」，政治影響力驟增。

1804 年 12 月拿破崙稱帝，新的政治局面引起歐陸傳統勢力不安，次年，奧國又與俄國等組成第三次反法同盟，雙方戰事再起。西南德地區的君主選擇與拿破崙站在同一陣線。戰事發展對

俄、奧這方不利。經過奧斯德立茲 (Austerlitz) 一役後，反法同盟軍決議求和，於 1805 年底在普雷斯堡 (Preßburg) 簽訂和約，奧地利領土再度被西南德地區君主併吞。

　　拿破崙計畫在萊茵河右岸地區建立一個依附法國的德意志「第三勢力」，因而與普、奧以外的德意志諸侯有進一步的聯絡，〈普雷斯堡和約〉之後，萊茵河一帶之封建君主更加堅定其與拿破崙合作的決心，1806 年 6 月，巴燕、巴登、符騰堡及曼因茲等十六個領主成立「萊茵聯邦」，以曼因茲大公達貝格 (Dalberg) 為「聯盟主」(Fürstprimas)，並與拿破崙簽訂〈萊茵聯邦章程〉，宣

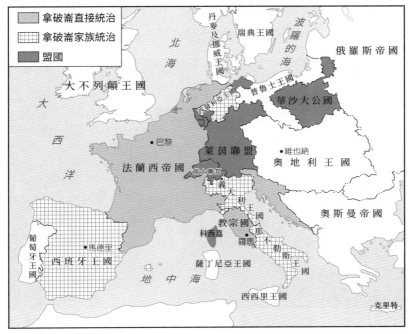

圖 18：拿破崙帝國

布與神聖羅馬帝國脫離係屬關係，享有完整主權，並進一步接受
法國之保護。聯邦章程中另一個重要主題是與法國建立攻守同盟
關係，拿破崙可以使用聯邦各國之武力。萊茵聯邦各國與拿破崙
協議達成之後，正式宣布退出帝國。1807 年，拿破崙再度擊潰普
魯士軍隊，迫之簽訂〈提爾西特 (Tilsit) 和約〉後，有更多的德意
志邦國更願意加入萊茵聯邦。萊茵聯邦對德意志地區造成巨大的
衝擊，直接的影響是神聖羅馬帝國成為無意義的概念，而原本階
級社會的概念也被拿破崙的「平等」概念衝擊。聯邦之內多仿效
法國的新典章制度，也迫使許多邦國要革新變法，普魯士就是一
個極好的例子。1806 年 8 月，在拿破崙的強制下，神聖羅馬帝國
皇帝法蘭茲二世宣布放棄帝號，等於宣告神聖羅馬帝國解散。

圖 19：1806 年拿破崙打敗普魯士聯軍　圖為拿破崙與其官兵們通過
布蘭登堡門，占領柏林的景象。

第六節　解放戰爭

在 1795 年以後，普魯士一直避免與法軍正面衝突，希望能因此而獲得德意志北部地區的主導權，雙方本無問題，甚至在 1805 年時，拿破崙還同意由普魯士兼併漢諾威。但 1806 年時，拿破崙又反悔，並再度爆發衝突，普俄又敗，被迫於 1807 年簽訂〈提爾西特和約〉。普魯士雖仍能保存其國家體制，但必須割讓土地，飽受屈辱。所以舉國上下都希望能奮發圖強，以求湔雪前恥。史坦（Stein，1757–1831 年）為當時普魯士政治領袖之一，他發表了著名的〈拿紹備忘錄〉(*Nassauer Demkschrift*)，主張改制變法以圖強，包括幾項改革：

1. 強化行政部門，分為內政、外交、國防、財政及司法五部，以首相為主導，建立君主立憲政體，並建立地方自治制度，成立代議制度，使地方能夠財政獨立，有效管理，例如 1808 年公布都市自治。

2. 解除原本封建制度對農民的諸多限制，實施「耕者有其田」，農民可以自由耕種，並獲得民權，農村也可以釋放部分多餘勞力，進入工業生產部門，加速工業化及經濟建設的腳步。

3. 從事軍事改革，一方面解除封建貴族在軍中的特權，減輕軍法的刑度，建立國民軍 (Landwehr) 制度。1813 年建立國民義務兵役制度，1814 年又公布「國防法」。

在軍事方面的改革尤其值得注意，當時主要人物包括格奈森

瑙（Gneisenau，1760–1831年）、向侯斯特（Scharnhorst，1755–1813年）及柏言（Boyen，1771–1848年）等人，建立徵兵制度，迅速強化了普魯士的軍備，達成「全民皆兵」(Volk in Waffen) 的理想，用以對抗法國的威脅。在教育方面，普魯士人一方面受到費西特（Fichte，1762–1814年）、史萊馬赫（Schleiermacher，1768–1834年）及佩斯塔洛奇（Pestalozzi，1746–1827年）等人所強調國家觀念，鼓吹獨立及民主思想的理念影響，進行各種教育實驗及改革，也在文化部長鴻堡（Humboldt，1767–1835年）的主導下，以「教育國家化」為主要目標，從事教育改革，包括實施義務教育制度，1810年成立柏林大學，推動進一步的文明及精神建設。這些工作都是以富國強兵為意，希望能集結國力，對抗拿破崙。

在〈提爾西特和約〉中，俄皇亞歷山大一世本來同意與拿破崙同盟，但1808年在拿破崙壓制西班牙獨立戰爭的過程中，已經顯出力不從心的窘境，使各國又躍躍欲試。亞歷山大於1809年撕毀同盟關係，數度違反拿破崙「大陸封鎖」的禁令，又進一步與英國（1810年）及瑞典（1812年）合作，使拿破崙深感不悅，並計畫給予適當的教訓。1812年春天，拿破崙徵集了二十個國家的軍隊，組成一支七十萬兵力的征俄大軍，俄軍以空間作為戰爭的武器，以「焦土政策」(verbrannte Erde) 為對抗拿破崙的最重要戰略。拿破崙雖於1812年9月進入莫斯科，但只有一座空城，而俄軍仍頑強抵抗。當拿破崙下令撤軍時，俄軍則沿路加以攔截，幾次大規模戰役中，法軍損失慘重，拿破崙只能隻身回到巴黎。此

時普魯士迅速與俄軍結盟，開始一波新的攻勢，稱為「解放戰爭」
(Befreiungskrieg)。

1812 年 12 月，普魯士的約克元帥 （Graf Yorck von
Wartenburg，1759–1830 年）與俄軍在陶羅根 (Tauroggen) 締盟，
共同對抗法國。普王費里德利希‧威爾罕三世開始「號召同胞」，
共同奮起。但拿破崙仍有能力在短期內集結大軍，於 1813 年春，
將普俄聯軍逼至什列西恩。8 月間，奧地利也宣布對法作戰，但聯
軍在德勒斯登附近與法軍的正面遭遇仍是不利。巴燕則於此時宣
布加入聯軍，共同對抗拿破崙，除了給聯軍助威之外，也促使萊
茵聯邦解散。1813 年 9 月底，聯軍在萊比錫與法軍進行大規模戰
鬥，法軍大敗，成為重要的轉捩點，因此史家稱之為萊比錫民族
大戰 (Voelkerschlacht)。此後，法國對德意志境內再也無法控制了。

1814 年，聯軍攻入法國，3 月間，進入巴黎，強迫拿破崙退
位，並將之放逐到義大利的厄爾巴島 (Elba)。而波旁王室的路易
十七得以在聯軍的支持下，重回巴黎，並與聯軍簽訂第一次〈巴
黎和約〉，將法國邊界回復到 1792 年的情況。1815 年 3 月，拿破
崙再度潛回法國，企圖東山再起，但列國迅速反應，在滑鐵盧
(Waterloo) 將之打敗，放逐於大西洋南邊英屬的聖賀蓮娜 (St.
Helena) 島。聯軍再與法國簽訂第二次〈巴黎和約〉，此時的法國
邊界只能回復到 1790 年的狀態。有關戰後處理的相關細節，則留
在維也納和會中處理。

第七節　維也納和會

1814 年，普、奧、俄等國聯軍打敗拿破崙之後，各國已經在維也納集會，商討如何收拾拿破崙造成的大規模變動。而 1815 年拿破崙再度吹皺春水時，列國便計畫盡速達成協議，解決政治問題，以免再有反覆。和會的關鍵人物是當時奧地利的外長梅特涅（Metternich，1773–1859 年）❶，其他的主要人物還包括了英國外交部長卡叟雷（Castlereagh，1769–1822 年）、俄國皇帝亞歷山大一世、普魯士首相哈登堡（von Hardenburg，1750–1822 年）及法國的代表泰里蘭（Talleyrand，1754–1838 年）。泰里蘭在會中將法國塑造成拿破崙戰爭的受害者，爭取與會列強的同情，成功的維護法國的利益，例如第一次對法和約的邊界劃定，就對法國相當有利，尤其令人稱道。

---

❶ 梅特涅出生於科布侖茲（位於今日德國西部），其父為外交官員。梅特涅在史特拉斯堡及曼因茲等大學攻讀法律、政治及歷史。後轉往維也納改修自然科學及醫學。稍後進入維也納宮廷服務，先後出任奧地利駐德勒斯登（1801 年）及柏林（1803 年）公使，1806 至 1809 年擔任駐巴黎大使。當拿破崙控制歐洲大部分地區之後，梅特涅出任奧地利外交部長，維持與法國之關係，也與俄國保持友好。當普魯士與俄國組成聯軍對抗法國時，梅特涅態度並不積極，法軍戰敗之後，梅特涅又以歐洲均勢為考量，希望能恢復法國的政治秩序。在維也納和會召開時，梅特涅仍然主張這種政策。

　　會中除了處理對法國的相關問題之外，還要解決歐洲其他地區的邊界等問題。由於拿破崙每次以兵威加於他人時，總要要求領土割讓，也有部分土地轉讓他人，造成主權要求極度複雜，原本希望以正統為原則，恢復戰前的狀況，但大國往往又不肯將其囊中之物交還，所以另以領土補償來滿足各方的需求。其中，主要參戰的幾個國家對領土的主張更是強烈。俄國強烈提出對波蘭的領土要求，各國最後同意俄國取得華沙公國的大部分土地，建立一王國，但由俄皇兼任其國王，以「君合國」(Personalunion) 的形式出現，避免併吞之名。普魯士在西方獲得薩克森、萊茵河區、西法稜， 在東方則取得瑞典所屬的波蒙 (Vorpommern)， 並保有1793 年以後就獲得的但澤、波森 (Posen) 等地。新建的漢諾威王國則與英王以君合國的形式出現。奧地利則回復到其在 1797 年的

圖 20：維也納和會　參與維也納和會的各國代表正在商討和約事宜，中間包廂右二即為主持者梅特涅。

國界。放棄萊茵河上游的屬地，並將奧屬尼德蘭讓給新成立的尼
德蘭聯合王國。瑞士則獲得三個部分，新建三個州，各國也保證
其永久中立。

　　至於被迫取消的神聖羅馬帝國，則不再恢復。德意志地區另
外建立一個德意志聯邦 (Deutscher Bund)，成為一個新的國家架
構。而德意志各國也就在這個架構底下，重新商討如何和平共存，
進而建立一個中央集權政府。

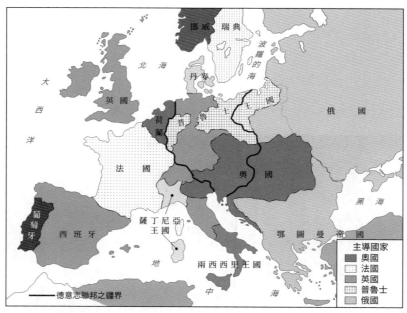

圖 21：維也納和會後的歐洲　根據補償原則，維也納和會後，荷蘭將
海外殖民地如南非等讓給英國，奧國將比利時補償給荷蘭，又取得義
大利北部作為補償。不過弱國並不適用補償原則，像波蘭就被普、奧、
俄三國所瓜分。

　　維也納和會的最大貢獻在於重新建立了歐洲的勢力平衡，這個基本架構大概維持到第一次世界大戰的爆發。但是在德意志境內，許多新成立的中型國家正躍躍欲試，希望在歐洲的舞臺上表現，所以 1815 年以後，德意志政治的變動更加劇烈。

工業革命與德意志地區的發展

　　德意志統一之前，整個德意志地區的政治體系可以分成中等國家及大型國家。1806 年以前，中小型國家之總數在兩百個以上。維也納和會之後，德意志地區進入一個政治上的重整時期。神聖羅馬帝國已經在 1806 年為拿破崙解散，德意志境內尚有三十五位大小不等但主權獨立的領主，以及四個獨立的城市 ❶。

　　拿破崙將神聖羅馬帝國的架構打散後，大部分的國家被納入萊茵聯邦體系之中。1815 年以後，新組織的德意志聯邦又將這些國家全數吸納。在拿破崙戰爭期間，青年學生之間培養出一種對德意志文化認同的情懷，並逐漸發酵成愛國主義，希望能建立一個統一的德意志政府。新成立的德意志聯邦雖然定期在法蘭克福集會，由各邦推派代表參加，形成一種形式鬆散的聯邦體系 (Staatenbund)，但是聯邦的作用與原有的神聖羅馬帝國並沒有太

---

❶　自由市 (Freie Stadt) 又稱帝國城市，不屬於任何封建領主，直接在帝國架構下存在的地區，稱為自由市，包括漢堡等城。

大的不同，缺乏執行的能力，各邦仍擁有自由裁量的權限，這樣
的政治結構並不能讓許多知識分子滿意。

此時由於民族主義的意識覺醒，加上許多學者、學生團體之
鼓吹，一時之間，頗有組成一個新國家的共識。另一方面，他們
對自由及民主也有深刻的體認，希望這個新的國家能制訂憲法，
並依法運作。對於鬆散的邦聯體系自然感到失望。他們對政治的
不滿，很快的付諸行動，也引起各個政府的鎮壓，這種重建舊秩
序與追求民主的兩種力量因此糾纏不已。1848 年，由法國再度點
燃革命的火花，歐洲許多地區如波蘭、匈牙利、希臘及克羅埃西
亞等地都爆發追求民主的革命，德意志地區的人民也加入了這股
革命風潮。

此外，經濟上則面臨一個新舊交錯的時期。以交通為例，原
本以馬車為主要交通工具的情況漸有改變，各地已經開始效法英、
美等國，鋪設鐵路。不久之前，莫札特、貝多芬等音樂家在各地
旅行之時，還完全倚賴馬車，而華格納來往各地時，已經改乘火
車。起源於英國的動力革命，也影響到整個中歐的人民，一方面
因為交通運輸量大，可以將原本運輸不易的農、畜產品大量運銷
到遠方，造成經濟組織及規模的調整。史學家指出：十四世紀中
一個駱駝商隊一年所能運載的貨物量，還不能裝滿十九世紀的一
列火車。另一方面，貿易規模擴大還包括了來自海外的貨物，拿
破崙戰爭之後，英國將大量的東方物品運銷到西歐，引起許多人
的好奇。在鋪設鐵路的過程中，大家認識到火車的好處及其能帶
來的效益，都爭取火車經過。但各邦國間的法律制度不同，如何

協調、統一事權？所以新興起的中產階級則更希望能有一個中央政府，引導德意志與他國競爭。

新興的中產階級希望能在全德意志的基礎上，建立一個中央政府，原本神聖羅馬帝國間，沒有太大的界線，甲國公民可以到乙國大學求學，學成之後前往丙國服務，這種自由移動的狀況，對中產階級而言，是一件最有利的事。但拿破崙戰爭期間，不同邦國分屬不同政治集團，頗有猜忌之意，所以中產階級仍希望見到一個一統的中央政府，以便他們能自由發揮。

對資本家而言，一個大型市場的出現，也是深可慶賀之事。以 1830 年前後的情況為例，漢堡到維也納的貨品至少需經過十個不同的關稅區，每次均需繳納稅捐，造成商業負擔增加，如能改善這種狀況，資本家自然樂見。甲地產品運到乙地加工再行銷到丙地的過程中，費用提高，可能喪失與英、法等外國產品的競爭能力，所以他們希望見到一個統一事權的中央政府。主張自由民主的知識分子也有所期待，他們期待經濟發達後，人民將開始追求政治的解放，對擴大政治自由而言，一定有正面的效應。

雖然社會上有這麼多希望統合的力量，但也有許多政治勢力企圖恢復原有的封建秩序，「神聖同盟」 (Heilige Allianz) 或 「德意志聯邦」的出現，多少說明這股保守勢力仍可以左右政局。但此時社會已經歷重大變化，新的思潮不斷挑戰既有的威權體系，終致引起重大的波動。各地均有反封建政府的呼聲，很多地方還化成具體行動，衝擊各地政府。1848 年時最為嚴重，許多君主因而被迫退位，部分史家因此稱這股浪潮為「革命」。在本章中，將

分別介紹這兩股重大的社會主流以及其衝突的經過。

第一節　1815 年以後的政治發展

　　拿破崙戰爭對歐洲原有的政治結構、社會秩序及價值體系造成相當大的衝擊。1815 年以後,許多政治理論家提出他們對解決歐洲問題的看法。大致可以分成三個主要方向:

　　其一,保守主義。希望能恢復原有的社會秩序,以英國的柏克 (Edmund Burke, 1729–1797 年) 為代表。德意志的馬為慈 (F. L. von der Marwitz, 1777–1837 年) 也積極支持一個以父權體系為架構的社會,並不認同普魯士的改革,擔心這種改革將造成自我中心的個人主義興起。普魯士作家根慈 (Friedrich Gentz, 1764–1832 年) 將柏克的著述譯為德文,鼓吹國際均勢原則,並附和梅特涅的政治主張。小說家哈登貝格 (Friedrich von Hardenberg, 1772–1801 年) 在其小說 《基督世界或歐洲》 (*Christenheit oder Europa*) 中推崇中古社會體制及其精神價值。米勒(Adam Müller,1779–1829 年)提出對浪漫時期政治理論的看法,認為基督國家為上帝賦予而成長存在,並體現人類所有需求,而其主權應不受自然法的限制 , 且不可分割。 瑞士籍學者哈勒 (Karl Ludwig von Haller, 1768–1854 年)在其著作《重建國家理論》(*Restauration der Staatswissenschaften*) 一書中對君權神授理論重新詮釋。

　　其二,自由主義。承繼了洛克及孟德斯鳩等人之自然法則及

社會契約論，認為法國大革命以來整個戰爭的目的就是要爭取人民自由，故而個人自由為念茲在茲的目標。這派理論有四個重點：

1. 個人自由應由憲法保障，並主張基本人權，如思想、出版等自由，也主張法律之前人人平等。
2. 支持立憲國家，將國家主權分離（三權分立），以法為治。
3. 鼓勵全民參政，經由成年男子選舉及議會體制達到參政目的。
4. 主張自由經濟體制，職業自由、工會等結社自由。

　　其三，國家主義。由於拿破崙戰爭的影響，國家自由成為1815年以後最重要的政治發展路線。從費西特在1806年發表〈告

圖22：哥丁根七子　1830年法國七月革命震動德意志的自由意識。1837年有漢諾威領邦諸侯宣布取消1833年的憲法，引發哥丁根大學七位教授抗議，保守當局震怒，下令將其免職並驅逐出境，史稱為「哥丁根七子」。

德意志國民書〉開始，民族思想就在德意志北部地區發酵，1817
年德意志學生在紀念馬丁路德的大會上，公開揭櫫民族解放的思
想，漸漸匯成從德意志民族的角度出發，希望建立一個屬於德意
志民族、類似英、法等「現代國家」的主張。

第二節　神聖同盟與德意志聯邦

　　許多讀者對同盟、聯邦或邦聯如何區分，往往印象模糊。北
德聯邦 (Norddeutscher Bund) 是同盟？邦聯？還是聯邦？德意志聯
邦是同盟？ 與 「三帝同盟」 (Dreikaiserbund) 所指的同盟有何不
同？神聖同盟又是什麼？如果再加上「日耳曼」、「德意志」等英
語音譯與德語音譯的混淆，不免讓人眼花撩亂，例如「德意志聯
邦」與「日耳曼邦聯」有何不同？

　　德語中，Bund 有不同的意義，但多指「結合」、「連結」。在
政治組織上，無論同盟、聯邦、邦聯都稱為 Bund，例如 1873 年
德、 奧、 俄三國君主簽訂維也納同盟條約， 後世稱為 「三帝同
盟」，這是一個國與國之間的臨時性組合，但德語仍稱為 Bund。

　　1806 年，拿破崙擊敗俄、奧聯軍之後，將萊茵河岸的十六個
神聖羅馬帝國轄下的封建邦國組成「萊茵聯邦」，後來陸續加入了
其他十九個邦國，境內人口超過一千五百萬，這個萊茵聯邦為較
鬆散的聯邦 (Konföderation)，但也稱為 Bund。我們根據德國公法
的概念，應當稱之為「國家聯盟」(Staatenbund)。但 1867 年成立
的「北德聯邦」明顯具有現代聯邦國家特徵，於 1867 年 7 月生效

的〈北德聯邦憲法〉(*Verfassung des Norddeutschen Bundes*) 明確規範中央與地方的組織，立法機構與程序，並為將來南德地區加入聯邦留下伏筆。1870 年底，德意志帝國成立，公布新的〈德意志聯邦憲法〉(*Verfassung des Deutschen Bundes*)，完全接收 1867 年憲法的精神。

1867 與 1870 年憲法當然不是無中生有，早在 1815 年德意志許多邦國成立德意志聯邦時，已經準備立憲，但德意志聯邦的性質與北德聯邦不同。德意志聯邦尚無法界定為一具有現代概念的聯邦，算是德意志地區從鬆散邦聯 (Staatenbund) 轉為緊密聯邦 (Bundesstaat) 的過渡型態。

聯邦在國際法上為「一個」國家，僅有一個由各邦共同組成的政府，對外代表該聯邦；邦聯則是成員國各自為政，享有完整的政治與經濟自主權。其中主要的關鍵應當是立法權歸屬。在邦聯制國家中，邦聯立法並無法直接實施於個別公民，其立法機構原則上是一個成員國代表的集合，功能在於避免或解決會員國之間的糾紛與衝突。

一、1815 年的神聖同盟

歐陸諸國聯軍擊敗拿破崙之後，普魯士聯合俄國與奧地利，號召組織同盟，遂有 1815 年 9 月於巴黎成立的「神聖同盟」。聯盟以「神聖」為名，參與者僅限於基督教信仰各宗派，大約除了大英王國之外，歐洲各國均參與。但大英國王同時以漢諾威王國國王身分加入，就連復辟的法國國王路易十八也於 1815 年 11 月

加入同盟，鄂圖曼帝國卻被屏除於同盟之外。

當時德意志地區有許多人受法國大革命理想的啟發，要求改為君主立憲，議會政治體制，引發一波新的革命風潮。1830 年 7 月，法國首先爆發革命，稱為「七月革命」，消息傳出之後，引起各地效法。波蘭、比利時等地都有抗議王室復辟的革命行動。德意志地區知識分子也受此鼓舞，於 1832 年 5 月 27 日起，漢巴赫 (Hambacher)、垓巴赫 (Gaibach) 等不同城市，藉舉行慶典的名義，召集會議，提出統一的主張。這些民意逐漸匯集成 1848 年的三月革命 (Märzrevolution)。

二、德意志聯邦

1815 年維也納會議之後，原本神聖羅馬帝國的各邦認為仍有組織一個包含德意志各邦的組織，取代 1806 年遭拿破崙解散的帝國之必要，因此決議建立「德意志聯邦」，此聯邦雖然組織鬆散，沒有多大功能，卻一直維持到 1866 年「德意志戰爭」(Deutscher Krieg) 之後，才被北德聯邦取代。德意志聯邦並無集中、統一的國家主權，形式上是一個國際法中的跨國家組織，〈聯邦法〉(*Bundesakte*) 序言中即指出：「各國君主同意在常設聯邦之下統一」，但該組織僅對外代表各邦，也負有維持會員國對內與對外安全的義務，但聯邦成立的目的僅在於延續 1806 年遭拿破崙解散的神聖羅馬帝國的形式。當聯邦長期陷於內部意見不一，普、奧兩強又爭奪領導權時，自然無法運作。不過德意志聯邦卻逐漸凝聚德意志地區人民的共識，形成許多政治與法律制度的慣例，有助

於德意志統一國家的塑造。

第三節　十九世紀前半葉的社會與經濟發展

　　蒸汽機經過改良之後可以成為許多工具機的動力，英格蘭工業家將之應用到紡織機、蒸汽輪船等方面；稍後也發展出蒸汽火車，供鐵路使用。歐洲很多地區的礦坑中本有鐵製軌道，以馬匹為主要動力，英格蘭人開始將蒸汽機改良成為牽引動力，取代馬匹，成為具有近代意義的鐵路。1825 年，第一條用以載貨及載人的鐵路在英格蘭出現，很快為美國及歐洲大陸的部分國家效法。德意志地區本來也有建造鐵路的計畫，但社會的反應多為負面。許多邦國領主擔心主權因而受損，傳統運輸業者如馬車製造商及相關從業人員則擔心工作機會被侵奪，甚至有醫生擔心過快的行駛速度有礙人體健康。不過這些疑慮都無法減損鐵路運輸量大、價格便宜且迅速、平穩等優點。由於目睹鐵路運輸對美國的影響，李斯特 （Friedrich List，1789–1846 年） 呼籲德人建立一個鐵路網，認為鐵路是建立工業，促進經濟發展，達成政治統一的最重要工具。他有關鐵路的宣傳獲得相當成效，德意志第一條具有試驗性質的鐵路完成於 1835 年，當時所使用的器械及駕駛，均來自英格蘭。

　　真正具有經濟價值的鐵路則在 1837 年開通，行駛於萊比錫與德勒斯登之間。此後，鐵路興建速度甚快，尤其是經過幾次戰爭，使普魯士當局認識鐵路在軍事上的價值，因而積極籌建鐵路，也

德意志地區鐵路發展表

時　　間	鐵路總公里數
1840	549
1850	6,044
1870	19,694

帶動了相關的工業發展，1841 年成立於柏林的玻西克 (Borsig) 火車製造廠成為歐陸最大的製造商。

　　雖然現代許多德意志史家相當稱許李斯特，認為他的思想超越時代，對德意志的統一有重大影響，但他生前卻相當寂寞。1846 年李斯特自殺身死，當與他的理論並未受到應有的重視有關。李斯特死後，德意志境內的一些國家行政人員才漸漸注意到李斯特的理論有益於當時，而予以極高評價，許多理論也逐漸成為實際政策。

　　十九世紀開始，德意志地區也與周邊國家一樣，開始一連串的產業改革，利用較為有效的機器設備，以工廠作業的模式，雇用大量來自鄉村的勞動力，從事較大規模的生產活動。由於當時政府對於相關問題如居住、衛生、就業條件等，沒有仔細的規定及管理，使得這些工人的生活條件相當惡劣，傳染疾病與職業病、失業、工作傷害等等，都是許多社會學者詬病的問題。

一、紡織工人暴動

　　十九世紀初期，源自英國的動力改革使得許多工業生產場所不再局限於有水力的河川附近，大量煤、鐵產區或交通便利之地也建立起工業，德意志地區迅速的發展出各種不同工業。初期工業多為輕工業如紡織或食品加工業，部分屬於家庭式工業。當時並無完整的社會立法保障工人權益，工人生計全依賴雇主，如經營不善而倒閉，則所有工人衣食無著。勞工階級為求自身的保障，只有團結起來，但當時法律又禁止勞工組織工會。政府一再壓制，而勞工在訴求無門的情況下，終於引發暴動。

　　例如什列西恩地區的紡織工業，工人在家中架設機具，雇主提供原料，取回成品，並按件計酬。此種生產方式尚停留在手工業型態，自然無法與英格蘭地區工廠大規模生產的紡織品競爭，加上當時政府並無關稅保護措施，為求生存，什列西恩地區之資本家只有壓低工資，降低生產成本，削價競爭。由於收入降低，工人家庭只有讓兒童加入生產，並且延長工作時間。儘管如此，勞工仍是無以維生，因而聯合要求加薪，自然遭到資方拒絕。1844 年 6 月，許多工人聯合起來，搗毀雇主財物以洩憤，稱之為「紡織工人暴動」(Weberaufstand)。暴動發生三天之後，就遭普魯士當局血腥鎮壓。

　　這個在 1848 年革命之前爆發的事件，對許多勞工階級產生重大影響，他們開始聯絡各個不同的地區，組織起來，在往後的政治運動中，形成一股重要的力量。

二、饑饉與移民

　　十八世紀以後，由於農業技術改良，土地重劃等因素，農業生產增加，科學進步，醫療改善，更使得德意志地區人口快速增加，人口結構有顯著變化。但是長期戰爭破壞農業生產，十九世紀初的經濟本就有衰退現象，1816 年發生大規模的饑饉，使得西部與西南部地區的廣大人民生活陷入困境。1816 到 1817 年間，大規模人口因而外移，主要目的地為北美洲地區，也有部分人口遷往俄羅斯。1830 年起，因工業革命造成經濟結構改變，產生大量失業人口，再度掀起移民風潮。1840 年初期，情況稍有好轉，但隨後又發生饑饉，社會再陷不安，政治風潮因而產生，遂有「三月革命」(Märzrevolution) ❷的爆發。

　　大體而言，由於缺乏組織及相關資訊，饑饉初期外移人口並不多。1834 到 1845 年間大約只有兩萬人外移。1846 年以後，移民人數劇增，到 1855 年時，移民總數達一百一十萬人，且以北美洲為主，其次是前往南美洲及澳洲地區。移民迅速增加與下列幾個因素有關：

1.許多移民組織出現，提供移民資訊及必要協助。

2.漢堡及布萊門等地的船務公司開始經營移民業務，運輸便利，

---

❷　法國在 1848 年 2 月發生的革命風潮，也影響德意志地區，因而在 3 月間發生革命，要求新聞自由、解放農民等項，梅特涅因反對聲浪甚大而下臺。這一連串事件，稱為「三月革命」。

費用便宜許多，窮人亦可嘗試。

3.各地政府為解決多餘人口問題，鼓勵移民，甚至提供部分旅費。

　　另外一個重要原因則與政治有關，由於壓制言論自由，許多異議人士被迫流亡，1848 年革命失敗之後，此種現象更為明顯。

　　社會學家統計，1830 到 1870 年間約有二百五十萬人移往北美地區。哈布士堡王室對人口流失現象頗為注意，擔心動搖國本，故而計畫將人口移往東南歐哈布士堡王室所轄土地之內，以提高德意志人口比例❸，但是這種構想只停留在計畫階段，移民數目並未因此而減少。

　　移民對德意志地區造成相當大的衝擊，一方面，許多移民進入北美洲之後，將大量新觀念引進德意志；另一方面，屬於政治因素的移民在 1850 年之後，陸續回流，他們原本就對德意志的很多體制不滿，經過北美洲的新體制洗禮後，更努力鼓吹民主革命，加速了舊體制的崩毀。經濟學者李斯特就是一個明顯的例子。

第四節　法蘭克福大會

　　1848 年 2 月，巴黎又傳來推翻王權的消息，德意志也如響斯應，許多地方集會遊行及示威的活動不斷，主要的要求包括：

1.廢除王室，改行共和體制。

---

❸　哈布士堡王室所轄許多土地為多民族地區，如多瑙河下游一帶，馬札爾、斯拉夫民族數目相當龐大，德意志民族處於相對弱勢。

2. 人民有集會、結社及言論等自由。

3. 建立一中央級的民意機構，並制訂憲法。

　　當時一些較小的邦國，由於王室或統治階層與民間較有接觸，願意立刻反映民意，開始延攬一些自由派人士進入政府服務，也有邦國已經著手制訂憲法，但大國如奧地利及普魯士就顯得相當遲緩。由於各地示威不斷，例如奧地利首都維也納城就發生大規模的暴力事件，要求首相梅特涅下臺。在強大的壓力下，梅特涅選擇流亡，前往倫敦，政府也同意群眾的要求，盡速召開制憲會議。柏林同時也有革命事件，巴燕國王被迫退位，巴登邦也發生流血革命，德國史家稱這段歷史為「三月革命」。正因為革命風潮如火如荼，所以德意志聯邦各國同意選派代表前往法蘭克福，召開「國會預備會」(Vorparlament)。會議預定在 3 月 31 日開議，但還沒正式開始之前，已經有不同的兩派意見：急進派主張立刻

圖 23：「三月革命」諷刺漫畫　普王靠軍人抵制民主人士，鎮壓三月革命。

廢除王室，制訂憲法，改採美國式的總統制；溫和派則主張仍保有王室，漸進式的建立民主制度。兩派意見僵持不下，似乎在短時間內難有共識。在預備會完成之後，應當由各邦選舉代表，於5月間在法蘭克福召開「國民大會」(Nationalversammlung)，原本大會規定的法定人數為六百四十九人，但奧地利部分選區為非德意志居民區，根本沒有選舉代表，所以5月18日會議召開時，只有五百八十五人出席。參加會議的代表均來自德意志的上層社會，其背景多為法官、檢察官、律師或教授。只有四名代表為工會代表，至於真正的工人階級，則完全沒有，所以此次國會被戲稱為「教授國會」或「紳士國會」。由於當時尚無政黨組織，所以意見相同的人，多在法蘭克福的飯店中召開小型研討會，被冠以俱樂部的名義。開議時，民主派人士習慣坐在左側（從主席臺看出），保守派居於右側，自由派人士則居中。

國民大會本來希望能設置一位「帝國督政」(Reichsverweiser)，總理帝國事務，直到憲法公布、成立新政府為止，也成立了一個「憲法委員會」，負責起草帝國憲法。但政治局勢的演變，國民大會的功能與角色都逐漸變化。在5月間，柏林曾經發生大規模的示威活動，要求制訂普魯士的憲法，當時政府雖然順應民情，公布憲法，卻不能滿足群眾，民眾仍不斷集會。在一次示威行動中，發生流血事件，引發大規模暴動，在軍隊鎮壓的行動中，造成二百多人死亡，傷者更眾。群情激憤的情況下，普王急忙撤出軍隊，並出面安撫百姓，所以當時相當支持國民大會。不過群眾運動逐漸停止後，普王對國民大會的態度就明顯轉變。

當時丹麥國王計畫將原本屬於德意志聯邦境內的土地併入丹
麥，招致普魯士抗議，並藉此機會出兵，後又與之停戰，簽訂協
議。當時國民大會雖表示意見，但普王根本不予理會，甚至發動
群眾，指控國民大會通敵、叛國，引起群眾對國民大會的不滿。
9 月間，維也納再度傳出暴動事件，抗議者一度占領整個城市，
政府必須出動軍隊鎮壓。普、奧兩國對國民大會的不支持，使國
民大會根本無法按計畫運作。而更重要的議題是：由誰領導新成
立的「國家」。由於奧地利境內民族眾多，維也納的「九月暴動」
就與境內少數族群如匈牙利、義大利與捷克地方要求自治有關。
國民大會的代表乃希望走「小德意志」(Kleindeutsch) 路線，由普
魯士擔任國家領導。

第五節　以「小德意志」為建國基礎

法蘭克福大會期間的大部分討論，都基於兩個重要議題。其
一為是否應將奧地利納入新的國家組織中。由於開會期間，奧地
利境內不斷有民族衝突發生，而許多少數民族居住的選區，又拒
絕選舉代表參與法蘭克福的會議，使參與議會的議員對奧地利的
情況頗為憂心，認為這樣的一個多民族國家，可能會和德意志新
國家的利益發生衝突。如果拒絕讓奧地利參與新國家的籌備，便
是走向「小德意志」路線。基於幾個考慮，1848 年左右的普魯士
可能是當時較佳的選擇：

1.種族上：

　　雖然普、奧兩國均非單一國家，兩國也均有不屬於神聖羅馬帝國的領土，但相較之下，普魯士較為單純，種族上是以德意志人為主體，不像「奧匈帝國」境內有許多的馬札爾人、斯拉夫人等。奧地利非單一民族固然可以有「寬容」的好處，但奧地利勢必要照顧更多「外國人」的利益，可能影響本民族的利益。

2.經濟上：

　　此時普魯士所表現出來的經濟活力讓許多小國家羨慕，例如鐵路的修建，在 1850 年時建有 3,869 公里長的鐵路，到 1860 年時，迅速增加到 7,169 公里。

　　1815 年維也納和會中，普魯士失去一部分位於波蘭境內的土地，但取得萊茵地區部分土地作為補償，這些土地使普魯士領土西移，與德意志諸邦的距離拉近。其中薩爾 (Saar) 與魯爾 (Ruhr) 兩地區均是煤的主要產區，兩地煤產量如下：

薩爾及魯爾地區煤產量（單位：公噸）

	薩　爾	魯　爾
1850	700,000	2,000,000
1860	2,200,000	4,300,000

　　其他如開設銀行、成立證券市場等，使普魯士經濟發展快，迅速成為一工業國家。加上 1830 年以後，海外商業逐漸增加，普魯士能夠掌握海洋時代來臨，商業更為發達。另一方面，普魯士

以貿易為手段，逐漸組織許多國家，1834 年成立的關稅同盟就是一個例子，普魯士除了聯合部分北德地區邦國成立關稅同盟外，又將其他地區已存在的類似關稅組織合併，影響力逐漸擴大。奧地利是自始就被有計畫的排除在外，雖然維也納主政者計畫改善這種情況，卻沒有獲得任何回應。1860 年之普魯士遠征隊 (Preußische Ostasiatische Expedition)❹也是一個類似的例子。

3.宗教上：

　　北德地區以新教徒為多，他們對信仰羅馬公教且與教宗關係十分密切的哈布士堡王室一直存有相當程度的疑慮。同屬新教信仰的普魯士則較易為北德人民所接受。

　　基於上述各種考慮，德意志地區人民開始有「大德意志」及「小德意志」兩種路線的爭議。所謂「大德意志」是指仍以原神聖羅馬帝國的哈布士堡王室為即將成立的新德意志國家領袖。一般之保守分子、南德之反普魯士人士及主張民主共和的人士均傾向這種看法。1848 年 10 月，奧地利有許多境內少數民族的動亂，政府以兵力強行弭平，稱為「十月暴動」(Oktoberaufstand) 事件。參與國民大會的議員布魯姆（Robert Blum，1807–1848 年）當街遭射殺，引起輿論的批判。而奧地利主張將一些非德意志人民納入這個新國家，也使許多原本支持「大德意志」者轉向「小德意志」。

---

❹　遠征隊 (Expedition) 原有特殊使節團之意，主要目的為尋求通商貿易機會，前往泰國、中國、日本等地，共有北德聯邦二十餘國委託普魯士代表其利益，效果頗佳。

　　下面一個問題則是：新國家應當採取怎樣的形式？保守派主張仍以世襲的君主為宜，而激進派乃至自由派卻都主張共和制。表決之時，保守派的主張受到較多的支持，因而原則上決議由普魯士王出任新的德意志「帝國」皇帝，並決定了責任政治的原則，交由普魯士王組織內閣，行使政權。帝國內二十八個邦大致同意並接受這部憲法，但普魯士國王卻拒絕了由其出任新帝國皇帝的決議。

　　從普魯士的角度看，這種發展並不令人訝異。從關稅同盟開始，普魯士就一直主導德意志北部地區公共事務的發展，並有意排除奧地利的參與。1848 年時，北德地區除了漢諾威主導的「稅務同盟」(Steuerverein) 地區之外，都以普魯士馬首是瞻，普王也成為實際上的領袖，不需國民大會加以肯定。對普魯士王而言，從「革命分子」的手中接過王冠毋寧是一種羞辱，所以拒絕了法蘭克福大會的提議，決定以自己的方式，進行統一建國的工作。普魯士王對這個「皇位」並沒有太大的興趣，也使國民大會在建立國家這個主題上沒有太大成就。

　　但是法蘭克福的國民大會所討論的相關議題，卻都漸漸成為國民的共識，並且逐步成為各邦的準繩。許多邦在制訂憲法時，多會參考國民大會憲法的精神，甚至 1919 年的〈威瑪憲法〉，也是受到國民大會憲法的影響。

第六節　從德意志關稅同盟到北德聯邦

　　從 1818 年起，德意志聯邦中的部分國家為商業發展的需求，開始建立一個互相免除關稅的機制，而普魯士因為領土分散各處，並未連接，更率先在 1828 年成立一個關稅同盟體制，解決其領土間的貿易問題。這種作法引起其他邦國的效法，例如巴燕與符騰堡之間開始商討關稅協定事宜，而漢諾威與薩克森等地也在 1828 年簽訂了「德意志中部地區貿易同盟」(Mitteldeutscher Handelsverein) 協定。由於經濟發展的需求，例如交通建設、運輸事務等問題，雖然各邦對普魯士的強權地位頗有戒心，仍必須與之合作，遂有成立共同關稅同盟的計畫。1834 年，「德意志關稅同盟」(Deutscher Zollverein) 正式簽字成立，而德意志中部地區貿易同盟的許多成員國也為了自身發展，以個別身分加入這個組織。由於這個關稅同盟誕生在工業革命期間，造成的影響逐漸明顯，德意志地區經濟迅速發展之際，讓許多人對同盟的運作模式相當具備信心，也願意擴張到其他的領域如治安、國防等，使得「小德意志」的概念漸具雛形。

　　奧地利處於德意志地區的東南角，對東南歐的貿易關係較為重要，所以對北德地區成立關稅同盟一事，原本不以為意，也沒有加入。1848 年以後，奧地利逐漸感到孤立，因此倡議成立一個德意志各邦間的貿易與關稅組織，但無人附和。

一、丹麥戰爭與德意志戰爭

1848 年時，普魯士已經因為什列威西－霍爾斯坦 (Schleswig-Holstein) 問題，與丹麥發生衝突，在爭奪德意志地區的主導權時，普魯士首相俾斯麥（Otto von Bismarck，1815–1898 年）更是一手主導了兩次對外戰爭，成功的達成其建國的第一步。

什列威西－霍爾斯坦兩地是德意志聯邦中較接近丹麥國界的兩個邦國。由於封建繼承關係，1848 年時，這兩個邦為丹麥國王所控制。丹麥一直計畫將這兩個邦納入其國境，便於統一規劃，但德意志民族對此兩邦的歸屬也十分注意，防止此兩個德意志邦國為外國併吞。1848 年，丹麥國王想藉著德意志內部動亂的機會，將兩邦劃入其國界，普魯士立即出兵阻止，後在英國的斡旋下，雙方達成停戰協定，並再簽署〈倫敦協議〉，確認丹麥王只能以君合國的形式，在兩地行使治權。1863 年，丹麥公布新憲法，又將什列威西納入國界，引起德意志各階層的共同聲討。俾斯麥迅速掌握時機，利用丹麥此舉違反〈倫敦協議〉為由，藉著維護國際公法之名，避免英、俄兩國的干涉，又以德意志民族的名義，迫使奧地利加入保護領土主權完整的行動。普奧聯軍迅速的擊敗丹麥，雙方開始展開和談，結束「丹麥戰爭」(Daenischer Krieg)。

1864 年的〈維也納協議〉中，丹麥王同意放棄對什列威西－霍爾斯坦的主權，由普、奧共同管理一段時間之後，普魯士管轄什列威西，奧地利管轄霍爾斯坦。普魯士這樣的安排，實在是為日後的衝突埋下引信，因為奧地利距離霍爾斯坦相當遙遠，又同

意普魯士在霍爾斯坦境內開鑿一條運河，衝突必然不斷。奧地利也相當清楚這樣安排並不妥當，提議以霍爾斯坦的管理權交換什列西恩的部分主權。俾斯麥當然不會同意，並且在德意志聯邦會議中，時時挑釁奧地利。其中最重要的議題就是藉著改革組織的名義，要在聯邦級的選舉中，推行奧地利最反對的普選制度。

在外交上，俾斯麥也作好準備，他先與奧地利的潛在敵人義大利聯合。義大利此時也計畫統一工作，而奧地利在義大利境內同樣擁有相當多的土地，義大利人視如芒刺，所以同意與普魯士合作，必要時提供支援。法國皇帝拿破崙三世對德意志地區的發展也十分關切，更希望利用德意志的動亂，取得最大的利益。奧地利了解普魯士的動機之後，加強與拿破崙三世的合作，並達成祕密協定，萬一普、奧發生衝突，法國得視情況支援，而奧地利獲勝後，會對法國有所報答。

1866 年，奧地利以為準備妥當，在德意志聯邦大會中提出什列威西－霍爾斯坦的解決方案，尋求仲裁，俾斯麥斷然拒絕，並出兵進入奧地利在什列威西－霍爾斯坦的軍隊駐紮地。奧地利即刻動員，並以普魯士破壞聯邦章程為名，尋求其他強國的支持。包括巴燕、漢諾威、薩克森等國也咸認普魯士舉措失當，紛紛加入奧地利陣營，組成了同盟軍隊，與普魯士作戰。俾斯麥態度強硬，對外宣布德意志聯邦已毀，並出兵進攻薩克森及漢諾威的奧軍陣地。

普魯士利用最新的技術如火車、電報，軍事行動迅速，調度靈活，很快地打敗同盟軍隊。但如何結束戰爭卻引起普魯士內部

的爭議，普王及許多將領均主張揮兵進入維也納，要求奧地利負起戰爭責任，並謝罪、賠款。但俾斯麥的看法不同，他認為此次行動必須避免引起國際干涉，也主張維持奧地利大國的形象，不需要置之於死地，如能將之拉攏為己助，遠比樹立一個仇敵要好。最後，普魯士王威爾罕接受俾斯麥的說法，迅速於 8 月 23 日在布拉格達成和議，奧地利除了義大利境內部分土地之外，沒有太大損失。這場戰爭，德意志史上稱為「德意志戰爭」。

普魯士隨即與法國會談，提出了解散德意志聯邦；奧地利退出德意志事務；以曼河 (Main) 為界，成立「北德聯邦」；尊重南德諸邦主權等計畫。拿破崙三世接受了曼河一線 (Mainlinie) 的條件，不再干涉德意志境內的發展，俾斯麥成功的將其建立德意志帝國的計畫，往前推動一步。

二、北德聯邦成立

德意志戰爭中，普魯士打敗奧地利，要求其退出德意志地區的活動之後，開始積極強化各邦間的政治及社會事務的聯繫，並以武力併吞了奧地利的幾個重要盟邦如漢諾威、法蘭克福及拿紹等地。因為法國對普魯士的強大有相當戒心，為了避免不必要的干擾，普魯士向法國表示將其發展限於曼河一線以北的地區，所以在 1867 年公布了〈北德聯邦憲法〉，北德聯邦正式成立。聯邦所包括的領域有四十一‧五萬平方公里，人口三千多萬，而境內工業發達，農產也多，具有成為強權的力量，仍引起法國極度的不安。

　　根據〈北德聯邦憲法〉的規定：聯邦的領袖為普魯士國王兼任，稱作「總統」，可以世襲，聯邦內另有一個參議院(Bundesrat)，共四十三個席位，各邦依人口比例選出，普魯士占了十七席，可以主導事務的運作。參議院的議長由總統任命，但實際是由普魯士的首相擔任，成為實際的統治機構。由於採取邦聯制(Foederativ)，公布憲法、舉行自由選舉、產生議員等，希望給其他未加入的邦國作最好的示範。而私底下，普魯士則與南德諸邦經過不斷的溝通，成立了攻守協定，準備對付法國。

第 II 篇

帝國成立

德意志帝國

經過拿破崙戰爭之後，德意志民族開始思考建立一個中央集權政府，走向民族國家的形式。為此，德意志境內各政治勢力集會於法蘭克福，雖經長期討論，卻始終因為幾個大型諸侯國的自身利益考量，無法形成共識。以普魯士為首的政治集團，決定排除奧地利的勢力，以「小德意志」為號召，整合一部分國家，自行成立一個中央集權的國家。從 1860 年起，以普魯士為主的北德地區集合了部分的邦國，從經濟事務作起，由「關稅同盟」整合為「北德聯邦」，終於在 1871 年建立一個以德意志民族為骨幹的「德意志帝國」，但這個帝國的基本結構並不穩定，社會組織也有劇烈變動，所以政治並不十分穩定，1890 年以後，又開始急速向外擴張，終於導致國際衝突，德意志帝國的統治者被迫退位，新成立的民主政府又必須面臨政治、社會及經濟的各種問題，最後以強人政治結束這個時期，此時期中，帝國首相俾斯麥無疑是最重要的主導力量。

第一節　德法戰爭

　　法國原本希望能藉奧、法之爭漁利，但普、奧迅速達成和議，使法國朝野均感失望，認為這是一次重大的挫折。原本在萊茵河東岸擴張的計畫遭挫敗，拿破崙三世乃轉而向北，欲強占盧森堡大公國，但列強於 1867 年集會於倫敦，保證盧森堡之獨立與中立，法國所求不遂，乃將注意力轉移到東邊，並先後與義大利及奧國接觸，希望與他們建立同盟關係，孤立普魯士。

　　1869 年，西班牙王室發生繼承權問題，原本荷恩索倫家族信奉羅馬公教的分支荷恩索倫－西格瑪凌恩 (Hohenzollern-Sigmaringen) 家族❶也有繼承之權，但俾斯麥認為可以趁機挑起法、奧之間的嫌隙，因而支持奧地利王室對西班牙王位的繼承權。為此，法國與普魯士的對立又升高。為了避免衝突立即發生，普魯士已經與荷恩索倫－西格瑪凌恩協議，願意放棄對西班牙王位的繼承權。法國又要求普魯士國王保證荷恩索倫家族永久放棄西班牙王位繼承權。俾斯麥欲利用此機會，挑起德人的反法情緒，刪減法國駐普魯士大使本尼德題 （Benedetti，1817–1900 年） 與普王的相關電報、往來文件，並公諸於世。刪減後的文件足以強調法國之無理及傲慢，全德輿論譁然，認為這已經不是一個家族

---

❶　此家族與普魯士的荷恩索倫家族源出同脈，但長期停留在德意志南部，仍信奉羅馬公教。

的繼承問題，全德意志都受到嚴重侮辱，因而交相指責法國，稱為「埃畝斯電報事件」(Emser Depesche)❷。法國被迫下令動員，並於 1870 年 7 月 19 日向普宣戰。俾斯麥原與南德諸邦有祕密協定，在全德國家意識逐漸昂揚的情況下，德意志諸邦積極備戰，而法國卻因名義不正，在國際上遭到孤立。

　　電報事件是俾斯麥一手策劃，法國的反應也在意料之中，而俾斯麥早就與南德各邦達成協議，在對法國作戰時，南德各邦將會參與，並組成聯軍，由普魯士統一指揮。德意志聯軍與法國的戰爭大致可以分成兩個時期，初期時德意志聯軍損失雖然慘重，但仍占優勢，法軍主力於 1870 年 9 月 20 日色當 (Sedan) 之戰大敗，拿破崙三世被俘。法國立即成立共和政府，號召全民動員，成了一場民族戰爭。普魯士軍隊雖順利包圍巴黎，但為了避免國際社會的壓力，俾斯麥決定盡快結束敵對狀態，於 1871 年 1 月 28 日正式停戰，商談和平條件。1871 年 5 月 10 日，〈法蘭克福條約〉成立，規定法國割亞爾薩斯及洛林兩地，並賠款普魯士五十億法郎。

　　戰爭期間，德意志民間出現法國必須割地的要求，普魯士軍方基於軍事安全的考慮，希望能在萊茵河的西岸建立防禦陣地，所以要求取得亞爾薩斯及洛林兩地。這兩個地方原為德語區，約在兩世紀以前才由法國占領，但這兩個地區人民因為宗教信仰的

---

❷　埃畝斯為一休假勝地，當時普王在該處度假，電報均寄往該處，故得此名。

問題，寧可留在同屬羅馬公教信仰的法國，也不願由信仰路德教派的普魯士管轄。強迫割地一事對德、法兩國的關係影響至鉅，法蘭西民族對割讓亞爾薩斯及洛林兩地耿耿於懷，不能忘記，此後兩國之間一直無法正常交往，到 1918 年的〈凡爾賽和約〉中，法國雖又取回兩地，但對德國仍充滿戒心。

　　戰爭期間，俾斯麥看到德意志統一的計畫更往前邁了一步，因此開始與南德諸邦協商，希望他們都能加入北德聯邦，往建立德意志國家的方向努力。

　　俾斯麥以私下、個別的方式，與南德各邦的代表談判，由各邦代表提出他們加入北德聯邦的希望條件，並極力避免各邦代表彼此接觸，以免有統一行動的可能，造成談判困難。南德各邦中，以巴燕的態度較為強硬，希望保留較多的主權，並要求保留國防事務的自主權，也要求自行修築鐵路及建立郵政體系等條件，而符騰堡又以巴燕馬首是瞻。俾斯麥一一讓步，終於達成了共識，普魯士國王在各邦領主的擁護下，成為新成立的德意志帝國皇帝。

第二節　俾斯麥與普魯士之擴張

　　德意志帝國的成立過程中，俾斯麥的貢獻最大。他於 1815 年在阿特馬克地區 (Altmark) 的旋豪森 (Schoenausen) 出生。父親為地主階級，母親頗受教育，因此甚為重視俾斯麥的教養。他先在哥丁根大學念法律，畢業後先實習，但隨即返鄉經營祖業。結婚之後，對宗教相當熱衷，也開始對政治發生興趣，成為君主立憲

之擁護者，對 1848 年之革命批評激烈，並與友人籌建「十字報黨」(Kreuzzeitungspartei)，代表極右翼的保守思想，而獲普魯士君主信任。1851 年，命其前往法蘭克福擔任「德意志聯邦會議」(Deutscher Bundestag) 之代表。他任代表期間，極力反對奧地利的主導，要求普、奧平等，並認為一山難容二虎，普、奧終會兵戎相見，這種想法一直成為他的政治信念，也間接導致日後普、奧之爭。1859 年以後，俾斯麥轉任普魯士駐俄國公使。而在此同時，普魯士王與內閣對建軍的看法不一致，也與自由派為主的國會漸生衝突❸，尤其在軍事預算方面歧異甚大，因此想到俾斯麥。原本俾斯麥被派往俄國時，以為自己遭到冷落，而威爾罕卻因俾斯麥的態度堅定，於 1862 年 9 月將他從駐巴黎公使的任上召回，命其為普魯士王國的首相，主導普魯士改革及建軍等重大計畫，此時俾斯麥要面對的第一個問題是有關憲政的爭議。

　　1859 年以後，普魯士王認定只有積極從事軍備建設才能應付時局的需要，所以計畫提高徵兵人數，以增加平時軍備。但當時普魯士國會中自由派分子占近三分之二，他們非但不同意此計畫，甚至要求縮短服役期限及取消地方自衛隊，更希望能強化國會的預算審查權。普魯士國王對此甚表不滿，拒絕接受，國會則拒絕通過預算，雙方僵持，形成憲政危機。俾斯麥就任首相之後，決

❸　1858 年，普王費里德利希・威爾罕四世（Friedrich Wilhelm IV，1795–1861 年）心智失常，無法執政，由其弟威爾罕攝政，稱為新時期 (neue Aera)，1861 年後威爾罕繼位，是為普王威爾罕一世 （Wilhelm I，1797–1888 年）。

議採取強硬作為,認為必要時將不理會國會,雙方關係愈來愈僵。

　　1863 年夏天 , 當普魯士為了憲政問題發生嚴重的內政危機時,德意志地區各邦國對之也漸漸失去信心,奧地利便利用這個機會 , 計畫主導德意志聯邦的運作 。 奧地利首相許默鄰(Schmerling,1805–1893 年)向各邦提議,在法蘭克福召開諸侯會議,商討改善德意志聯邦的方案。根據許默鄰的設計,德意志聯邦應成立一個五人組成的執政府 (Direktorium) 以及一個聯邦參議院,均以奧地利為主席。另組織一個由各邦議會代表參加的大會,每三年召開一次,此外也成立一個聯邦最高法院 (Oberstes Bundesgericht)。俾斯麥自始就拒絕任何由奧地利主導的提議,所以一方面阻止普王參與這個會議,另一方面又提出三個條件,包括:普魯士應與奧地利站在同等地位;強權對重大議題如宣戰等有否決權;另組織一個國民代表大會 (Nationalvertretung),代表由普選產生。奧地利是一個多民族國家,當時正受少數民族問題的困擾,對全民普選一事,一直相當忌憚,自然不可能接受俾斯麥的提議,各邦國也覺得缺乏普魯士與會,所作任何決議可能都無法有效執行,態度多有保留,這個諸侯會議也就無疾而終。在此同時,俾斯麥積極尋求外交事務的突破,可以轉移國內焦點,並重新收拾民心,丹麥對什列威西─霍爾斯坦的企圖,正好提供俾斯麥這樣的機會。

第三節　德意志帝國成立

　　德意志帝國並非延續神聖羅馬帝國而來，但也非完全創新，係由部分原有德意志封建領主或自由邦的議會同意之後，共同組成之國家，具有邦聯形式，與帝國的概念並不相同。

　　1870 年時，「準國家概念」已經存在。德法戰爭尚進行時，俾斯麥已與南德地區各邦討論成立一個「統一德國」之事。他一方面與各邦代表分別磋商，也挑動德意志社會的民族情緒，重建

圖 24：德意志帝國成立　　1871 年普王威廉一世完成德意志統一，在法國凡爾賽宮鏡廳即位的情形。

　　「帝國」的呼聲因而漸起，各邦遂同意加入德意志帝國，並以普魯士國王為新「皇帝」。1871 年 1 月，德意志皇帝正式在巴黎凡爾賽宮的鏡廳加冕，帝國正式宣告成立。

　　新帝國中，普魯士仍具有領導地位，皇帝為普魯士王兼任，俾斯麥則為帝國首相兼普魯士首相及外相。但因有幾個南德邦國

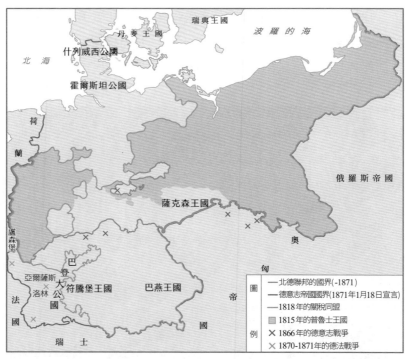

圖 25：德意志帝國的建立　德意志帝國的建立主要以俾斯麥的軍事外交手段推動，故能於短期完成。由此圖可見，德國的統一大致由北而南進行。德國統一後成為歐陸霸權，牽動國際關係甚大。圖中的亞爾薩斯與洛林二地（左下角）在第一次世界大戰德國戰敗後，歸還法國。

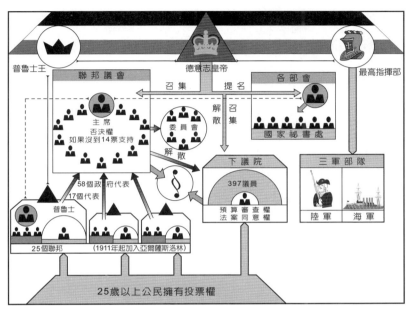

圖 26：德意志帝國行政組織示意圖

希望保留部分主權，必須制訂相關特別法，過渡的性質仍濃。這部
憲法運作到 1918 年戰事結束前一週，才因改行共和體制而解散。

　　根據帝國憲法，帝國議會仿效美國聯邦組織，分為參議院及
眾議院 (Reichstag)。參議院由各邦領主選派代表參加，由皇帝兼
任主席，與德意志聯邦成立以後就設置的聯邦議會性質相當，仍
是一個封建領主的集合體，主要代表領主與自由邦的利益。眾議
院的議員則由人民普選產生，具有中央代議政府性質，許多人因
此覺得帝國的新憲法已經符合時代潮流。但是眾議院的功能只限
制在立法，對行政權缺乏約束或參與。

　　德意志帝國實際上只是北德聯邦的擴大，所以相關的組織及

規定都延續北德聯邦的基礎，所以新帝國的行政組織與北德聯邦
憲法的規定相當類似：皇帝可以任免帝國首相、召集及解散帝國
議會、戰爭時期則為德境最高軍事統帥。

第四節　帝國初期的經濟與社會發展

　　1860 年代，普魯士為了建軍工作，發展相關的工業如鋼鐵、
紡織等軍需工業，也投入大量的資金在鐵路交通建設，刺激了相
關的產業。而一連串戰爭帶來許多需求的假象，使 1860 年代北德
地區的經濟發展相當快速。

　　德意志帝國成立之後，又擴大了市場範圍。原本封閉的南德
地區也納入德意志帝國的經濟體系，度量衡及貨幣統一，貿易法
規也逐漸同步，許多貿易的障礙因此消除，進一步加強國內的經
濟活動。而德法戰爭之後，法國的五十億法郎賠款很快付清，大
量資金進入德國的金融市場，政府利用這些款項，進行大規模投
資及建設，重大交通建設（鐵路、電信）隨帝國擴大而快速發展，
建築業也迅速興起，刺激各種消費需求。一時之間，德意志地區
景氣大好，1880 年前後，經濟短時間內成長，有八百五十家新型
股票上市。

　　只是過熱的經濟造成泡沫化，股票市場於 1873 年時已經出現
了暴跌，顯示金融問題即將出現，接著便有許多公司倒閉，銀行
繼之，工廠關門者甚多。受到直接衝擊者為一些市井小民。但這
些小民卻沒有表達意見的管道，所以社會思想開始發酵，並進一

步演成社會主義的活動。

　　由於德意志地區工業發展較晚，除了幾個傳統的工業區之外，工人階級的數量較少，到 1840 年代以後，社會結構才有明顯的改變，對政治的影響力也相對減少，也難督促政府實施相關的社會立法，所以初期的社會問題，多以民間自助的方式解決。萊芙愛森（Raiffeisen，1846–1897 年）與舒茲迪力曲（Schulze-Delitsch，1808–1883 年）　等人開始提倡中古以來就存在的民間合作組織(Genossenschaft)，並加以擴大及制度化，推動合作銀行的建立，提供需要紓困民眾低利貸款，也要求政府正視相關的問題。1867 年，普魯士首先制訂了「合作法」(Genossenschaftsgesetz)。但此時的合作運動成效仍然有限，且限制在特定地區。

　　除了合作組織的推廣外，工人之間也開始討論如何組成團體，解決自身的問題。1848 年以前，德意志各邦對工人組織仍相當忌諱，不准工人組織任何團體，所以工人或其他社會團體的組織，多選在鄰近國家活動，如法國、瑞士及英國均有。許多政治上的異議人士，多以這些國外組織作為活動的主要場所，例如 1837 年在巴黎成立的「公義者聯盟」(Bund der Gerechten)，就與馬克思（Karl Marx，1818–1883 年）及恩格斯（F. Engels，1820–1895 年）　有相當聯繫，稍後改稱　「共產主義者聯盟」　(Bund der Kommunisten)。馬克思於 1848 年在倫敦公布的〈共產黨宣言〉(*Manifest der Kommunistischen Partei*)❹就是這個組織的政見。他

---

❹　原名為〈共產黨宣言〉，但以後多被稱為〈共產主義宣言〉。

在 1867 年發表的《資本論》(*Kapital*) 中，也針對當時的社會問題，提出各種看法，並為日後社會活動提出理論張本。1863 年以後，在拉薩爾（F. Lassalle，1825–1864 年）的奔走之下，德意志地區開始有了工人組織——「全德意志工人聯盟」(Allgemeiner Deutscher Arbeiterverein)，這個組織在 1869 年又衍生出「社會民主工人黨」(Sozialdemokratische Arbeiterpartei)，這兩個組織都希望能提醒政府重視工人問題，但並不主張以暴力解決問題。在此同時，德意志各地也出現許多工會組織，但理念與作法都有不同，很難彙整成一個主流。

經濟泡沫化的危機在 1870 年代出現之後，愈來愈多的社會問題有待解決，而政府又沒有具體可行的辦法解決時，這些問題表現在選舉的結果上。1874 年帝國議會選舉時，與社會運動有關的政黨獲得民眾相當多的支持。受此激勵，1875 年，「全德意志工人聯盟」與「社會民主工人黨」兩個組織合併成為「德國社會主義工人黨」(Sozialistische Arbeiterpartei Deutschlands)，在 1877 年的國會選舉中，獲得更大的支持。俾斯麥警覺到社會問題的嚴重，開始調整其內政的相關措施，並正視社會主義政黨的發展。

第五節　帝國初期內政

俾斯麥原本對羅馬公教的勢力有相當戒心，所以帝國成立開始，就展開一連串對抗公教的措施，稱為「文化鬥爭」(Kulturkampf)。當 1870 年代中期社會問題愈形嚴重，而羅馬的教

宗列奧十三世（Leo XIII，1810–1903 年）同意與俾斯麥在某些爭議上協商時，俾斯麥開始與羅馬公教合作，共同對抗社會主義。

一、文化鬥爭

　　1848 年德意志人民討論如何建立一個中央集權的政府形式之際，羅馬公教信徒就有組成一個共同政黨的趨勢。當信奉新教的普魯士成為德意志帝國的主導力量之後，帝國境內的羅馬公教信徒更有現實政治的考量，迅速組成「中央黨」(Zentrum)❺。俾斯麥對之抱持著相當不信任的態度，認為羅馬公教信徒隨時可能與奧地利或是法國串通，因此亟思加以限制，亞爾薩斯及洛林兩地更是成為衝突焦點。亞爾薩斯及洛林之居民雖然本為德裔，但因為長期在法國統治之下，信奉羅馬公教，使用法語的情況也相當普遍。1871 年割讓給德意志帝國，卻非獨立運作，而是交由普魯士政府管轄，鑑於宗教之差異，兩地居民並不認同，時生齟齬。

　　1871 年，俾斯麥首先在普魯士的文化部中，成立一個羅馬公教事務局，負責制訂有關公教的政策，進步黨 (Fortschrittspartei) 甚至提出「文化鬥爭」的說法，認為普魯士與羅馬公教間的關係，是兩種不同文化間的鬥爭。德意志帝國境內開始有各種限制羅馬公教發展的措施，例如將學校置於國家管轄之下，切斷公教與教育的關係；不承認教會婚禮之效力；限制所有神職人員必須為德意志大學的畢業生❻，且經過「文化考試」(Kulturexamen) 後，

---

❺　這個名詞來自於他們在法蘭克福會議時，習慣上坐在保羅教堂的中央位置而得名，當時自由派在左，保守派在右。

才能任職。又限制各種羅馬公教教會團體的活動，例如耶穌會就不准在德意志境內活動，許多神職人員遭審訊，或遭逮捕。但這些措施並未見效，羅馬公教信徒反而益加團結，1874 年的選舉中央黨支持率反而倍增。俾斯麥眼見不可為，且新的內政問題又甚於公教議題，乃利用 1878 年新教宗利奧十三世繼任的機會，與之修好，並解除相關限制，停止文化鬥爭。

二、社會主義分子條款

1870 年前後，德國社會結構有明顯改變，工業迅速發展，城市面積擴大，城居人口增加，中下階級與工人階級成為社會及政治事務中的重要力量，有各種社會改革的需求，以社會主義及民主政治為號召的政黨開始出現。1873 年，德國發生經濟危機，促使工人運動與社會問題成為政治焦點，社會主義的聲勢高漲，支持群眾愈來愈多。由於他們並不強調基督教信仰，只要求群體利益及主張社會福利，被俾斯麥視為無神論者，對這些社會階層並不信任，稱之為「社會主義分子」(Sozialisten)，經常企圖以高壓手段壓制，並限制其政治活動之範圍。許多原本理念不同的政治團體只能互通聲氣，團結自保，因而有愈禁愈盛的現象，在 1874 年的選舉中，獲得許多選民的支持。1875 年，各種與社會主義及民主政治有關的政黨在歌塔 (Gothar) 召開聯合黨大會，並同意合併為「社會主義工人黨」(Sozialistische Arbeiterpartei，簡稱

---

❻　許多羅馬公教的神職人員係在義大利地區受神學訓練。

SAP)，聲勢甚為浩大，更引起俾斯麥的疑懼。許多中產階級也因為信仰問題，對社會主義工人黨的主張有相當批評，社會階級的差異日漸明顯，使俾斯麥認為必須加以處理。1878 年，柏林發生兩起刺殺威爾罕皇帝的事件，俾斯麥利用這個事件為藉口，認定與社會主義分子有關，乃於 1878 年 10 月，利用新國會召開之際，制訂相關法律並強制實施，稱為〈社會主義分子條款〉(*Sozialistengesetz*)，重要內容包括：禁止與社會主義活動有關的集會、結社及出版；政府得強制將涉嫌從事與社會主義相關活動的人驅逐出境；禁止所有相關文書的傳播。法案之通過依靠保守分子及國家主義分子支持，中央黨、進步黨及社會主義政黨均表反對。強行通過之後，原本決議只可實施兩年半，但到 1890 年為止，不斷延長。1880 年以後，中央黨部分人士也支持此案。

這個法律實施以後，德意志政府開始大規模的查緝及禁止活動，社會主義者開始轉入地下，許多重要集會必須在境外舉行，但聲援者愈來愈多。1890 年以後，俾斯麥去職，這個條款才廢止，而社會主義工人黨更名為「社會民主黨」(Sozialdemokratische Partei Deutschlands)，重新出發，在德意志帝國的政壇中扮演愈來愈重要的角色。

三、社會立法

俾斯麥一方面禁止社會主義者活動，一方面也推動社會立法，以改善工人生活，使工人階級成為社會整體之一環，而不會有反對政府的行為。

　　1881 年 11 月德皇對國會發表有關社會政策的改善計畫，對工人之意外、疾病傷殘及年老均給予適當照顧。1883 年，〈工人疾病保險法〉首先通過。雇主與勞工各負擔 50% 保險費用，各地原本存在的地方保險機構輔導成為勞保組織，保險範圍包括免費醫療及疾病時期工資給付。

　　1884 年另通過〈意外保險法〉，由資方的保險機構負擔工人發生意外時所有的費用，勞方不必負擔任何費用，萬一死亡時家屬亦可受到相當照顧，工人因病無法工作時，第十四週以後的費用也由意外保險金負擔，萬一失業時，意外保險制也負擔失業救助金（為最低工資之三分之二）。

　　1889 年再公布年老及傷殘保險，所有工人在七十歲以後可以獲養老金，工作意外致殘亦可領取，此項保險之費用由勞資各負擔二分之一。

　　俾斯麥原本希望能藉這些勞工立法使工人階級不再反對政府，但並未收到預期效果，「社會主義者法案」雖然有效，但使反對者更加團結，一方面批評政府對立法不足，又認為各項政策並未解決問題。在 1890 年國會選舉時，社會主義團體獲 20% 選票，正說明俾斯麥政策並未達其理想，但德意志的社會保險立法卻是當時許多國家的典範。

第六節　帝國的外交與俾斯麥體系

　　德意志帝國的建立改變了維也納和會之後的歐洲勢力均衡狀

態。普魯士從一個北德地區的中等勢力迅速竄起，建立了德意志
帝國，成為歐洲強權之一，引起英、俄、法等列強的注意，而法
國對於亞爾薩斯及洛林兩地的割讓，更是不滿，亟欲報復。俾斯
麥認為：德意志各邦國經過長時期的對外戰爭，應當休養生息，
積極從事國內的經濟建設，所以不斷對外釋出善意，表明德意志
帝國已經是一個「飽足」(Saturiert) 的國家，不再從事對外擴張。
從 1870 年到 1890 年的二十年期間，德意志帝國的基本外交政策
就遵循這樣的基調。直到 1890 年，德意志皇帝威爾罕二世推行
「世界政策」(Weltpolitik) 才改變了德意志帝國的外交政策。史家
通常以「俾斯麥體系」稱呼這段期間內的德意志外交政策，這個
體系的基本考慮包括幾個重點：

1. 孤立及制衡法國。
2. 採取結盟政策，盡量不站在勢力較弱的一邊。
3. 利用各種外交機會，使德國獲利。

　　俾斯麥認為，德法戰爭中，德意志聯軍雖然打敗法國，但仍
必須防範法國的報復，所以希望在國際上使之孤立。可是俾斯麥
也積極鼓勵法國對外擴張，以轉移其注意力，避免其報復。1870
年以後，法國對亞洲及非洲的擴張行動，就是在這種情況下成形。
根據防堵法國這樣的想法，德意志帝國又積極的尋求與他國結盟，
站在較優勢集團的一邊。

　　1870 年代，歐洲局勢較為穩定，許多國家又將注意力集中到
海外殖民活動之上，當時德意志境內也有許多團體呼籲德國應盡
速發展海外殖民活動，免得在經營殖民地的活動中落後英、法太

多，許多人甚至組成團體，對國會議員遊說，鼓吹殖民活動的好
處。但俾斯麥擔心，過度的張揚會引起英、法的戒心，因此對鼓
吹殖民的團體不假辭色，在海外活動中，也極力避免與其他勢力
發生摩擦。所以此時德意志帝國在非洲及中國的活動中，都盡量
避免引起列強的不滿。但至 1880 年代，德國上下累積了許多能
量，也希望在殖民帝國主義的活動中有所表現，所以海外殖民的
呼聲漸起，俾斯麥必須有所回應，所以德國在西南非及東非的部
分地區進行一連串的殖民活動，建立了「德屬西南非」（今日之那
米比亞等地）與「德屬東非」，也在中國取得租界。

　　為了進一步發展德、俄關係，俾斯麥極力拉攏與德國有姻親
關係的俄國皇室，也希望能引介俄、奧，成立一個聯盟關係，除
了有降低東歐地區衝突的好處外，還可以將精力用於西歐，阻斷
法國的對外發展。1872 年，德國與俄國及奧匈帝國結盟，組成三
帝同盟 (Dreikaiserbund)，就是為了壓制法國。三帝同盟的出現，
大致也回到拿破崙戰爭期間的「神聖同盟」概念，對當時歐洲社
會而言，並不陌生。此時大不列顛採取較為疏離及中立的外交態
度，所以在對待大英帝國的政策上，俾斯麥則採取盡量拉攏的政
策，以免其成為敵人的盟友。甚至特地派遣其子出使倫敦，顯示
俾斯麥對倫敦的重視。

一、柏林會議

　　1870 年代中期，俄國積極向外擴張，對奧匈帝國及大英帝國
都形成相當大的威脅。首先，俄國不斷企圖對外擴張，在土耳其

THE THREE EMPERORS;

OR, THE VENTRILOQUIST OF VARZIN!

圖 27：柏林會議諷刺漫畫
柏林會議中，俾斯麥企圖操
縱歐洲三位君王（俄、奧匈、
德）的均勢關係，達到孤立
法國的目的。

近東地區直接與英國發生衝突；其次，由於俄國支持斯拉夫族裔
的民族，導致巴爾幹半島衝突不斷，奧匈帝國必須面對這些衝擊，
所以這成了與俄國結盟的風險。1877 年的「俄土戰爭」就是一個
相當棘手的問題。當土耳其為了黑海附近的疆域與俄國發生戰爭
戰敗之後，這位「博斯普魯斯病夫」(der Kranke Mann an
Bosporus)❼被迫與俄簽訂〈聖斯泰法諾和約〉，喪失其在巴爾幹
上最後的據點，而俄國勢力得以向外逐漸擴張，引起英、奧兩國

---

❼ 這個名詞原本是用來形容十九世紀末的土耳其，後來被借用到中國來
形容近代中國。

的高度關切，衝突有升高的趨勢。

俾斯麥為了避免可能發生的戰爭，因而積極介入，邀請列強於 1878 年前往柏林集會商議，受邀者包括許多歐洲重要政治領袖。整個會議期間，俾斯麥為了顯示德意志的國力，精心安排各種活動，並親自擔任主席。德國自認為在巴爾幹地區並沒有任何利益糾葛，可以成為一個「誠實的中間人」，由於會議成功，俾斯麥主導的外交體系受到各國支持，降低各方爆發衝突的可能，使德國在歐洲政治上獲得相當大的發言權。

但是俄國對此次會議的結果並不完全滿意，原來在會議之前，英、俄在倫敦已經協商過巴爾幹相關問題，俄國被迫放棄許多征服的土地，而柏林會議中，俄國又被迫放棄保加利亞的保護地。反倒是奧匈帝國獲得占領波士尼亞 (Bosnien) 等地的默許。大英帝國也取得了賽普勒斯。俄皇認為：俄國在普魯士主導統一建國的過程中，一直維持善意中立，但德意志帝國卻無以回報，深感失望，俄國上下並逐漸發展出一種反德情緒，這種情緒就在日後的泛斯拉夫主義中表現出來。

二、〈再保條約〉

俾斯麥雖拉攏俄國，但對之仍存戒心，當俄國不滿的心理傳到柏林之後，俾斯麥又與奧匈帝國進行祕密外交。1879 年德、奧兩國首先簽訂一同盟條約，稱為「兩國同盟」(Zweibund)，規定如果任何一方遭俄攻擊，另一方將為之助，如遭另一勢力（非俄）攻擊，則另一方面維持中立。德奧同盟受兩國歡迎因其具有多方

意義且具體實際，於是持續到第一次大戰為止。但俾斯麥對奧匈帝國以多元民族為基本國家架構的缺點知之甚詳，一直擔心奧匈帝國會成為其負擔，所以並不完全信任奧匈，並且積極尋求其他更有利的同盟關係。1882 年義大利因對法國存有戒心，所以加入兩國同盟，這個同盟才改稱「三國同盟」。

　　1881 年時德與奧匈帝國及俄國再度簽訂「三帝同盟」條約，成功的將奧匈與俄國拉攏在一起，避免巴爾幹半島危機擴大，1884 年該條約又續約一次。但 1885 年起巴爾幹又發生危機，俄與奧匈帝國不睦，這個同盟條約也宣告破裂。俾斯麥必須另謀解決，乃於 1887 年與俄達成祕密協定，密約分為兩部分：一是祕密協定（防禦條款）；二是極祕密協定，規定如果俄遭奧匈攻擊或德遭法攻擊，則條約另一方應嚴守中立；在附加的議定書中德國承認俄國對保加利亞有重大利益。這個附加議定書雖然違反了德、奧之間的同盟關係，但簽訂之後，俾斯麥才覺得情況更為有利，好像再買了一個保險，所以俗稱此條約為〈再保條約〉（*Rueckversicherungsvertrag*）。一般人對〈再保條約〉的功能與實際利益卻不看好，尤其是法國並未因此遭完全孤立，只是暫維持國際現狀。

　　俾斯麥下臺後，俄、法兩國迅速達成軍事協定。但無論如何，這樣的外交政策，的確保持了一段相當時間的國家安全與穩定，所以這種外交政策，特稱為「俾斯麥體系」。也有歷史學家稱 1871 年到 1890 年俾斯麥主導德意志的時間為「俾斯麥時期」。

　　1888 年 3 月，德皇威爾罕一世去世，享年九十一歲，由其子

費里德利希三世（Friedrich III，1831–1888 年）繼位。費里德利希娶大英帝國維多利亞女王之女為妻，思想傾向自由民主，原本許多人希望他繼位後，可以將德意志帝國建立成類似英國君主立憲式。但費里德利希繼位時健康情況已經非常惡劣，三個月後即因病過世，許多改革者因而失望。王位再傳給威爾罕之孫，是為威爾罕二世（Wilhelm II，1859–1941 年），時年二十九歲。

威爾罕二世是長子，從小就負有繼承王室的使命。其父為德意志帝國皇帝，其母來自英格蘭，為維多利亞女王之女，威爾罕二世與俄羅斯皇帝為表親。

威爾罕二世出生時，因胎位不正，屬難產，因此其左臂受傷，以後雖經復健，終究發育不完整，左臂明顯短小，行動也受限。正因如此，威爾罕二世的童年相當不快樂，也有許多自卑之處。但威爾罕仍遵循普魯士傳統，接受完整軍事訓練，以便繼承家業。

威爾罕生於宮廷，教養嚴格，整天學習各種經典與國際知識。宮廷之中，自然以法語為主要語言。威爾罕英語也佳，其母出身英格蘭王室，外婆是英國維多利亞女王，與其表親俄國皇帝尼古拉經常通信，均使用英語。以現代標準看，威爾罕二世算是博學。

威爾罕二世雖然對俾斯麥充滿敬意，但一直想要有所作為，自己成為實質統治者，故與俾斯麥立即發生衝突，但起初尚為枝節問題，俾斯麥也虛與委蛇。到後來威爾罕二世對整個社會政策及外交策略都有意見，例如社會主義者法案之延長、對俄基本方案都是爭議焦點，最後俾斯麥終於在 1890 年 3 月被迫請辭，結束一個時代。

德意志帝國與第一次世界大戰

　　1871 年德意志帝國成立後到 1890 年威爾罕二世親政之前，主導德國政治發展者為俾斯麥，他主要政治目標在求穩定新成立之帝國，避免外力之可能危害，故在對外政策上希望法國將其德法戰爭之恥在他處求償，故對法採和緩政策，並表示支持法國對外殖民擴張，更與俄、奧等國結盟以求抗法。此時期之政治考慮均以歐洲政治發展為著眼點，即是比勒 (Bühler) 所說：「在俾斯麥眼中只有歐洲政治。」

　　1890 年以前，德國政府部門雖缺乏主動的爭取殖民地企圖，但當時德國朝野人士主張爭取殖民地者，大有人在。例如 1882 年時德人本寧生 (Bennigsen) 及何福斯 (Rohfs) 曾合組一「殖民協會」(Kolonialverein)。1884 年亦有「德意志殖民協會」(Gesellschaft für Deutsche Kolonisation) 成立，鼓吹殖民活動。該會主持人佩德斯（Carl Peters，1859–1918 年）並曾與南非、東非及西非地區土著簽署〈殖民合約〉，但為俾斯麥所阻，以避免刺激列強。1884 年，布萊門地區商人魯德瑞慈（Adolf Lüderitz，1834–1886 年）

在西南非以私人名義進行殖民活動時，俾斯麥雖利用英國因阿富汗問題與俄國有隙而不克分身之機，而趁勢宣布西南非為德國保護地，但仍必須派遣其子俾斯麥 (Herbert Bismarck，1849–1904年) 至倫敦與英國政府交涉，並取得英國之諒解。1884 年底至1885 年初，俾斯麥又與法國在柏林召開剛果會議 (Kongo Konferenz)，以求在非洲地區能順利地進行各項擴張政策。

　　以上例證均說明德人此時海外殖民活動必須在英、法等國可以容忍的範圍內進行，而德國之殖民政策亦只是歐洲政策大架構中的附屬產物，只有在歐洲政治容許情況下，才有非洲之殖民活動，而非單純的帝國主義式擴張行動，與英、法之殖民活動有本質上之差異。但 1890 年以後，德意志民族開始急起直追，也希望建立一個殖民帝國，因此積極採行帝國主義政策，引起歐洲的變動，甚至造成了大規模的戰爭。這場戰爭與以往戰爭的型態不同，工業革命以後發展出來的新科技，如新式槍砲、飛機、毒氣等均在戰場上一一展示，而造成人員的死傷更是空前，所以雖然戰場以歐洲為主，仍有人稱為「世界大戰」。這個戰爭的發生，與德意志帝國新皇帝威爾罕二世採行的帝國主義政策，有必然關聯。

第一節　帝國主義

　　十六世紀之後，經濟發展速度加快，而歐洲國家更加積極對外活動，造成十九世紀一股新帝國主義浪潮。此股浪潮因其動機、規模均不同於昔日，特稱之為新帝國主義 (Neo-imperialism)。關

於新帝國主義之成因，大致可歸納如下：

一、經濟因素：

　　工業革命之後，歐洲許多國家紛紛建立各種新式工業方式，例如英國首先建立以蒸汽為動力的紡織工業，其後蒸汽機普遍應用到各生產部門。動力改良後，生產力擴充，產品增加，原料之需求亦隨之增加。另外因新式工廠成立，吸引農村勞力進入工廠，造成農村生產面積可能減少。工人階級生活則因工廠繁榮而有所改善，對各種商品消費能力亦增加。另一方面，醫藥衛生之改善使人口死亡率降低、出生率提高，造成人口增加。這些因素均造成工業國家對糧食作物需求增加。在對原料和農產品需求不斷增加、對工業成品市場亦甚殷切需求的情況下，歐洲工業化國家乃欲擴充其對殖民地之經營及控制。是故德國社會學家韋伯（Weber，1864–1920 年）即提出「強大政治勢力之組成及擴張，均由經濟因素決定」的說法。到工業國家資本累積之壓力逐漸形成而必須對外投資以尋求更多經濟利益時，各國資本家相繼要求政府對其投資加以保護，所謂「國旗隨資本前進」之現象，可自英國經營印度、日本殖民地臺灣中看出端倪，列寧（Lenin，1870–1924 年）乃有「資本主義為帝國主義最高形式」之嘆。

二、社會原因：

　　帝國主義者之對外擴張，除追求經濟利益外，政治利益之追求亦為一重要動機，例如法國自 1870 年德法戰爭失利後，始積極從事海外殖民活動，企圖建立一法蘭西帝國 (Empire Francaise) 以彌補其在歐陸之損失，並利用「有色法國人」來壯大國勢，韋伯

乃特將「榮譽之追求」(Prestage-prätention) 視為帝國主義之重要動力。又如比利時陸軍缺乏歐陸各國之貴族色彩,社會地位遠遜其歐陸同儕,故比利時陸軍亦積極尋求在非洲殖民,企圖藉對外之光榮改善其社會地位,在對外戰爭行動時自然亦意味人事升遷管道之暢通,故社會史家熊彼得 (Schumpeter, 1883–1950 年) 稱帝國主義為「好戰社會結構之外在表現」。

另外帝國主義對外行動亦可解決國內政治糾紛,成為國內政治之安全閥,日本明治年間國內武士階級騷動,西鄉氏兄弟乃有征臺之事,解決國內不安,可為證明,而另一方面,帝國主義活動亦可滿足國內多餘之人力、物力之宣洩,1867 年英國政府通過〈北美洲法案〉(*North America Act*) 之後,加拿大脫離英國獨立,英人撤出北美地區便轉移到印度地區。此種英國之擴張 (Expansion of England) 將帝國主義在遠東活動推上另一股高峰。

三、國家安全:

基於國家安全的需求,列強往往對外侵略,以求戰略上之有利位置,如法國一直有自然疆界之主張而造成歐陸紛爭。海外殖民活動興起後,列強均希望保護其殖民地利益及往來航道之安全。英國在 1713 年控制直布羅陀,美國在 1864 年及 1912 年兩度占領巴拿馬,1882 年時英國將埃及置於其軍事控制下,目的在保證蘇伊士運河之暢通,均基於相同之動機。

國家安全固然造成積極的行動,亦可能以要求他國消極的不行動方式出現,如十七世紀瑞士城邦巴塞即要求位於亞爾薩斯之匈奴根 (Hunningen) ❶ 地區不得構築軍事工業,以免造成本身之安

全威脅，此種「國際地役」(International Servitude) 亦常為帝國主義者追求國家安全之表現。

國際政治中，除積極行動或消極禁止他方之行動外，亦有為避免國際衝突而鼓勵或支持第三方在雙方勢力範圍之間建立一緩衝區，以減少雙方摩擦之可能。

四、宗教文化原因：

在殖民地活動發展的同時，隨著軍隊或商人所到之處亦有傳教士的足跡，信奉一神的基督教會常無法尊重各地居民之原有信仰而不受當地人民歡迎，進而發生糾紛。各國領事外交人員則以極高姿態要求護教，卻演變成為政治衝突，此種教案常成為中國近代史上之中外衝突來源，外人亦自承此點。如霍布森 (Hobson) 即在十九世紀末表示：「教士們對中國法律缺乏認知，在保護其教民時常常態度傲慢。」 故近代史上教會常有 「帝國中之帝國」(Imperium in imperio) 之稱。

列強除強迫各地人民分享其「神愛世人」之理念外，亦欲將其文化傳播至世界，與世人共享文明，讓各地區均成為文化國度。歐洲有活力之列強均自認在各地的占領行動為一極人道的行為，可使各地之文化向前發展。這種信念自然而然的演變成「白種人的負擔」。

五、心理因素：

在新帝國主義興起之際，列強殖民帝國主義之實際行動有先

---

❶　據傳匈奴人曾率兵攻占此地，故名。

後。大約在工業化程度較高地區發展較快,如英國在重商型帝國主義活動極盛時已在許多地區有殖民活動,法國則起步較晚,歐陸其他各國更次之,而美國在歐蘇立文(O'Sullivan,1840–1882年)揭櫫「既明之命運」(Manifest Destiny) 後亦加入殖民帝國主義俱樂部。此種競爭心理確曾助長列強積極向外侵略。

1848 年以後,德意志地區之經濟發展,使德人亦有擴大其經濟活動範圍之需求,1850 年以後德國現代化資本工業開始興起,經濟史家宋霸得 (Werner Sombart,1863–1941 年) 氏曾稱 1850 到 1860 年之十年間為「現代資本主義國民經濟」成立最重要的階段,此時期內,農業人口所占比例明顯下降,工業人口比例增加。如在 1856 年一年之間普魯士政府即通過了價值一億一千六百萬兩 (Taler) 之各種工業生產部門之投資申請計畫。又如巴燕地區各種產業在 1849 至 1858 年間成長甚快,為 1837 至 1848 年間之三倍。海運事業亦因世界經濟活動增加而快速成長。1847 年起,漢堡至北美洲間已有定期航線。布萊門地區亦有輪航公司成立,經營汽船業務。在此種情況下,德國對外商務自然也開拓發展,其中遠東商務,更是重點。

德國史上稱 1888 年為三皇年 (Dreikaiserjahr),在這一年中,先是德皇威爾罕一世在 3 月間去世 , 由其子費里德利希三世即位,但在位僅九十九日,即死於癌症;再由費里德利希之子威爾罕繼承大業,是為威爾罕二世,時年二十九歲。

威爾罕因出生時難產,導致左臂有殘疾,但仍受嚴格之軍事訓練。他極剛愎,且有強烈的領袖慾。不願只是俾斯麥眼中的「黃

圖 28：三皇年　「三皇年」的三位皇帝分別為：威爾罕一世（左）、費里德利希三世（中）及威爾罕二世（右）。

口小兒」，因而經常與之發生衝突。1890 年，他迫使主政甚久的俾斯麥辭職，任命海軍大臣卡普利維（Admiral Leo von Caprivi，1831–1899 年）為相❷，但實際自己參與各種政策之制訂，左右時局，而稱之為「新路線」(Neuer Kurs)，並宣稱：「我們方向不變，但全速前進。」史家認為：

> 他在追求一個新路線，這可用一個詞表達——世界政策。這種由歐洲強國成為世界強國的抱負，以及隨之而起的殖民主義和海軍政策 (Navalism)，即意味著脫離俾斯麥所樹立的外交政策。

威爾罕認為「世界歷史的舞臺已經擴大」，故歐洲大陸已無法

❷　卡普利維為陸軍出身，1883 至 1887 年間擔任海軍大臣，對德意志海軍成立貢獻良多。

滿足德國之需要，因而欲向世界發展，以爭取在陽光之下，有一席之地 (Ein Platz an der Sonne) ❸。1890 年以後德國開始推行其積極的帝國主義殖民政策，為達到目的，必須先建立一支強大海軍以與英國抗衡，終導致日後英、德之紛爭，甚至造成第一次世界大戰。

第二節　1890 年以後德意志帝國的對外政策

威爾罕原本對俾斯麥極為尊敬，但即位為帝之後，卻不容許俾斯麥獨自決定政務，不但每事掣肘，1890 年還迫俾斯麥辭職，自己統治國家，此後帝國首相所享有的政治決定權，相當有限，史家甚至批評他侵奪了首相的職務。

他原本充滿理想，對社會議題十分關心，也希望德國能發展新的科技。即位之初，他有意修改俾斯麥的內政措施，宣布「新路線」政策：計畫改善童工、女工的工作條件；給予社會主義分子較多活動空間；加強與工會及工人組織的溝通；成立法庭，解決勞資糾紛等等。但他發現工人階級的要求遠超過他所願意給予，資本家也頻生怨言，只好放棄「新路線」政策，回到俾斯麥路線。

他又不知謹言慎行，經常因發言不慎而賈禍，例如 1896 年英國與南非發生「包爾戰爭」(Burenkrieg)，南非軍情稍占上風時，

---

❸　原文係 1897 年占領青島後，其帝國首相布婁 (Bülow，1849–1929 年) 在柏林帝國會議發表演講中引述，此處作者取其意。

他立刻致電南非總統克魯閣 （Kruger，1825–1904 年） 道賀，引起英國不快；1900 年義和團事件發生，他向派往東亞的軍隊發表演說，要其好好效法「匈奴人」，引起各國訕笑，因此第一次世界大戰發生時，各國便表示要到德國「對付匈奴」；他於 1908 年接受《每日電訊報》(*Daily Telegraph*) 專訪，又表示：德國建立海軍不是要對抗英國，而是要保持其商業利益，英國也該感激德國海軍對英國商業的幫助，還表示包爾戰爭時期，他因為外祖母維多利亞女王之故，阻止各國形成聯軍對抗英國，英國應當心存感激才是。此語一出，立即引起英國朝野的訕笑，德國各政黨也有極大的批評聲浪。社會民主黨議員甚至要求修憲，仿照英國君主立憲政體，以免皇帝總是影響朝政，且妨礙視聽。

　　威爾罕認為世界歷史的舞臺擴大，德意志帝國如果要往強權方向發展，必須建立強權所必備的工具：一支強大的艦隊，所以任命海軍上將卡普利維為相，宣示其擴張海軍的決心。他推行的「新路線」政策原本為內政措施的口號，卻轉變成為一對外擴張的政治概念。當時，歐洲各強權仍積極推行「新帝國主義」政策，爭奪海外殖民地，由於英國仍是獨大，俄、法兩國計畫聯手合作，並於 1892 年成立 「法俄同盟」；英、 俄之間又為達達尼爾海峽 (Straits of the Dardanelles) 及近東問題而有矛盾存在，歐洲局勢一時間頗為緊張。

　　1897 年 ， 威爾罕二世任命海軍上將提爾必 （A. v. Tirpitz，1849–1930 年） 為海軍大臣，積極爭取國會預算，建造船隻，大海軍主義漸趨成形。而此時德國中產階級十分支持此海軍計畫。

一方面，係就商業利益加以考慮，認為強大的海軍才是確保經濟利益之根本；另一方面，德意志陸軍向為貴族階級所控制，貴族色彩甚濃，平民子弟均不得其門而入。海軍為一新興兵種，開放給中產階級子弟，可為中產階級晉身之階。故而海軍之成立，一時頗受中產階級支持。海軍成立之初，必須在各地取得加煤、加水及整編之基地，德國對海外殖民地的需求，自然增加。

威爾罕明白：德國如欲擴張海權，必須爭取俄國之合作，故利用 1894 年俄皇亞歷山大三世 （Alexander III，1845–1894 年） 去世，新皇尼古拉二世 （Nicholas II，1868–1918 年） 即位之機會，向俄國示好，以舒緩歐陸緊張氣氛。威爾罕又企圖離間法、俄，當 1895 年俄國提議共同干涉還遼的說法初起之時，立即支持俄國，並希望在遠東事務上與俄國積極合作，以求離間俄、法。另一方面，他又計畫聯俄制英，企圖利用英、俄矛盾而得利，巴格達鐵路的興建即是一例。但法國對德國一直存有戒心，所以與英國達成和解，1904 年，兩國簽訂協議，並承認摩洛哥 (Marokko) 為法國的利益範圍。但威爾罕對此事不表同意，並於 1905 年拜訪摩洛哥蘇丹，欲以行動說服摩洛哥獨立，法國則在英國支持下未加理會。1911 年，摩洛哥又發生內亂，法國趁機「和平占領」，威爾罕自然不肯坐視，派遣砲艦前往聲援蘇丹，法國不為所動，後在英國調停之下，取得部分剛果地區為補償，威爾罕一直耿耿於懷。隨後巴爾幹半島又發生衝突，終於爆發大戰。

第三節　從史利芬計畫到大戰爆發

從俾斯麥執政以來，德、奧兩國關係一直密切，俾斯麥體系瓦解之後，德國僅剩下奧國這個最忠實的盟邦。但奧地利多種族的政治生態，卻也是一個不定時的炸彈，隨時可能引爆衝突。尤其在 1900 年以後，奧地利趁土耳其衰弱之際，占領了巴爾幹半島部分領土，而此時俄國也在巴爾幹地區擴張，並以「泛斯拉夫民族意識」為號召，雙方發生利益衝突。

一、史利芬計畫 (der Schlieffen Plan)

早在 1905 年時，普魯士軍隊參謀本部的指揮官史利芬上將已經根據德意志帝國的需求，設計戰略計畫，其主要的內容是：萬一開戰，德國勢必與法國及俄國同時作戰，但德國國力並不足以同時應付兩條戰線，所以必須先發制人，以迅雷不及掩耳的手段，出兵占領法國，令其無法造成德軍的威脅，然後德國才可以集中全力，應付東線戰場的需求。以當時的條件而言，此種戰略設計並無不當，甚至是德國唯一的致勝之道，所以從戰略設計而言，相當正確。但這個計畫的實現，建立在一個重要的基礎之上：德軍必須借道比利時，才能迅速攻到巴黎。所以破壞比利時中立，勢所難免。當時國際社會對這樣的行動能有多大容忍？可能仍有待進一步觀察。但德意志帝國並未能掌握實際的情況，率爾操兵，終至大戰全面發生。

　　這也可以說明當時國際社會並未清楚表示其國家意志,威爾罕因此低估了列強對均勢遭到破壞的反應,反而認為情況有如德國修建巴格達鐵路一般,是在列強中劃一個避免衝突的緩衝區。德國在占領中國的膠州灣時,原本擔心英、俄兩強的干涉,因此提出一個「緩衝區」的說法,認為英、俄兩國在中國的發展愈來愈激烈,雙方勢力範圍又如此接近,萬一發生重大衝突,大戰難免,所以德國占領膠州灣地區,等於在兩強之間設定一個緩衝區,有防止兩強正面衝突的功能。1899 年時,德意志計畫介入西亞地區,也以為這種緩衝區的說法,能再獲英、俄的認同。

　　原本德意志地區的銀行團及工業集團見到列強在西亞地區的活動頻繁且獲利甚多 , 也希望能在此一地區建立活動的領域 。1899 年,他們遊說土耳其當局,獲得從 1903 年開始興建君士坦丁堡❹到巴格達間鐵路的許可,並得視狀況延伸到波斯灣地區。這條鐵路顯然會影響英、俄兩國的權益,所以德國一直嘗試與俄國及英國溝通。1908 年德皇還前往土耳其等地訪問,宣示其也對該地有發言之權,但 1912 年巴爾幹半島發生衝突,並演變成大規模戰爭,使德國這條鐵路無法繼續興建。

　　1912 與 1913 年間,巴爾幹地區戰事不斷。當時各國認為應自行約束,所以戰事並未擴大。1914 年 6 月 28 日,原本支持斯拉夫民族在奧匈帝國中權益的奧國皇儲法蘭茲‧費迪南 (Franz

❹ 1453 年後,土耳其人將君士坦丁堡改成伊斯坦堡,但一般人仍習稱君士坦丁堡,到 1930 年才正式改稱伊斯坦堡。

Ferdinand，1863–1914 年）前往塞爾維亞首府薩拉耶佛訪問，斯拉夫民族主義者擔心他繼位後會喪失獨立的訴求，反而將之刺殺，以鼓動民族情緒。事件發生後，奧地利的主戰分子要求政府立刻出兵。但奧國政府明白若無德意志帝國牽制俄國，則戰事不利，故派員前往柏林了解德國的態度。

　　德國政府認為，此事奧國名義正當，出兵時不致引起英、法的抗議，也會要求俄國自制，因此同意支持奧國。奧國卻因當時法國總統正在聖彼得堡訪問，投鼠忌器，遲至 7 月 23 日才對塞爾維亞政府提出最後通牒，包括嚴辦所有涉案者及奧國警方介入調查等要求。奧國原以為塞爾維亞不會同意，正計畫出兵，孰料塞爾維亞願意接受奧地利之條件。國際社會正要鬆一口氣之際，奧國軍方仍按計畫出兵，列強態度丕變。俄國首先動員，德國諫阻無效，只好按同盟規定對俄宣戰。法國軍方也要求政府宣戰，此時德軍已經進入比利時，英國也以同盟為由對德國宣戰。戰事爆發之初，原本英國沒有必要加入戰局，但英國認為德國進兵通過比利時不僅破壞該國中立，也破壞了國際秩序，所以對之宣戰。

　　戰爭爆發之初，德國上下團結，國會立刻通過相關預算，也開始計畫「戰勝後」的要求，包括：占領波蘭，領土擴張至波羅的海；占領法國礦產區，使法國成為一弱小國家；將比利時建為一附庸國等等。

　　只是戰爭進行的情況與理想大相逕庭，德意志帝國並沒有作好長期戰爭的準備，所以戰事爆發不久，就發生資源短缺的現象，而英國挾其海上優勢，封鎖德國港灣，除了將威爾罕的大海軍計

畫完全消滅外，也使德意志經濟大受打擊，許多仰賴進口的民生及工業物資短缺，生活立刻受到影響。以糧食作物為例：德國糧食生產本就不足，部分糧食與肥料需要仰賴進口，由於英國禁運，使德國自 1915 年起就必須實施糧食配給政策。但由於肥料不足，加上 1916 年冬天天氣嚴寒，使 1917 年的馬鈴薯產量僅及前一年的一半，即使實施配給制度仍是不足，造成許多人因飢餓及營養不良相關的疾病而死亡，民心因而浮動，對士氣造成相當大的影響。

為解決物資供應問題，德國只好使用最新發展的潛水艇對英國進行「反封鎖」。〈海牙國際公約〉中曾對封鎖及攻擊商船等問題有一定的規定❺，德國海軍未能遵守，許多中立國家的船隻也受到影響，因而提出抗議。例如美國本來並未參戰，且經常不顧英國的封鎖，運送物資前往德國，但 1915 年時，一艘英國郵輪遭到德軍擊沉，許多美國公民喪生，引起美國嚴重抗議；德軍稍有收斂。當時美國總統威爾遜（W. Wilson，1856–1924 年）只希望戰事早些結束，曾於 1917 年 1 月，提出「無勝利和平」(Peace Without Victory) 的觀念，但並未受到重視。

---

❺ 1899 年，包括中國在內的二十六個國家集會於荷蘭的海牙，討論有關國際法的問題，並作成三個協定：〈和平解決國際爭端協定〉、〈陸戰協定〉及〈海戰協定〉。1907 年，世界四十五個國家再度確認國際法相關議題。但有關海戰部分，仍有甚多爭議，1909 年，各國雖於倫敦發表〈海戰宣言〉，卻未完成簽署手續。德軍所謂「無限制潛艇政策」，主要指不遵守〈海戰宣言〉的相關限制，如：欲擊沉敵方商船，應先將人員撤離等規定。

　　1917 年 3 月 ❻，俄國境內發生革命風潮，群眾強迫俄皇尼古拉二世退位。新政府組成之後，雖然繼續俄國對〈中部公約〉的敵對行動，但軍心動搖，使德軍對俄的軍事行動相當順利，而俄國原有的附庸國家如愛沙尼亞、烏克蘭、芬蘭等紛紛趁機宣告獨立。德軍又把流亡在瑞士的革命領袖列寧送回俄國，組織革命分子。列寧動員大量農民，在 10 月時攻下聖彼得堡及莫斯科，建立蘇維埃政權，並與德軍達成協議，且在 1918 年 3 月簽訂〈布勒斯特－李托福斯克條約〉(*Brest-Litowsk*)，承認波羅的海三小國、芬蘭、波蘭等國獨立，損失一百四十二萬平方公里國土及六千萬人口，原有鋼鐵產量也因此減少 75%。這個由德國主導的條約相當苛刻，但俄國在無可奈何的情況下簽訂，雖然令德國暫時獲利，卻也成為日後〈凡爾賽和約〉的示範。

　　在西線戰事方面，1917 年 4 月以後，局勢對德軍不利，因此德國再度使用「無限制」潛艇政策，美國決定加入戰局，對德宣戰。並投入約一百萬的軍隊及許多物資，使英、法等國能得到復甦的機會。但相對於英、法獲得喘息的機會，德軍卻逐漸顯現其疲態，雖然德軍投入大量的新式武器如大砲及飛機等，但德國國力不足、後備兵源有限，又缺乏機動裝備及坦克等問題，使德軍軍事活動受到相當限制。國內民心浮動，經濟情況惡劣，也都影響其戰鬥能力。

　　1918 年 1 月，威爾遜再度提出「十四點和平計畫」，包括：

---

❻　根據俄國的曆法則為 2 月。

公海航行；廢止有關國際貿易的限制；裁軍、限武；重建比利時、
波蘭及巴爾幹半島的民族政府；奧匈帝國境內民族意願應受尊重，
列強之殖民地事務亦需尊重當地人民；建立國際組織等等。德意
志政府原本同意在這樣的前提下進行和談，但當時由於西線戰場
尚能支持，所以軍方不同意和談。到戰事受阻，國內政治局勢不
穩定時，德國政府提出的停戰要求雖然獲得反應，但英、美陣營
已經不再以「十四點和平計畫」之內容為滿足。在凡爾賽召開的
和會中，條件顯然嚴苛許多。

第四節　停戰與議和

　　1918 年 9 月初，德國政府改組，由自由派的麻克斯（Prinz
Max von Baden，1867–1929 年）出任新首相，在德國軍方領袖魯
登道夫（Ludendorff，1865–1937 年）的要求之下，新政府中納入
大量的社會民主黨議員，等於希望以全民的力量，面對德國當前
的處境。9 月底，魯登道夫承認戰事進行至此，已無獲勝之可能，
故而提出停戰的希望。原本軍方及政府對民眾的宣傳都是局勢有
利，戰爭也從未在德國本土進行，民眾一聽到戰事無以為繼的消
息，莫不錯愕。但新政府為避免國家崩亂，仍於 10 月 3 日深夜向
美國總統威爾遜提出停戰要求，美方則堅持只與民選政府洽談，
德國未能立即反應。此時軍方領導的反應不一，有人相當堅定的
主張再戰，例如海軍部門要將原本閒置的所有船艦傾巢而出，與
英國海軍作一死戰。只是許多水手拒絕此項「亂命」，甚至起而占

領港口，形成叛變，且愈演愈烈，各地均有暴亂的風潮。

　　此時德國威爾罕二世仍與許多軍事將領在比利時的溫泉區斯壩 (Spa) 商討戰事，雖然時局對其相當不利，威爾罕卻仍遲遲不作出退位的決定。而當時國會中的社會民主黨領袖已經逼迫政府，如果再拖延，國會將接收政權，另組政府，以免激進派利用機會，破壞政府體制。德意志帝國首相乃逕行代替不在柏林的皇帝宣布退位，公布之後，威爾罕也只好接受事實，將政權交給占國會多數席次的社民黨黨魁艾伯特 （F. Ebert，1871–1925 年）。艾伯特迅速組織一個「人民代表委員會」(Rat der Volksbeauftragten)，處理相關的政務，軍方也同意接受政府為達和平目的所作的調遣。在此情況下，美國同意以「十四點和平計畫」為基礎，商談和平條件。

　　聯軍方面，由法國的福熙 （Foch，1851–1929 年） 為代表，與德國代表談判。福熙擔心，德國只是利用談判為手段，爭取集結軍隊及物資的時間，所以提出相當嚴苛的條件，包括：歸還亞爾薩斯、洛林兩省；撤出萊茵河西岸，東岸也需劃出三十五公里的非武裝區；聯軍占領科隆等城；釋放戰俘，軍事設施暫時維持原狀，避免德軍反覆。德國軍方雖認為條件嚴苛，但仍表同意，停戰協議達成。

　　1919 年春天起，三十二個參戰國家的代表集會於巴黎，召開和會，由法國總理克里蒙梭 （Clemenceau，1841–1929 年） 擔任主席，分別就各個交戰地區的狀況，討論如何解決戰後的領土及政治問題，但實際的議題由「四人委員會」(Rat der Vier)❼決定。

圖 29：1919 年巴黎和會　前排由左至右為奧蘭多、勞合喬治、克里蒙梭及威爾遜。

有關德國的部分，列強作成下列的決議：歸還亞爾薩斯、洛林和波蘭、捷克等被德軍占領的地區及部分原本屬於德國的土地；德國放棄所有海外殖民地；德國應對發動戰爭一事負責，必須交出包括德皇威爾罕及軍事將領在內的「戰犯」；德國只能維持十萬名陸軍志願軍，海軍受相當限制，不得行徵兵制；薩爾區煤礦由法國經營；賠償 1,360 億金馬克。如果換算成百分比，則是損失 12% 人口、13% 國土面積、16% 煤礦、48% 鐵礦、15% 農業產

❼　包括美國總統威爾遜、英國首相勞合喬治（Lloyd George，1863–1945
　　年）、義大利的總理奧蘭多（Orlando，1860–1952 年）及法國總理克里
　　蒙梭。

區、10% 製造業。其中更引起爭議的是第二三一條條文，所謂〈戰爭責任條款〉(*Kriegsschuld-Artikel*)，條文中說明：「因為德國及其盟邦發動的戰爭，使聯軍及其偕同的政府及其人民受到損失及傷害，聯軍及其偕同的政府宣布，德國也承認，德國及其盟邦為此負責。」

原本美國及英國都認為過於嚴苛，德國政府也不欲接受，但法國因為受害較重，堅持此條件，並提出最後通牒，如果德國不簽字，將重啟戰端。1919 年 6 月底，和約簽字生效。但當時德國境內對條約不滿意，希望修改者大有人在，這也與威瑪共和政府的發展，有一定程度的牽連。

第五節　戰後的局面

1918 年 11 月，艾伯特組成一個「人民代表委員會」，負起臨時的政府任務。由於這個共和政府並非經由長期演變而來，而是在外力介入之下，匆促成形，所以許多問題尚來不及作業，例如憲法如何制訂？政府如何組織？國會如何產生？人民代表委員會決定先組織一個由全民普選產生的國民大會 (Nationalversammlung) 成為正式的政權中心，再由國民政府推動相關的政務。1919 年 2 月，國民大會代表選舉，這是德意志史上婦女第一次有權投票，也是共和政體下的一個重要選舉，所以投票情況相當踴躍，投票率高達 83%。但是投票的結果，仍然維持了戰前多黨的情況，沒有一個政黨取得過半數的席次，必須組成聯合政府，也注定了新

共和政府不安定的政局。1919 年 2 月，國民大會選出艾伯特擔任第一任的總統，同年 8 月，德意志憲法公布。

「人民代表委員會」成立之時，便委託當時柏林的行政法學者普羅伊士 (Preuss) 負責，參考原來法蘭克福國民大會所制訂的憲法架構，設計德意志的新憲法。這部憲法的基本架構是民主代議制，國會由代表各邦利益的參議院及由人民直接選出的眾議院組成。由人民經由祕密投票，每四年一次，選出眾議員，組成眾議院，代表人民制訂法律，行使政權。國會中執政者應當獲得半數以上的支持，才能決議，所以又是一種責任政治。參議院則與美國的參議院相當，由各邦選派代表組成，代表各邦的利益。

威瑪憲法規定：德國國號並不更改，但國家元首為人民直接選出的「總統」，任期七年，並不受國會的監督，但可以任免帝國首相，也可以解散國會。總統同時又是軍隊的最高統帥，必要時可以發布戒嚴令，也可以凍結憲法的規定，所以權力相當大，有人甚至稱總統為「皇帝的替身」(Ersatzkaiser) ❽。

根據憲法的規定，原本應當改選總統，但由於政治局面相當混亂，為了避免進一步的危機，帝國議會決議，仍由艾伯特繼續擔任三年的總統。只是艾伯特此時面臨了許多指控，認為他曾經參與推翻帝國，忠誠有問題，後來雖然法院判決指控的報社為「公

---

❽ 如果總統為民主憲政的支持者，還不致發生問題，但第二任總統興登堡 (P. v. Hindenburg，1847–1934 年) 在位期間，共和體制便發生問題，這是憲法設計者始料未及的。

然侮辱」，但並未對其所指控的內容加以澄清，說明新政權仍遭到
許多質疑，就在憲法在紛紛擾擾之中，德意志史上出現了第一個
民主共和政府。

從威瑪共和到第三帝國

　　許多歷史學者習慣將 1919 年以後到 1933 年這十多年的時間，稱為「威瑪共和時期」(die Weimarer Republik)，這段期間，又可以大概分為三個階段 ： 從 1919 年新政府成立後到 1923 年間，由於國土變遷，人口損失，而面臨產業結構必須調整，但大量軍隊復員、巨額賠償等問題，使得經濟蕭條、失業增加，社會因而動亂不安，叛亂暴動之事時有所聞，許多地方派系也對中央抱持不合作的態度。德國新成立的共和政府一直處於動亂的狀態，甚至可能隨時瓦解。 1923 年初 ， 法國因為德國無法償付戰爭賠款，突然派遣軍隊，占領魯爾工業區。此舉激起德國之民族意識，許多人願意放棄成見 ， 建設國家 ， 而當時的主政者史特雷斯曼（G. Stresemann，1878–1929 年）與各國協調，重新修訂〈凡爾賽和約〉中的一些規定，簽訂〈盧卡諾 (Locarno) 公約〉，人民受到相當激勵，經濟也日漸好轉，算是比較承平的一段時間，也有人稱 1923 到 1929 年的這一段時間為「史特雷斯曼時期」。

　　1929 年以後，由於世界經濟都發生衰退現象，德國更是遭受

打擊，使政治又陷入極度不安的狀態，從 1930 年以後，國會中一直無法產生一個可以控制過半席次的政府，總統因而有相當多操控政治的空間，使民主政治受到極大的考驗，才有 1933 年國社黨的出現。

　　1933 年 1 月，興登堡總統任命希特勒（Adolf Hitler，1889–1945 年）為總理，組織內閣，希特勒迅速利用各種機會控制政府，並建立一個「第三帝國」(das Dritte Reich)。所謂「第三帝國」是希特勒政權成立以後，為吸引群眾，而強調要建立一個新的「帝國」 ❶。這個概念並非希特勒原創，1923 年前後，慕樂（A. Moeller van den Bruck，1876–1925 年）出版一本名為《第三帝國》(*das Dritte Reich*) 的書，預言在神聖羅馬帝國及德意志帝國之後，「第三帝國」將會出現。希特勒拾人牙慧，利用德意志人在第一次大戰後遭到許多政治及經濟的困難，積蓄已久的民族情緒無法宣洩的情況，強調他希望建立一個新的帝國，以重振德意志往日的光榮。雖然希特勒政權建立以後，並不再強調「第三帝國」的說法，但許多史家仍使用「第三帝國」這個名詞來描述希特勒控制下的德國。第三帝國的興起，與當時的國際背景及德意志國內發展，有密切關聯。

---

❶　第一次世界大戰結束之後，德人雖制訂新憲法，成立共和政府，但「帝國」的名稱並未取消，例如德國總統仍稱帝國總統 (Reichspräsident)，使用的貨幣也仍是「帝國馬克」(Reichsmark)，其他名稱大自「帝國議會」(Reichstage)、「帝國總理」(Reichskanzler)，小到「帝國鐵路局」(Reichsbahn)，仍是一如往昔。

　　許多社會學者喜歡用「社會操縱 (Social Manipulation) 理論」來解釋第三帝國的形成，認為主政者以各種冠冕堂皇的說法或動作來挑動國民的情緒，換取全國上下支持。

　　當經濟情況不斷惡化時，鄉村人口紛紛支持希特勒的「國家社會主義工人黨」（Nationalsozialistische Deutsche Arbeiterpartei，以下簡稱國社黨或 NSDAP，一般稱「納粹」為 Nazi 的音譯），「國社黨」利用種族情緒，以反〈凡爾賽和約〉解決政治困境為號召，自 1930 年以後就不斷利用當時的社會情勢，加強宣傳，爭取民眾支持。當城市中的失業工人逐漸增加之時，共產黨或社會主義政黨所獲得的支持就相對減少，無力在體制內進行對抗，自由派人士也是四分五裂。希特勒控制政局之後，利用「授權法」(Ermaechtigungsgesetz) 不斷強化對政治的控制，並發動對外侵略，終於導致全面戰爭，將國家帶向毀滅。

第一節　威瑪初期的混亂

　　所謂「威瑪共和」係指德國在第一次大戰之後，根據憲法學者在威瑪城制定的憲法而建立的共和政權。

　　威瑪共和政府在初起之時雖然廣獲人民支持，但不久之後，就發生各種問題，終至名存實亡。史家分析其原因如下：

1. 軍方除了保持其優勢，成為「國中有國」的情況外，還散布「背後插刀」(Dolchstoss) 的說法，認為民選政府阻礙德軍作戰，才會落得如此結局。

2. 〈凡爾賽和約〉對德國過度的要求，造成人民歸罪政府妥協，由失望轉為怨懟，對政府相當不信任。

3. 經濟不景氣，造成社會動盪，無論左翼共黨、社會主義者或是右翼的退伍軍人，以及一般失業的工人階級均加入批評政府的行列。

　　根據〈凡爾賽和約〉的規定，德意志帝國只能保有十萬名的地面部隊及一萬五千人的海軍兵力。根據這樣的兵力部署，德意志軍隊只能由志願的資深職業軍人組成，許多第一次大戰期間的部隊必須裁撤、復員。許多年輕軍官及士兵並不願意離開部隊，所以仍群集一起，組成「自由兵團」(Freikorps)。大部分的自由兵團願意接受正規軍的節制，擔負起邊界防禦的任務，但也有些兵團成了類似傭兵的組織，由極右派的軍人控制，有時被利用為打擊左派分子的工具，有時又成了政治鬥爭的棋子。一部分的自由兵團則改換身分，成了民間組織，希特勒控制下的國社黨中，就吸收許多自由兵團，建立政黨的武力。

　　有許多極右派軍官對於〈凡爾賽和約〉的安排相當不滿，而政府為了執行〈凡爾賽和約〉的規定，下令撤銷許多部隊，解散自由兵團。這些受到衝擊的軍方人員便在 1919 年夏天組成一個名為「國家統一」(Nationale Vereinigung) 的組織，計畫推翻政府，重建君主體制。1920 年 3 月，部分叛變的軍隊占領了柏林的政府建築，叛軍的首腦卡普（Kapp，1858–1922 年）自任為帝國首相。帝國總統只好率領政府輾轉從德勒斯登遷到斯圖加特 (Stuttgart)並要求全國抵制叛軍集團，當時的政府正規軍隊對政變者也不支

持，所以這次的政變行動很快瓦解，史家稱之為「卡普政變」。

　　卡普政變時期，德國的國防武力由塞克特（v. Seeckt，1866–1936 年）指揮，他堅持「國軍不打國軍」，拒絕出兵清剿叛軍，政變之後，他又擔任德意志國防軍的指揮官，一直不讓軍隊介入政治，也不讓政治介入軍隊，形成一種「國中有國」的情況，對民主政治體制並未盡到維護的責任，也使得 1933 年以後，希特勒政權能夠很快的控制全局。

　　共和初年的另一個大問題是財政的困窘。〈凡爾賽和約〉中規定了德國有負責賠償的義務，但是詳細的數字要到 1921 年時，才由賠償委員會 (Reparationskommision) 清算德國的經濟狀況後，訂出 1,320 億金馬克的具體數字，分三十年償清。但是德國的工業產能受到戰後割地的影響每下愈況，戰債及戰後的復原需求造成政府支出擴大，使經濟情況急速惡化，通貨膨脹的壓力甚大❷。

圖 30：通貨膨脹的馬克

　　德國政府對這樣的數字頗有意見，事實上也無法負擔，為此，法國甚至在 1923 年初派兵占領德國的魯爾工業區，作為賠償的抵押品，造成德、法兩國關係的緊張，也引起英、美的注意。此時美國改變其孤立的態度，開始關切歐洲事務，在 1923 年底計畫組織了一個戰債賠償鑑定委員會，由美國的財務金融專家道斯（Dawes，1865–1951 年）主持，重新檢視德國的經濟狀況，並檢討清償的計畫。1924 年初，這個委員提出一個清償計畫，主張暫時不制訂具體的賠償金額，先以五年為期，由德國每年支付一定金額作為戰爭賠償，稱為「道斯計畫」(Dawes Plan)；而國際也提供德國相當數額的貸款，以振興德國的經濟。但這個計畫執行時正值德國經濟最差的時期，所以德國仍無力清償債務。1929 年道斯計畫到期時，美國又組織委員會檢討此事，並確定總賠償金額為 1,120 億金馬克，以五十九年為期，分批攤還，並由新設在瑞士的「國際收支平衡銀行」負責執行。這個計畫是由委會負責召集人楊（Young，1874–1962 年）提出，故稱為「楊計畫」，雖然重新訂定新的清償時間表，但是經濟不景氣的影響甚大，德國終究是無力償還，並引起其國內的反對，認為以五十九年為期，拖延太久，且禍及子孫。德國境內因此有許多政黨主張不得簽字，可是根據這個計畫，法國將自魯爾區撤兵，這才使得國內反對聲

---

❷　1914 年 7 月，1 美金可以兌換 4.2 馬克，到 1919 年時，兌換 14 馬克，到了 1922 年，則可以兌換 191.80 馬克。到 1923 年 1 月，匯率變為 1 美金兌換 17,972 馬克，到了 8 月，則變成 4,620,455 馬克，三個月後，更成了 42 億。

浪漸小。最後，經濟不景氣的衝擊實在過鉅，各國也接受德國無力償債的事實，1932 年，相關國家集會於瑞士的洛桑，議定德國以三十億元解決所有戰債，問題暫時獲得解決。

第二節　威瑪共和早期的政況

一、史特雷斯曼主政時期

　　史特雷斯曼 1878 年出生於柏林，加入國家自由黨 (National-liberale Partei) 之後，在 1907 年首次當選為國會議員，表現相當傑出，1917 年成為該黨的國會領袖。1918 年，他所屬政黨與其他黨合併成德意志民眾黨，傾向君主立憲體制。但在威瑪共和體系中，他也忠實的支持共和憲政體制。1923 年，經濟危機發生之後，許多政黨組成聯合政府，他出任總理，接受魯爾區被法國占領的事實，並尋求解決之道。他體認無法解決經濟問題，必然也無法解決政治問題，所以他先尋求工業家的合作，改革貨幣，發行以土地為擔保的「暫行馬克」(Rentenmark)，並呼籲全國共體時艱，實施減薪及加稅措施，國庫立刻稍微充實，通貨膨脹受到有效的控制。在此情況下，德國政府才在 1924 年發行「帝國馬克」。

　　在對外政策上，原本列強為了解決歐洲經濟問題，特地於 1922 年 4 月在義大利召開了一次會議，會中除了德國之外，久被排除在歐洲外交活動之外的俄國也應邀出席。德、俄兩國的代表很快的達成一項和平協議，雙方同意結束敵對狀況，互不索賠，

並盡快恢復邦交。這個條約,因在哈帕洛簽訂,故稱為〈哈帕洛條約〉(Vertrag von Rapallo)。

雖然德國一再保證,無意改變歐洲勢力均衡的結構,而且〈哈帕洛條約〉只在解決德、俄間的問題,但卻引起列強的不滿,認為德國因此又獲得相當大的國際行動空間,不再受到條約的約束,但德人對此條約卻相當高興,認為是德國回復國際地位及行動能力的先端。所以史特雷斯曼繼續主張以現狀為基礎,與各國洽商,並提議國際重新檢討一些與歐洲現狀急迫相關的議題,例如德國與法國及比利時的邊界問題。1925年10月,幾個相關國家在盧卡諾召開會議,法國與比利時同意不以武力解決邊界的爭端。稍後,英國與義大利也加入這個會議,成為履約的保證國,德國因此正式承認〈凡爾賽和約〉中有關德國西部邊界的相關規定。這個公約建立了一個歐洲新秩序的重要里程碑,英軍也在條約簽訂之後撤出萊茵地區;但是其他在德國境內有軍隊駐紮的國家則仍在觀望。〈盧卡諾條約〉在德國境內也引起不同的反應,雖然有人以相當務實的態度面對,但也有人批評條約規定使德國喪失相當多的主權。倒是如何談判交還萊茵被占領地區,成了一個較受矚目的問題。一些城市在條約一簽字之後就交還德國,而科隆一帶也於1925年底交還,但此時法國內部有許多意見,認為不可提前交還占領區,直到1928年,英、法才達成協議,在德國簽字承認「楊計畫」的前提下,交還萊茵占領區。此時史特雷斯曼已經病重,希望能早日見到協議簽字,卻無法如願,1929年底,史特雷斯曼去世,德國歷史又進入另一個階段。

二、世界經濟危機

　　大戰結束之後，德國經濟原本衰退，但經過幾年的努力，情況已經好轉，卻在此時，碰上世界經濟的危機，使德國受到嚴重的衝擊。美國原來在歐洲地區有大量投資，德國也是美國資本投資的重要市場。美國經濟在長時期榮景之後，股票市場過於熱絡，已經有學者提出警告，果然在 1920 年代末期出現了衰退現象，1929 年 10 月，股票市場大跌，到了 10 月 25 日，更是嚴重，有「黑色星期五」的說法。美國立即從歐洲抽回短期資金，這使得歐洲的經濟受到連帶的影響，其中，德國受到的衝擊尤其激烈，公司倒閉，工廠關門，商店歇業，失業的人數急速增加，1929 年 9 月德國失業人口為一百六十萬，到 1931 年 9 月失業總數增加為四百三十萬，到了 1933 年初甚至達到六百萬人。

　　雖然歐洲各國很快的解決經濟危機帶來的各種衝擊，但德國由於其內政原就不穩定，大量失業人口更加深了許多社會問題，許多人對新的共和政府產生懷疑，更有人利用經濟危機宣傳一些極端的政治理念，使得政治結構受到很大的影響，這些都表現在國會的選舉之上。例如國社黨原本只有十二席的國會席次，1930 年 9 月的選舉中，一舉增加到一百零七席，而興登堡總統也以事態緊急為藉口，中止國會職權，並行使緊急權力，任命中央黨的財金專家布律寧（H. Brueming，1885–1970 年）為總理，希望能迅速解決經濟危機。國會在社會民主黨主導下，提出憲法訴訟，雖然推翻興登堡的緊急處分，但興登堡下令解散國會，逐漸破壞

民主體制。布律寧的許多節約措施都受到批評，也是倚靠總統的緊急處分權才能實施，但並沒有太大成效，1932 年，布律寧被迫下臺。在此時，國社黨的聲勢逐漸上漲，1932 年 7 月的選舉中，國社黨增加為二百三十席，成為國會中的最大黨。此時德國內政已經相當混亂，內閣更迭頻繁，不斷進行國會選舉。1933 年 1 月 28 日，內閣宣布總辭，希特勒上臺的時機終於到來。

第三節　第三帝國的成立

1933 年 1 月 30 日，當希特勒被任命為帝國總理時，並未能立刻控制全局，而是組成一個聯合內閣，內閣中只有兩名閣員來自希特勒所統率的國社黨——內政部長傅立克 （Fricke， 1889–1945 年） 及政務委員戈林 （H. Göring， 1893–1946 年）。其他幾位重要的內閣成員包括副總理巴鵬 （von Papen，1879–1969 年） 在內，都是原有政府的成員，嫻於政務，所以政治運作無礙。雖然當時許多人認為希特勒的極端思想極為危險，但巴鵬等人以為希特勒在這樣的共和及共治的體制下，應當不會對民主制度造成太大的危險。可是由於社會情況紊亂，經濟失控，使人心望治，希特勒能利用簡單的訴求，打動人心，他的許多作法也在短期內收到效果，因而或能收攬民心，完全控制政治局面。

如果我們觀察一下 1933 至 1936 年間希特勒在內政及外交上的政績，不難想見當時德國人對他是相當肯定的：1935 年，希特勒首先不理會〈凡爾賽和約〉之規定，重新實施普遍徵兵制度，

圖31：慕尼黑協定　1938年，希特勒興兵動員的舉動引發英國首相張伯倫的關切，故兩人召開會議，同意希特勒兼併蘇臺德區，世稱姑息政策。

同時也開始建立海軍及空軍。1936年又公布了第一個四年計畫，由戈林負責，希望能恢復軍火工業，同年希特勒又下令德軍進入〈凡爾賽和約〉劃定的萊茵非武裝區。此舉並未引起英、法等國太強烈的反應，卻大大的鼓舞了德國軍民的士氣，認為〈凡爾賽和約〉所造成的不正義將可以一筆勾銷。

　　在國內經濟方面，希特勒最重要的政績之一就是1935年5月開始的高速公路修建計畫，這是現代高速公路的濫觴。由於建軍及推動大型公共工程的刺激，改善失業人口數字的效應在極短時間內便很明顯，失業人口由就任之初的六百萬降到1934年9

月的兩百多萬。他所推行的土地改革也讓農民生活獲得立即的改善。爭取到工人及農民階級的支持後，希特勒接著要展開一連串的對外擴張行動。當義大利及英國不再表示反對意見之後，希特勒在 1938 年 3 月將他的祖國奧地利「合併」入德意志帝國，並展開一連串的對外攻勢。對德國東邊的鄰邦而言，這是一場惡夢的開端。希特勒先以行動體現十九世紀末以來在德意志帝國境內流行的口號「生存空間」(Lebensraum)，捷克地區就成了最早的祭品。希特勒在國內的聲望也因此達於頂點。當時大部分的德國國民都有種「勝利」的快意，對於憲法被破壞及少數德人的人權受到侵奪卻毫無感覺。

德國百姓對希特勒所揭櫫的政治理念，原本寄予無限厚望。但希特勒自 1933 年的「授權法」通過以後，卻一步一步走向獨裁之路。根據這項「授權法」，在未來四年內，希特勒可以不需國會兩院之同意，自行修改包括憲法在內的所有法律。實際上，這項法律到 1945 年德國無條件投降之際，仍然有效，威瑪共和所建立的民主制度，被其摧毀殆盡。

一、希特勒早年經歷及統治

希特勒生於 1889 年 4 月 20 日，父親是奧地利財政部所屬的一個海關小官員，1903 年去世，留下希特勒母子二人，因家境困苦，被迫放棄學業，遷居至工業大城林次 (Linz)。希特勒原本希望從事繪畫，但 1907 年其母亦卒，希特勒乃隻身前往維也納，計畫進入藝術專校就讀，但因資質有限，未能通過入學測驗，以政

府救濟金度日。維也納是奧國首都，許多民族匯集於此，希特勒因而逐漸接觸多元文化，也對當時社會問題稍有認識，但其知識來源多為一些煽動民族情緒的報章雜誌，也據以形成他的「反猶」世界觀：認定德意志人為「統治族群」，背負對抗「猶太文化」的重要使命。

　　1913 年，戰雲密布，希特勒為逃避奧地利的兵役，前往慕尼黑居住。但他卻在大戰爆發之後，志願加入德意志帝國的軍隊，並前往東線戰場作戰。由於表現不錯，獲頒勳章，戰爭結束之際，希特勒因毒氣戰而負傷住院。戰後，因軍隊裁撤，希特勒被迫復員，因其能言善道，受政府委託，擔任政治訓練工作，也因此與新成立的「德意志工人黨」(Deutsche Arbeiterpartei) 接觸，並加入該黨。由於這個政黨逐漸吸引許多青年參加，黨綱逐漸調整，並改名為「國家社會主義工人黨」，希特勒以其長於演說煽動，逐漸控制該黨，並於 1921 年獲選為黨主席，在他的策劃之下，黨務發展相當迅速。

　　1923 年前後，德國面臨許多對外的困難，也因此引發許多國內的問題。比利時與法國對德國位於萊茵地區的煤鐵礦藏一直有據為己有的想法，除了可以使德國鋼鐵及重工業發展受挫外，自己也可獲利。1923 年，比利時及法國就利用德國停止償付債款的機會，出兵占領魯爾區。德國當局只有以和平方式進行抵抗，法國占領軍則大肆鎮壓罷工或怠工分子，引起德意志社會極大騷動。在此同時，立陶宛與波蘭也企圖吞併德國所屬的東普魯士地區。德國一方面受限於經濟困境、國際壓力，另一方面也因〈凡爾賽

和約〉的限制，並無足夠兵力可以自衛。德國群眾抗議政府的聲浪不斷，復員軍人尤其不安，計畫重拾武力，報效國家，在各地組織自由兵團，整個社會充滿劍拔弩張的不安氣氛。1923 年 11 月，希特勒仿效義大利墨索里尼（Musollini，1883–1945 年）「進軍羅馬」的作法，計畫從慕尼黑出發「進軍柏林」。但由於缺乏組織及聯繫，政變失敗，希特勒及其同謀被捕下獄，原本判刑五年，監禁於慕尼黑附近，但在 1924 年底就因為「行為良好且深具悔意」而提前獲釋。希特勒在服刑期間，將其平日所累積的政治理念寫成《我的奮鬥》(*Mein Kampf*) 一書，以為其行為辯解。本書是以極端的民族意念為基礎，主張種族淨化，日耳曼民族應爭取足夠的生存空間；也主張獨裁體制，以便將「低等」的猶太民族自日耳曼人的生活中完全排除。

　　希特勒此時雖致力於強化國社黨的組織，但黨員的數目仍相當有限，並未能影響政治。世界經濟危機日益嚴重以後，失業人口激增，許多人對政治益發不滿，國社黨人數顯著增加，逐漸具有影響力。1930 年選舉中，國社黨頗有斬獲，1932 年春天，德國舉行總統大選，希特勒甚至與興登堡角逐，雖然失利，但也獲得36.8% 的選民支持；到 1932 年 7 月，國會改選前後，國社黨成為全國第一大黨，可見其聲勢。1933 年初，希特勒受命組閣，開始長期的執政工作。由此可以得知，希特勒所以能夠掌握政局，並非經由革命或篡弒，而是透過合法的選舉過程，獲得許多民眾的支持，一步一步取得政治影響力。

　　1933 年 2 月底，柏林的帝國議會大廈發生縱火案，警方在火

場附近逮捕一名荷蘭人，指控其為縱火元兇，並認定這是一場由共黨分子發動的政治陰謀，希特勒立刻公布了〈國家及人民保護令〉(Verordnung zum Schutz von Volk und Staat)❸，將憲法所賦予的人權侵奪殆盡，並大舉逮捕「疑犯」，許多國會中的共黨成員乃至社會黨成員都受到波及。雖然日後審判中，無法對這些疑犯定罪，可是政治氣氛已經改變，人人自危。就在此時（1933 年 3 月 5 日），德國再度舉行大選，希特勒的國社黨雖然仍未獲半數，卻大幅成長，獲得 43.5% 的席次，與「德意志國家民眾黨」組成聯合政府。就職之後，希特勒立即向國會提出「授權法」草案，要求：未來四年之內，政府可以不經由國會的同意，頒布包括修憲等的法令。這項法案需有三分之二出席，出席者三分之二同意才可以通過，當時國會中出席的五百三十八個席次，有四百四十四票同意❹。這個「授權法」經過多次的延長，直到 1945 年希特勒覆亡時，仍然有效。

二、紐倫堡黨大會及四年計畫

　　1936 年 3 月間希特勒派兵進入萊茵河右岸的非武裝區 ， 而英、法等國並沒有表示太多的意見以後，希特勒以為可以開始遂行其擴張的計畫，所以謀求與義大利合作，共同控制歐陸。在與

---

❸　國家及人民保護令，1933 年 2 月 28 日發布，又稱為 〈帝國議會大火令〉(Reichstagesbrandverordnung)。

❹　社會黨出席的九十四席反對 ， 另有二十六席與共產黨八十一席或被捕或在逃，無法表示意見。

義大利商議之時，希特勒就在 1936 年 9 月於紐倫堡召開的黨代表大會中提出了「四年計畫」(Vierjahresplan)，除了計畫增兵，在四年之內將軍隊增加到可以從事戰鬥任務的狀態之外，並需要快速發展經濟，能為國內經濟建設提供戰時所需物資。這個理念提出之後，由戈林負責執行。1936 年 10 月，「柏林－羅馬軸心」(Achse Berlin-Rom) 成立，希特勒覺得擴張的時機已經到來，便開始執行這個四年計畫，原有的市場經濟體系均遭停止，改採計畫經濟體系。

此時，日本也積極建立與德國的合作關係，企圖藉此強化其陣營，雙方所謀相同，遂有 1936 年 11 月的〈日德共同防共協定〉(*Antikominternpakt*)。1937 年以後，希特勒加緊推行其「生存空間」的理念，先從「兼併」奧地利著手，並東向發展。

希特勒所以與日本簽訂共同防共協定，主要著眼於希望日本能夠一起出兵攻打蘇聯，但日本卻遲遲沒有發兵。希特勒為了擔心腹背受敵，不得不改變其原本的戰略設計，改與蘇聯妥協，先將精力放在波蘭、捷克及丹麥、挪威等周邊國家上，因此於 1939 年 8 月與史達林簽訂了〈德蘇互不侵犯協定〉。協定簽訂之後，希特勒立刻開始進行其「生存空間」戰略行動，先在 1939 年 9 月出兵波蘭。英、法兩國立即對德宣戰，歐洲形勢變得相當緊張。1940 年，希特勒的精力都放在與挪威、丹麥、荷蘭及法國的軍事行動上，但一直沒有放棄其對蘇聯的計畫，參謀本部已經擬妥了具體的行動方案，代號為「紅鬍子行動」(Unternehmen Barbarossa)。1941 年春天，希特勒又展開對希臘及南斯拉夫的軍

事行動，進展相當順利，整個南歐都在希特勒及其盟邦的掌握之下。席捲南歐之後，希特勒於 1941 年 6 月下令攻擊蘇聯，雖然初期的行動相當順利，但軍事行動的時程較預定為晚，對德軍日後的行動相當不利。史達林採取焦土政策，以空間換取較有利的軍事行動。德軍重蹈拿破崙覆轍，陷於廣大的俄羅斯境內，當冬季嚴寒開始時，裝備不足的德軍立刻陷入苦戰。

此時希特勒又組織一個非洲軍團 (Afrikakorps)，在隆美爾（Rommel，1891–1944 年）指揮下，援助在北非與英軍作戰的義大利軍隊。這個軍團起初也進展迅速，但同樣受到裝備給養的限制，逐漸陷入困境。

直到 1941 年 7 月為止，美國一直沒有對參戰與否作出最後決定，德國外交部也希望對美國保持和平的關係，不願意見到美國捲入戰局。但日、德合作關係的加強，使美國態度逐漸改變，日本計畫向東南亞擴張，也一定會引起英、日的衝突。1941 年底，日本突襲珍珠港，迫使美國對日宣戰。希特勒立刻引用日德同盟的精神，對美宣戰。原本德國海軍擔心第一次世界大戰歷史重演，奉令不准攻擊美國船隻，此時也開始將美國船隻視為敵艦，歐洲戰事的規模隨之擴大。

三、「生存空間」與種族理念

1925 年，希特勒在《我的奮鬥》一書中，就對所謂的「生存空間」提出他的看法。他當時就不以重新奪回〈凡爾賽和約〉中的失地為滿足，而是以烏克蘭為主要目標。1933 年 2 月 3 日，就

在他就任帝國首相之同時，他已經明白表示：「我們不能以但澤市為滿足，我們要將生存空間擴充到東方去。」要擴張德意志民族的生存空間就必須要以武力作為後盾，上面提及的四年計畫以及「重整軍備」均是針對這個目標的努力。1938 年以後，他開始將理想化為實際行動，先後占領波蘭、烏克蘭及進攻俄國，都是環繞在「生存空間」的目標之下。但是希特勒所爭取的生存空間並非無人居住的不毛之地，東歐長久以來就有許多辛勤的民族在那裡建立家園。但希特勒的占領軍一到，許多東歐人民便被迫遷徙，例如當希特勒併吞捷克等地之後，立刻強迫當地的非日耳曼族群遷徙，移入大批的日耳曼人，以達到他宣稱的「生存空間」之政治理念。

原先居住在此的猶太人更為悲慘，所有猶太人先是被迫帶著有猶太標誌（六角的星型符號，即所謂的「大衛之星」）的臂章，然後被關進集中營 (Konzentrationslager) 中，甚至送進勞動營中，成為奴工，最後被大量屠殺。

圖 32 ： 大衛之星　大衛之星一直是猶太人的守護物，但二次大戰時反而成為納粹迫害猶太人的象徵，當時猶太人都必須佩帶，作為種族的識別標誌。

　　大體而言,世人對希特勒極右派的法西斯政權主要詬病之點,是他所奉行的種族政策。對希特勒來說,人不完全是一個獨立存在的個體,而是工作的機器、統計的數字或國家政策的工具。他認為世界上最優秀的民族是亞利安人,典型的亞利安人應是身材高大、金髮碧眼。他本人不能符合上述亞利安人的基本條件,以當時情況看,大約只有北歐的丹麥及瑞典等國之人民合乎他的理想。因此積極推行亞利安計畫,在占領丹麥之後,鼓勵士兵與當地女子生育,所生下的子女則送回德國,統一撫育。

　　在宣揚亞利安人種優秀的同時,在《我的奮鬥》一書中,他也明白表示了對猶太人極端憎惡的態度。1933 年希特勒執政之後,立即交付其宣傳部長戈培爾斯 (Goebbels,1897–1945 年) 一項重要的政治任務──發動反猶宣傳。首先,在戈培爾斯的策劃之下,就任兩個月後,就在柏林及幾個重要的大學城展開一場「焚書」的活動,將一些不屬於「德意志」的作者如佛洛依德 (S. Freud,1856–1939 年)、馬克思等重要作家的書籍加以焚毀。隨即在德意志帝國境內針對猶太商店、醫院、律師等展開大規模的杯葛行動。4 月 7 日又通過〈公務服務法〉(Berufsbeamtentum),規定非亞利安裔者不得擔任公職。各地同時開始有「清掃」運動,只是這項運動有其實際困難。以著名哲學家海德格 (Martin Heidegger,1889–1976 年) 為例,他當時擔任弗萊堡 (Freiburg) 大學校長,奉命「清掃」所有猶太裔教授時,發現有不可行之處,大學醫學院如果將猶太裔教授解聘,則有立刻關門之虞。儘管如此,希特勒的反猶活動仍是持續進行,1935 年又通過了著名的

〈紐倫堡法條〉(*Nürnberger Gesetze*) 規定非具有亞利安血統，不得享有政治等各種公民權利，族群間的通婚也在禁止之列。

1938 年時，希特勒又將許多自波蘭進入德國的猶太人遣送回波蘭，引起一名年輕波裔猶太人的憤怒，而於 10 月底在巴黎槍殺了德國駐法國大使哈特（Ernst von Rath，1909–1938 年）。諷刺的是哈特本人也是對希特勒政權相當不滿的正義之士，而這件事又被戈培爾斯作為迫害猶太人的藉口，在 11 月 9 日夜裡發動了「水晶之夜」(Kristallnacht) 的行動，各地的猶太教堂、猶太人的居所或所開設的商店均遭到無情的破壞，損失至為慘重。稍後，許多猶太人遭到逮捕，送進集中營。

「集中營」並非專門為猶太人設計，也非德國人所發明，但在「解決」所謂的「猶太問題」上，卻發揮了最大的作用。德國境內最早的一所「集中營」，是 1933 年在慕尼黑附近的大豪 (Dachau) 集中營。希特勒所布置的集中營中的第一批「居民」以共黨分子等政治上的異議人士為主，稍後也包括了許多的宗教異端、吉普賽人、波蘭人、「同性戀者」、「不道德者」及猶太人。1938 年以後，因為大量猶太人遭到迫害，原有的集中營已經不敷使用，希特勒開始大量興建集中營。到第二次大戰結束之際，一共有二十二個集中營（其中共有一百六十五個勞動營區），其中最著名、容量最大的要算是位於波蘭的奧徐維茲 (Auschwitz) 集中營，可以容納三十萬人。

集中營並不完全羈押猶太人，一般而言，德裔的人數占 5% 到 10%。由於長期勞動、營養不良、疾病傳染及疲勞轟炸，集中

營中的死亡率甚高。一般估計，集中營中曾經囚禁過七百二十萬人，能活著走出集中營者，大約只有五十萬人左右。單是奧徐維茲一地，估計就有三百萬人喪生。

至於一般平民的生活，並不比集中營裡好多少，物資短缺的狀況愈來愈嚴重。德國原本缺乏糧食，〈凡爾賽和約〉中又喪失許多農業區及工業區，糧食及鋼鐵原料都必須自國外進口，才能滿足其需求，但此時的德國缺乏外匯，因此以貨易貨的方式成為常態，例如德國大量自中國進口黃豆、礦砂及桐油等物資，自俄國進口穀物及粗鋼等。但這類貿易必須在承平的時候才有可能。戰爭一開始，所有進口糧食的來源斷絕，而德國本土之生產又因勞力短缺，肥料不足，又必須供給軍用，人民食物自然嚴重短缺。根據當時人民的描述，物資艱困到人民許久未曾飽食，根本無營養可言。集中營中的人犯只有摘蕁麻葉及蒲公英葉等野菜維生。

鉅額的戰債賠償在經濟不景氣之際，造成很大的負擔，失業人口急劇增加。在採行大規模的公共建設之後，雖然失業人口數字降低，但實際生活並未改善。1935 年恢復徵兵之後，許多婦女及青少年必須接替原有的工作。除了田間開墾以及建造公路等既有的勞動服務外，還要接受一些基本軍事訓練。到了戰爭末期，十多歲的少年也要應召入伍，擔負一般的戰鬥任務，婦女便完全負擔起男性原來的工作，從清掃街道一直到裝配戰車。1943 年以後，聯軍開始轟炸德境，人們奮力地從炸毀的房舍中搶救一些尚屬完整的家具器皿，也都暫時露天存放在街頭，加上死於空襲的屍體，成為日常即景。

戰爭也使民生物資的供應降到最低水準，戰爭開始之時，已經採取配給制度，所有民生物資全部管制。到了戰爭末期，糧食分配已經毫無意義，因為根本就沒有物資可供配給。燃料也嚴重缺乏，人民只有在寒冬之中抖瑟。

四、迫害異己

希特勒不僅對非亞利安人種採取各種迫害手段，對許多反對他的德裔人民，同樣採取各種手段加以排擠或迫害。希特勒對共產黨、社會民主黨分子極端厭惡，對同性戀者及殘障人士也視如寇讎。他經常指一些政治上的對手為「同性戀」，發動輿論攻擊，或者將之逮捕下獄。希特勒早期最重要戰友之一倫姆 （Röhm，1887–1934 年）在 1934 年被他鬥下臺來，並且祕密處死。當年 7 月，希特勒在帝國議會演講時，就公開指責倫姆及其他同犯「有同性戀傾向」。

共產黨人是第三帝國境內另一群命運悲慘的人類。德國境內的共黨活動開始得甚早，共產主義的開山祖師馬克思及恩格斯兩人均為德人。第一次世界大戰之後，德境內各種政治理論紛陳，左翼及極右活動也十分活躍。1919 年時，就發生了著名的共黨分子羅莎盧森堡 （Rosa Luxemburg，1871–1919 年）被極右派分子刺殺的政治事件。希特勒對共產主義更視為洪水猛獸，必欲除之而後快，因此在執政之後，開始大肆鎮壓共黨分子，因而有「帝國議會失火事件」的發生。

第四節　德國內部的反抗

　　儘管希特勒執政之後，利用各種宣傳手段，並發動大規模的群眾運動，宣揚其法西斯理念，但仍有許多反對者進行反抗運動。這些異議活動包括不同的人群，出於不同的想法，但都對納粹統治有許多意見。在初起之時，因為希特勒的對外政策及軍事行動都有相當成效，聲望甚高，所以反抗活動無法獲得足夠的支持，但 1941 年以後，隨著戰事的不利，民眾漸漸發現希特勒帶來的災難，抗議活動因而漸趨於積極。

　　最早受到希特勒迫害的是共產黨員，柏林帝國議會大火事件發生之後，希特勒就下令逮捕共黨分子，他們被迫走入地下，並與蘇聯積極聯繫，「蓋世太保」（Gestapo，國家祕密警察）曾大舉破獲一個代號叫「紅教堂」(Rote Kapelle) 的共黨祕密組織。除了共黨分子外，社會主義者也同樣受到蓋世太保的追捕。這些反對希特勒的組織散布在各個社會階層，並由曾任萊比錫市長的葛德樂（C. F. Goerdeler，1884–1945 年）為精神領導。

　　第二種遭到嚴重迫害的族群為猶太人，他們先是遭到剝奪民權，後來被集中到「集中營」中，除了強制勞動外，也遭到大量屠殺。許多猶太人及共黨分子潛入地下，需要仰賴同情者的掩護，才能逃避追捕。

　　在軍隊之中也有許多反對希特勒獨裁的軍官，他們也以曾任參謀本部部長的貝克將軍（L. Beck，1880–1944 年）為領袖祕密

活動。許多學生也有一些組織，鼓吹民權，在 1941 年以後，這些活動漸趨於積極，例如慕尼黑的大學生蕭爾 (Scholl) 兄妹發展的「白玫瑰」(Weiße Rose) 組織，用散發傳單等手段來反抗希特勒政權。在蓋世太保的鎮壓之下，異議活動分子經常遭到逮捕，送到一個特設的人民法庭 (Volksgerichtshof) 審判後，多被送入集中營長期監禁或遭處死。這些反對希特勒極權統治者一直要等到第三帝國敗象已露時，才開始受到正視。

1944 年 2 月，德國北非戰場失利後，希特勒將隆美爾調至法國，希望他能控制法國戰場並防止英國自海上進攻。但此時德軍已經到了強弩之末的地步，諾曼第登陸之後，他一直在前線督戰而被英國空軍的機槍打成重傷，返回柏林治療。受傷之前，他曾寫信給希特勒，表示諾曼第前線的情況嚴重，並且舉實證說明。

實際上，德國敗象早在 1943 年初已經顯露，西方列強也早在當年 1 月在卡薩布蘭加 (Casablanca) 會面並決議，戰爭必須持續到德國無條件投降為止，而戈培爾斯仍然鼓動德意志人民準備進行一場總體戰 (Totaler Krieg)。到了情勢極端危急之際，希特勒仍然沒有絲毫的悔禍之心，反而加緊箝制思想。此時軍方深深了解必無倖免之理，唯一可作的是早日投降以避免不必要而無謂的損失，故而開始與聯軍接觸，希望在戰後能得到較為人道的處理。但是與聯軍洽商的基本條件是要除去希特勒，而希特勒平時又深居簡出，要除掉希特勒的唯一可能只有自軍中著手。包括參謀本部指揮官在內的一批德軍高級軍官，因而開始籌劃刺殺希特勒的行動。這項刺殺行動終於在 1944 年 7 月發動。德軍北非軍團的一

位史陶芬堡上校（von Stauffenberg，1907−1944 年）在負傷之後，調回參謀本部任職，由於他曾目睹希特勒的黨衛軍 (SS)❺屠殺婦孺，因而對希特勒政權充滿厭惡。他是所有反對希特勒的祕密組織中唯一有機會接近希特勒的人，因而負起刺殺希特勒的任務。7 月 20 日，當希特勒召開軍事會議時，他在公文箱中裝置定時炸彈，其他各地的軍官也計畫配合行動，只等希特勒一死，立刻要接管軍隊。但刺殺行動功虧一簣。雖然炸彈如期爆炸，但威力不足，希特勒只有受到輕傷，並且立刻控制局面，隨即展開逮捕行動，史陶芬堡與其他三名軍官當晚就被槍斃。黨衛軍開始大肆搜捕，甚至連家屬也不能倖免，約有兩百人受到株連。隆美爾在此次行動中所扮演的角色並不清楚，但希特勒認定他不能脫離干係，卻又擔心如果對他不利，對軍心會造成很大影響，乃決定以強迫他服毒的方式，祕密處死。所有反希特勒的祕密組織，再一次受到嚴重打擊。從此之後，希特勒更是行蹤隱密，生怕類似事件重演。

第五節　德國無條件投降

1942 年夏季起，德軍對俄國進行一番新的攻勢，但並無效果，而冬天漸至，使德軍又限於困境，傷亡慘重，對德國的民心

---

❺ Schutzstaffel (SS) 為國社黨的私有武力，稱為黨衛軍。1934 年成立，1945 年解散。獨立運作，與國防軍不相屬。

士氣打擊甚大。宣傳部長戈培爾斯發動一波「總體戰」的宣傳攻勢。而英、美等國的代表也在 1943 年春天會於卡薩布蘭加，宣布要對德作戰到德軍無條件投降為止。1943 年以後，戰事已經明顯對德軍不利。

戰爭末期，當希特勒知道大勢已無可挽回時，他的精神狀態已經近乎錯亂。1945 年 3 月，希特勒下令，在敵人進逼時，將所有資源及工業設備、公路、鐵路及橋梁等所有交通及電訊網路全部加以破壞，以免落入敵人之手。雖然這項代號為「焚毀的地球」的亂命，並未為軍方所接受，但是希特勒所留下的殘局，已經與燒成灰燼的地球相去無幾。

第二次世界大戰末期，當聯軍漸能掌握對德作戰優勢之際，開始對德國進行大規模的空襲行動。1945 年雅爾達會議之後，英軍突然加緊其攻勢，對德國開始進行大規模的轟炸行動，以東部的歷史名城德勒斯登為例，在英國的燒夷彈的肆虐之下，兩天之中，德勒斯登全城幾乎被夷為平地。根據德國事後的統計，原有居民六十萬人的德勒斯登，戰爭末期曾湧入了一百萬逃避俄軍攻擊的難民，空襲中約有十分之一喪生。黑森林邊的大學及觀光城弗萊堡，全城百分之七十的建築毀於戰火，萊茵河畔的古城科隆也歷經浩劫，但與德勒斯登相較，仍屬幸運。希特勒所下的「焦土」之令，實在與事實相去不遠。德勒斯登城中一座 1726 年所建的教堂以及柏林市中心一座教堂，至今仍留著轟炸後的原樣，無非在警告世人戰爭的慘烈。

但是希特勒毫無悔禍之心，1945 年 4 月 29 日他仍然發布一

圖 33：德國無條件投降

篇〈政治遺囑〉(*Politisches Testament*)，認為具有猶太血統或為猶太利益而工作的政客們要負起發動戰爭的責任，並責怪其長期的戰友戈林等人將其出賣，而希特勒自身毫無責任可言。這種說法，與他在 1918 年開始介入政治時毫無二致。但他也知道無法面對戰後的許多問題，因此選擇於 4 月 30 日與長期同居的女友結婚，然後一起自殺。死前，他指定海軍上將多尼茲（Dönitz，1891–1980 年）擔任總統及軍事最高指揮官。事實上，此時德國已經無力再戰，在義大利的德軍已經於 4 月底投降，5 月 2 日，柏林向俄軍投降，此後幾天，西部、南部各地區也紛紛投降，到 5 月 7 日，德意志帝國的代表向美軍指揮官艾森豪（Eisenhower，1890–1969

年）簽下降書，但史達林要求 5 月 8 日在帝國首都重新簽字，所
以訂 5 月 8 日為德國投降紀念日。

　　原在 1944 年 11 月時，美、英、俄三國代表已經商議成立一
個「歐洲諮詢委員會」(Europaische Beratende Komission)，稍後法
國也加入這個委員會，成為日後四強「管制委員會」(Kontrollrat)
的基礎。德國投降之後，全境處於占領狀態，列強必須於最短期
間內協商如何處理戰後德國的問題，1945 年 8 月的波茨坦會議之
後，才有一個比較清楚的輪廓。

第 III 篇

新國家的發展

第十章 | *Chapter 10*

戰後德國

　　1945 年 5 月 8 日，德國無條件投降，英、美與蘇聯率領的聯軍占領全德，結束歐洲大陸六年的戰事。7 月 17 日起，反希特勒同盟的「三巨頭」召開會議，但由於政治形勢推移，原本協同一致的情況已不復見。早在 4 月間，美國羅斯福總統去世，由杜魯門（Harry S. Truman，1884–1972 年）繼任；倫敦的國會則在波茨坦會議進行中改選，執政黨失利，工黨組閣，新任首相艾德禮（Clement Attlee，1883–1967 年）在會議接近尾聲時取代邱吉爾（Winston Churchill，1874–1945 年）。英美兩國領袖一時間無法進入情況，史達林得以上下其手，遂其私願。俄國在戰後已經實際上占領部分波蘭土地，而將奧得—耐塞河 (Oder-Neisse) 割給波蘭，作為補償。英、美對此雖有意見，但因步調不一致，史達林得以堅持此議。1945 年 8 月 2 日的〈波茨坦協定〉中，各國承認了這個新的邊界，同時決議將這個地區的德裔居民「移出」(Überführen) 該地區。受到波及的，還包括匈牙利、捷克、斯洛伐克等地的德裔居民。整個「移出」行動中，約有一千二百萬人

被迫遠離家園，其中約三分之二的人員進入日後「西德」地區，雖然成為日後建設的重要資源，但在移動的過程中，許多人家離散，二百萬左右的人死於各種疾病及隨遷徙所衍生的各種因素。

此後數年之間，英、美、法、俄將德國分成四個占領區，分別占領，並控制各該區的最高政治權力。德國首都也同樣為四強分成四區，各自管理。德人不僅國家遭到瓜分，喪失主權，對未來也茫然無知，許多史家因此稱 1945 年以後的此段時間為零點 (Stunde Null)。當然，也有人視這一刻為解放時刻 (Stunde der Befreiung)，納粹政權解體，集中營的倖存者重獲新生。

隨著冷戰的發展，德國被分成兩個部分，西邊的德意志聯邦共和國（Bundesrepublik Deutschland，簡稱西德，BRD）在英美集團的羽翼下重建，東邊的德意志民主共和國 （Deutsche Demokratische Republik，簡稱東德，DDR）則在蘇聯的主導下成為華沙公約組織的重要成員，雙方經過一段時期的各自發展之後，在 1970 年代初期開始討論如何正常往來，到了 1990 年，隨著蘇聯的改革開放乃至解體，東西兩個德國在意外之中建構了一個新的政治體系，完成統一。

第一節　德意志帝國瓦解

一、〈波茨坦協定〉

1945 年 7 月，美、英、俄三國領袖集會於柏林市附近的波茨

坦，商討有關處理戰後德國的相關事宜，史達林企圖占領俄、波邊界以西的波蘭領土，故欲將奧得－耐塞河一線以東的德國領土割讓給波蘭。美、英兩國起先並不同意，但為解決太平洋戰事，亟需俄國合作，終於同意。三強於 8 月初簽訂〈波茨坦協定〉，除了規範領土割讓，也同意俄國與波蘭之要求，將該區之德裔居民遷出，造成數百萬人之大遷徙。協定中另外規範處置戰敗德國的重要內容，包括：

1. 解除德國之武裝，解散所有武裝團體、軍官或士兵之組織、民團或一次大戰後之私人軍事組織。
2. 停止德國境內一切與軍事有關之工業生產活動。
3. 解散國社黨及其所屬之相關外圍組織；取消所有國社黨成立之官方或半官方機構。
4. 改組教育及法院組織，使其符合民主精神。
5. 取消納粹時期制訂，有違和平之法律、規章。
6. 改變德國政府組織及形式，以聯邦分權之政治型態為主，重建地方政府，並成立各種符合民主制度之政黨。
7. 審判戰犯。

　　在協定中另有一項重要的原則：保持德意志地區經濟事務之統一與完整，以便於戰後重建。但由於列強的爭執，戰後不久就造成分區占領的事實，這項決議，並未能付諸實行。

　　原本在 1944 年 11 月，英、美、俄等三國就戰後善後問題進行磋商時，已經對「德國控制問題」達成共識，要成立「管制委員會」，作為聯軍的指揮中心，並在英國的堅持下，將法國納入這

個委員會之中。當時的設計是：戰事結束之後，四國在德意志戰場的最高指揮官共同指揮及處理戰後德國的所有政治、經濟及社會等事務。到 1945 年 8 月 30 日聯軍「管制委員會」正式成立時，已經將前面所述的「管制委員會」功能修訂為：「各占領國之政治權力限於各該占領區內，有關全體德意志之事務則由管制委員會共議」，所以委員會之成員並兼具軍事總督的身分。由於規定管制委員會所有事項需經全體成員一致通過後方能實施❶，因而衍生出許多枝節。例如波茨坦會議中原本決議在管制委員會之下成立一德意志準中央層級的行政組織，但因法國之反對而作罷。聯軍希望能維持德國經濟事務的統一，也因此受到阻撓。

二、從分區占領到組織「西德」政府

波茨坦會議中，列強雖然決議將德意志帝國分區占領，但並無將德國分裂之企圖，只是基於現況，便於重建，並計畫組織一個全國性經濟事務的主管機構。但大戰結束之後，發生兩個較重大的變數。首先是英、美等西方集團與俄國產生歧見，俄國對資本主義的擴張相當有戒心，因而企圖在其周邊扶植一些親俄政權，英美集團則稱之為「鐵幕」❷。雙方開始在土耳其、希臘等事務上，發生齟齬，故在處理德意志帝國善後問題時，也互不信任。

---

❶　為求議事順暢，管制委員會下設一協調委員會 (Koordinierungsausschuss) 及一參謀處 (Kontrollstab)。

❷　1946 年 3 月，英國卸任首相邱吉爾在美國發表演講，提出「鐵幕下垂」的說法。

其次是法國態度漸趨強硬，法國遭德國入侵，積怨已深，但由於缺乏實力，在國際事務上並無發言之權。戰爭末期，英國眼見美、俄兩國逐漸掌控全局，因此希望讓法國加入歐洲事務，以便互為聲援。法國遂得參與波茨坦會議，成為戰勝國四強。法國對強大而統一的德國，心存疑懼，因而杯葛重建德國的計畫。在這樣的國際氣氛下，列強計畫重建德國時，意見分歧而各行其是。

缺乏中央級行政組織，造成許多事務協調的不便。例如 1945 年冬季調節及運補民生物資的過程中，就因為步調不一，造成民生極大的困窘。美國政府因此希望能在其他三區（法、英、俄）建立一個中央組織，各方經過多次協調，但總因俄國不願配合而作罷。在此同時，俄國積極執行工業設備拆遷計畫 (Demontage)，將德國境內的工業設備拆遷到俄國境內。英、美兩國認為此舉將嚴重威脅日後的國際平衡，因此希望先將其占領區作一整合工作，以便維持德國經濟產能，作為日後與共產社會競爭時的儲備力量。1946 年 9 月，美國外交部長伯恩司（James F. Byrnes，1882–1972 年）在斯圖加特發表演說，表明美國與英國的對德政策將有重大改變，希望盡快將德國建立成「非共產國家」。1947 年，英美兩國占領區合併，成為一個「雙區」(Bizone)❸，授予區內各邦地方自治權，由「經濟事務委員會」(Wirtschaftsrat) 選舉行政首長，組織糧食與農業經濟、交通、經濟、財政、電信及勞工六個重要部門。在雙區的架構中，並有兩個重要的議會：其一為參議會

---

❸　雙區中約有人口三千九百萬人。

(Länderrat)，由八邦各推舉二名議員組成，類似美國之參議院；另由各邦議會共推舉一百零四名議員，組織眾議會(Länderparlament)，與美國之眾議院功能類似。法國原本對此甚有意見，但美國國務卿馬歇爾（George C. Marshall，1880–1959 年）以經濟復興計畫為條件，換取法國合作，因此法國除了不再反對德國經濟統一，也同意將法國占領區與雙區合併。

不過馬歇爾計畫卻引起俄國領導人的疑慮。俄國外長莫洛托夫（Molotow，1890–1986 年）禁止其勢力範圍內任何國家接受此計畫，並另成立一「莫洛托夫計畫」，仿效馬歇爾計畫，加強東歐各國之經濟事務合作，東西陣營隱隱有對立的跡象。

1948 年 2 月，英、美、俄三國先與比利時、法國、盧森堡在倫敦召開會議，希望先就德意志西部地區與西歐經濟整合、德意志制訂憲法及國際共管魯爾區等議題協商，但俄國不願繼續討論。英、美另外主張發行統一的德意志貨幣，改善黑市猖獗、經濟秩序紊亂的情況。但由於新幣制亦在柏林的英、美占領區中發行，引起俄國強大的反對，1948 年 6 月，俄國下令封鎖西柏林對外的交通❹，是為「柏林封鎖」(Berlin-Blockade)。英美為表達其決心，以飛機運補西柏林民生物資，稱為「空中橋梁」(Luftbrücke)，時間長達一年。1948 年 7 月，西部占領區也已經由地方議會組成一議會 (Parlamentarischer Rat)，以制訂具有憲法位

---

❹ 柏林位於俄國占領區內，亦分為四區占領，美英兩國實施的新幣制，亦在其占領區內發行。

圖 34：柏林遭到封鎖後，許多物資仰賴空運　圖為 1948 年 7 月德國
幼童高興地對突破封鎖運送食物到柏林的美軍飛機招手。

階依據的〈基本法〉(*Grundgesetz*)。在此期間，英、美並與法國
達成協議，於 1949 年 4 月，合併其占領區為「三區」(Trizone)。
5 月 8 日，《德意志聯邦共和國基本法》在德意志帝國無條件投降
四週年紀念日當天公布，等於宣布成立一個新的國家。8 月間，
選舉國會議員，組織中央政府，基督教民主黨（簡稱基民黨，
CDU）籍的艾德諾（Konrad Adenauer，1876–1967 年）獲得授權
組閣，並以自由民主黨（簡稱自民黨，FDP）的侯易士（Theodor
Heuss，1864–1963 年）為新共和國的第一任總統。

　　西區與英、美等國家合作之際，俄國也對其控制的占領區作
較積極的安排，先於 1946 年將德意志共產黨 (KPD) 與社會民主

黨 (SPD) 合併成德意志社會統一黨 (SED)，於 1949 年公布憲法，
1949 年 10 月舉行選舉，成立「德意志民主共和國」，是為東德。
俄國將其勢力範圍內各國緊密結合成東歐集團，與英、美集團對
抗，冷戰的態勢形成，德國正處於集團的分界點上，東、西德屬
於兩個不同陣營，德國分裂之勢既成。

三、審判戰犯與剷除納粹

　　1943 年 11 月間，英、美、俄三國在莫斯科協商世局時，已
經決議在戰事結束之後，要嚴懲危害世界和平的首惡分子。三國
於 1945 年 8 月波茨坦會議中，對此議題再加確認，並於 8 月 8 日
公布〈軸心國主要戰犯追緝協定〉，追緝的主要對象為：參與並制
訂破壞和平者、執行破壞和平者、違反國際戰爭協定者及違反國
際共通認定之人道原則者。根據這幾個原則，遭到起訴者包括國
社黨、國家祕密警察等相關機構的重要行政官員以及軍事指揮官。
　　1936 年時，國社黨曾經在紐倫堡召開非常盛大的全國黨大
會，所以聯軍特地選定該地為審判戰犯的地點，由四強指定法官，
組成「國際軍事法庭」，開始為期長達一年的審判工作。三個最重
要的戰犯：希特勒、戈培爾斯以及希姆勒（Heinrich Himmler，
1900–1945 年）已經在戰爭末期自殺，免於追訴。其他重要戰犯
則有二十二人率先自 1945 年 11 月起於紐倫堡遭到法院起訴，
1946 年 10 月，十二名戰犯被宣判死刑，其中戈林已在獄中自殺
身亡，其餘包括前外交部長、內政部長、國防軍指揮官等官員在
內的十名戰犯則處以絞刑，七名戰犯處以十年有期徒刑到無期徒

刑的刑罰。另有三人則以罪證不足而開釋。這些戰犯監禁於柏林的史班道 (Spandau)，由四強負責監管。戰犯的審判資料也陸續出版，將希特勒企圖擴張「生存空間」的野心，揭露於世人面前。

　　戰後四強的另一項重要工作是除去納粹的影響，尤其要除去在各行政部門中的納粹分子。由於牽涉到地方的行政工作，所以由分區占領的列強在其境內實施，各地狀況不一。俄國對此事最為積極認真，重組其占領區中的經濟及社會制度，並配合其政治理念，實施土地改革，推廣國營企業，取消貴族等階級。

　　美國則將占領區中與納粹活動有關的分子根據首從，加以分類，並處以不同的處罰，或監禁，或剝奪部分公權，或課以罰金。由於施行之際並未能審得詳情，且諸多證據並未彰顯，頗有冤屈情節或仍逍遙法外者，引起許多德人不滿。1948 年，國際局勢轉變之際，美國改變其政策，終止清除納粹的行動，許多因情節重大、複雜案件而仍在處理中的人因而逃過一劫，更引起部分遭判決確定者的批評，認為是「竊鉤者誅」的作法。英、法國對其占領區內追訴納粹的作法較為保守，主要對象限於行政官員，民眾反感較小。1949 年以後也隨著美國腳步，停止追訴工作。

第二節　1949 到 1972 年間的發展

一、德意志聯邦共和國與德意志民主共和國

　　1949 年以後，東西兩大陣營開始長期的對抗，到 1970 年代，

才有和緩的跡象。這一段期間內,東西兩德各自發展,西德從戰敗的廢墟中逐漸重建經濟,並加強與西歐各國合作,積極推動「西向整合」(Westintegration),希望先獲得國際社會的認可,再談統一問題。東德則加強與華沙公約組織的聯繫,成為東歐集團中的重要成員,並自認為已是一個主權獨立國家,也希望能獲得國際社會的認可。

西德在 1949 年選出新國會, 由艾德諾擔任總理, 一直到 1961 年間,西德的政治發展,均由艾德諾主導。他的主要貢獻在於穩定了戰後的局面,發展經濟,奠定民主體制,將西德建設成西方世界的盟友, 也成為世界體系中重要的一員, 史家因此稱 1949 到 1961 年間為「艾德諾時代」(Adenauerzeit)❺。

「德意志聯邦共和國」的名稱已說明西德的基本政治型態,三個占領區包含了十個邦,由三國占領的柏林市區也合併為西柏林,雖納入西德國家體系中,但因各種條件限制,具有較特殊的地位。西德地區公民可以選出其地方及中央代議機構的議員;地方議會中再選出兩名 「聯邦參議會」 議員❻, 聯邦國會 (Bundestag) 議員分為直選議員及政黨代表❼。聯邦議會之議員選

---

❺ 艾德諾雖然擔任總理到 1963 年為止,但 1961 年以後的政治局勢丕變,非艾德諾一個人可以主導。

❻ 聯邦參議會約等於美國政治體制中之參議院,由各邦選出議員。每邦至少有三名參議員,人口較多之邦可選出較多之議員席次。柏林地區亦有席次,但投票時僅有「參考」功能,不計入實際票數。

❼ 西德採取比例代表制,公民投票時,一票選出直接民選議員,一票選

舉總理，總理再向總統❽推薦內閣（各部首長）名單，由總統任命。各邦行政首長 (Ministerpräsident) 亦由總統任命各地方議會之多數黨指定之人選出任。

西德地區法律制訂需經國會及聯邦參議會通過後才可發布實施。1951 年，另成立聯邦憲法法庭 (Verfassungsgericht)，解決憲法及聯邦之間的法律問題。

東德地區亦於 1949 年公布憲法，組成政府，理論上由五百名政黨代表❾組成人民大會 (Volkskammer)，再由其組織政府及選舉國家元首，但共產制度中的「以黨領政」同樣在東德運作，由政黨選出的一百三十五名中央委員組成一「中央委員會」，再選出政治局成員、總書記以及書記，負有實際政治功能。1950 年成立的國家安全部，更是控制整個社會的主導機關。

二、從魯爾管制局到礦冶聯盟 (Montanunion)❿

十九世紀以前，法國是德國國家安全的重大威脅，但 1870 年以後，狀況改變，法國對強大的德國一直心存疑懼，因而不希望

政黨，各政黨依其得票多寡，分配政黨代表席次，唯未獲 5% 之政黨，不得分配政黨代表，所謂「門檻限制」，旨在避免二次大戰以前小黨林立造成政治不穩定的狀態。

❽ 另有一聯邦大會 (Bundesversammlung)，由各邦推選代表出席，選舉聯邦總統。

❾ 其中包括六十六名東柏林市之代表。

❿ Montan 為拉丁文，指與礦業、玻璃業有關之事。

德國統一或擁有強大的工業。法國雖因欲獲得馬歇爾計畫支持而
同意將其占領區併入雙區，但又主張國際共管德國工業的心臟地
帶——魯爾工業區。1948 年的倫敦六強會議中，法國已經主張各
國共管魯爾區。1949 年，正式由比、荷、盧、英、美、法共同成
立「管制局」(Kontrollbehörde)，魯爾雖仍為西德領土，但其經濟
事務由列強共管。西德境內，頓時分裂成正反兩種意見，艾德諾
主張加入管制局，以便與列強和解。稍後，法國外長舒曼
（Robert Schuman，1886–1963 年）回應艾德諾之善意，乃提議效
法第一次大戰之前魯爾區與洛林區互補的作法，由德、法兩國共
同經營煤鐵生產。舒曼計畫以煤鋼為基礎，促成西歐地區進一步
的經濟合作，甚至建立一邦聯式組織。此計畫很快獲得回應，
1950 年，比、荷、盧、義、法及德國的代表積極商討成立一「歐
洲煤鋼組織」(Europäische Gemeinschaft für Kohle und Stahl)，即
是「礦冶聯盟」，成為歐洲共同市場的先驅。

　　早在 1949 年，美國與英國就集合了加拿大與西歐地區的部分
國家如：比、荷、盧、丹麥、挪威、冰島，簽訂一項〈北大西洋
條約〉，同意軍事合作以保障其國家安全。1950 年爆發的韓戰，
英、美等西方國家認為共產的威脅愈來愈大，因此希望加強軍事
合作，以共同維護自身安全。1950 年底，英國與法國已經先後有
成立歐洲聯軍及統一軍事指揮的建議，由於西德的地理位置重要，
英、美、法三國乃於 1952 年與西德簽訂〈德國條約〉
(Deutschlandvertrag)❶，規定除了緊急狀況外，有條件終止在西
德的「占領狀態」，同意西德享有大部分主權，但西德必須提供盟

軍駐紮及必要協助。1955 年，西德加入北大西洋公約組織，且在大戰結束十週年前數日 （5 月 5 日） 宣布重新成為一個主權國家❷，得以重新建立軍隊，朝野均受到相當鼓舞。

俄國及東歐集團對此種發展自然不會袖手，因此在 1955 年成立了華沙公約組織，也企圖加強彼此間之軍事合作。東德於次年加入，並建立自己的軍隊。雙方對立愈來愈明顯之時，西德開始強化其為「唯一的德意志代表者」的主張，認為德意志帝國消滅後，只有德意志聯邦共和國是其法理上的唯一繼承人，世界各國只能承認一個德國——西德。1955 年，西德外長哈爾斯坦（Walter Hallstein，1901–1982 年）宣布，凡與西德建交，又與東德有外交關係者，西德政府必會與之斷交，並先後與南斯拉夫、葉門等國斷絕外交關係❸。

三、柏林問題

在西德努力重建國際地位之際，東德政權提出一項建立「準邦聯」的計畫，希望東西德間先有個過渡組織，然後討論兩德統一。此計畫顯然經過俄國的授意及支持，但西德政府根據東德提

---

❶　〈德國條約〉還有其他相關條約如〈軍隊條約〉(*Truppenvertrag*)、〈財務條約〉(*Finanzvertrag*) 等補充規定，將相關事務作清楚的規範。

❷　只是此時西德仍受到相關條約的限制。並未能享有完整的國家主權。

❸　根據哈爾斯坦原則，唯一的例外應是俄國，因俄國具有戰勝國之身分，故而成為「例外」。此原則一直到 1970 年以後，因簽訂〈東方條約〉(*Ostverträge*) 才廢止，參見下節。

議的內容，將此舉解讀為華沙公約組織計畫將西德抽離北大西洋公約組織，在美國之認可下，並未加以回應。1958 年，赫魯雪夫（Nikita Khrushchev，1894–1971 年）又將德國問題搬上檯面，並反對西方聯軍駐紮在西柏林，在一封通牒中，赫魯雪夫要求列強盡速商討「柏林問題」，希望將柏林市建設成自主的政治單位，成為一個自由的非軍事區。在此同時，東德已經開始檢查並經常沒收美軍在西德與西柏林市間的公路運輸。此事引起北大西洋公約組織的警覺，並計畫在必要時反制。雙方為避免衝突擴大，決定於 1959 年 6 月在瑞士日內瓦召開會議，討論相關事宜。在此同時，許多東德居民利用各種方式前往西柏林，並轉往西德其他地區。當柏林地位問題成為國際焦點時，許多東德人民加快其前往西柏林的腳步❶❹。為此，東德決定在西柏林外圍建立一道圍牆，以便控制其人民。西德政府與英美集團雖極力抗議，但終無效用。圍牆的建立，象徵東德政策的轉變，西德要如何因應，則反映在 1961 年的國會大選之上。

四、1960 年代的政局

1961 年，西德國會改選中基民黨不再像四年前一般獲得過半數的席次，必須與其他黨派組織聯合政府，基民黨乃與獲得 12% 席次的自民黨洽談。自民黨對艾德諾頗有微詞，且以為艾德諾年事已高❶❺，希望艾德諾能讓賢。雙方達成艾德諾於期中退職，由

---

❶❹　1949 到 1961 年間，共有二百六十八萬人離開東德，前往西德。

頗孚眾望的經濟部長艾爾哈特（Ludwig Erhard，1897–1977 年）
繼任的協議。

　　在艾德諾任職的最後期間，法國總統戴高樂（Charles de
Gaul，1890–1970 年）與美國總統甘迺迪（John F. Kennedy，
1917–1963 年）都前往訪問，肯定艾德諾與西方結盟的成就。
1963 年底，艾德諾辭職，由艾爾哈特繼任，但當時已有經濟衰退
的現象，德國財政緊縮，民間對政府開始發出怨言。1966 年的選
舉，三個主要政黨均未獲執政必須的半數，基民黨必須尋求結盟。
而社民黨認為自實施民主之後，社民黨尚未表現其執政的能力，
因此願意結盟，產生兩大黨執政，自民黨成為監督之在野黨的現
象，史稱「大聯合」時期。新政府組成後，基民黨的基欣格
（Kurt G. Kissinger，1904–1988 年）任總理，社民黨的布蘭德
（Willy Brandt，1913–1992 年）任副總理兼外長。

　　兩大黨執政，獲得國會 90% 席次的支持，優劣參半。許多有
利國計民生的法律順利通過，改善當時西德內政的許多問題，外
交政策則維持既有路線不變。倒是在審查法案之際，由於不需再
經過太多辯論，在野政黨並無監督功能，引起各界懷疑，各種媒
體或機構開始注意政府政策，形成另一種監督的力量，稱為「國
會外的反對組織」(APO)❻。

---

❺　艾德諾生於 1876 年，1961 年時已經八十五歲。1967 年去世，享壽九
　　十一歲。

❻　全稱是 Außerparlamentarische Opposition。

　　「國會外的反對組織」的形成有其時代意義，從監督國會法案的制訂開始，他們對許多社會議題都加以討論，這是德國經過長時間壓抑以後，民間討論時政最為熱烈的時候，將過去三十年以來的社會結構、權力分配重新檢視，下自個人家庭、婚姻制度，上至大學教育、議會組織等，都是議題。APO 引起人們對政治的興趣與注意，並對社會福利政策產生新的想法。1969 年，國會改選，社民黨獲得多數席次，並與自民黨組織聯合政府，長期執政的基民黨退而在野。

　　由於社民黨與自民黨的聯合政府僅控制勉強過半的席次，對許多內政議題，均採較為謹慎的態度，只有在兩德議題上有較大的改變，1970 年代的德國政治，就圍繞著兩德關係發展。

五、東德的地方行政組織

　　第二次世界大戰結束之後，德意志帝國首都柏林及其附近的五個邦為蘇聯占領區。當地原本主要政黨為德國共產黨及社民黨。但 1946 年，蘇聯強制兩黨合併為德意志社會統一黨，聽命於「蘇聯駐德軍事行政組織」（Sowjetische Militäradministration in Deutschland，簡稱 SMAD）。

　　當美國與蘇聯有關德國統一的形式與時程意見相左時，各自組織其控制區，以組建新德國。1949 年，蘇占區下的五個邦及東柏林組成「德意志民主共和國」（東德）。10 月 7 日，東德憲法正式生效，人民議會任命格羅特沃（Otto Grotewohl, 1894–1964 年）為總理 (Ministerpräsident)，組建政府。社會統一黨主席威廉·皮克

（Friedrich Wilhelm Pieck，1876–1960 年）為總統。法理上，東德政府應由部長聯席會議負責，但實際權力控制於統一社會黨政治局。當西德地區與西歐合作愈來愈深時，東德也與蘇聯更緊密，西德加入北約後，東德也隨即加入華沙公約組織 (Warschauer Pakt)。

　　1952 年，德意志民主共和國憲法公布不久之後，東德政府實施地方制度改革，將原本五個邦的體制解散，改成十四個行政區 (14 Verwaltungsbezirke)，1961 年再加上原本東柏林新建的柏林區。各邦議會的功能遭到剝奪之後，東德政府更容易貫徹其單一國會體制的主張；東德共黨更藉此排除異己，控制政局。而民主政黨如基民黨與德國自由民主黨 （Liberal-Demokratische Partei Deutschlands，簡稱 LDP／LDPD）也能獲利。社會統一黨則藉由中央集權體制，進一步的掌控政權，

1. 區的設計

　　東德設計各區的轄區時，多以經濟為著眼，希望將經濟生產單位集中放進同一個區中，以便管理與規劃。例如羅斯托克 (Rostock) 為一個濱海區，包含東德所轄的東海 (Ostsee) 區域。科特布斯 (Cottbus) 為煤產區，法蘭克福為鋼鐵產區，哈勒為化學工業區。東德也規劃了紡織區與鉀產區，但無法實現。東德的南部工業型態過於複雜，無法單獨成立專區。史威靈與新布蘭登堡為農業經濟區，但科特布斯、法蘭克福等區的農業也相當重要。除了經濟因素以外，軍事的考量也相當重要，波茨坦與西柏林相鄰，為邊界安全的第一考量，十四個區中，大約只有八個邦有邊界安全問題。在各區設計與命名及區行政中心位置的選擇過程中，東

德當局一直設法與過去的歷史劃清界限。例如新布蘭登堡、蘇爾 (Suhl) 等。

2.地方議會

區議會為東德議會政治組織的中間階層,當各邦解散後,區議會成為地方行政主體,並不同於邦議會,沒有實際的立法權,所以只是在地方層級執行中央的行政命令而已。

1990 年 7 月 20 日,兩德統一之際,東德人民議會 (Volkskammer) 通過〈邦建置法〉(*Ländereinführungsgesetz*),回復五邦體制,各邦應重新選舉,1990 年 10 月 14 日,各邦議會選舉,區議會停止運作。各邦於 10 月 3 日加入聯邦後,區政府正式解散。

3.行政區的領導

在十五個行政區中,各有區級的行政體系,最上層為區政府中的 「區領導」 (Bezirksleitung , 簡稱 BL), 並有一個祕書處 (Sekretariat)。區領導為選舉出來的榮譽職,區政府另有一套行政系統,但與區領導的關係不大,其成員多為共黨分子出任。尖端為第一書記,其下為第二書記與祕書處;管理宣傳、建設、經濟與知識、文化等方面的業務。區政府的領導實際上為社會統一黨的重要成員,掌控相當大的權力。

第三節　從和談到統一

一、1970 年代西德的「東方政策」之發展

　　1970 年代初期，世界局勢開始緩和，「冷戰」為「冷和」取代之後，美、俄兩國也在 1970 年初，開始進行相關的對話。美國總統尼克森（R. Nixon，1913–1994 年）與俄國外長葛羅米柯（A. Gromyko，1909–1989 年）已經同意針對政治孤島柏林的問題，展開雙邊乃至多邊的會談。1971 年達成的〈柏林協定〉，將柏林的地位及與西德的關係作進一步規範，說明列強已經有意改善西歐地區對峙的緊張關係。西德執政的基民黨也必須正視這樣的趨勢，採取較為低調的東歐政策。1972 年，西德國會改選，社民黨獲得較多席次，與自民黨組成新政府後，採取較為積極的「東歐政策」(Ostpolitik)❶⑦，先後與波蘭、捷克等四國簽訂有關承認邊界、加強交流等友好雙邊條約，對東西陣營的和談有相當貢獻。這幾項和平條約，總稱為〈東方條約〉，因為牽涉到國家的基本利益，如領土及基本國策，曾經引起西德朝野的激烈辯論。有些人從國家重建的角度出發，認為簽訂〈東方條約〉之後，就不可能恢復 1937 年狀態的德意志帝國；也有人認為，必須先締造歐洲和

---

❶⑦　此名詞原為「東方政策」之意，但逐漸成為一個專有名詞，指的是對東歐各國的政策。

平，德意志人民才有可能繼續發展。儘管辯論激烈，但西德政府
對推動雙方和解的意志並未動搖。1972 年底，東西德雙方簽訂了
〈基礎條約〉（*Grundlagenvertrag*）。兩德簽訂和平條約之後，在
美、俄等國的支持之下，1973 年同時加入聯合國，成為國際社會
中的正式成員。

　　西歐地區的整合已經逐漸成形，原先由西德與法國、義大利
及比、荷、盧等六國組成的共同市場成效良好，引起其他國家的
興趣，1973 年，英國、愛爾蘭及丹麥也加入此共同市場。各國甚
至同意回應華沙公約組織的呼籲，召開「歐洲安全會議」，以解決
冷戰以後的相關國際議題。早在 1967 年，華沙公約組織已經提出
呼籲，希望所有的歐洲國家共同召開會議，商討各國間如何維持
和平。北約組織雖然評估過此種會議的可行性與成效，但終究因
國際局勢尚未穩定，對此呼籲沒有積極回應。到西德政府改組，
採取睦鄰東進的政策之後，與東歐簽訂和平條約，美、俄兩國也
就戰略武器的限制問題，於 1972 年達成初步協議，簽訂〈第一次
戰略武器限制條約〉（*SALT I*），國際和平的氣氛濃厚，在此條件
下，1973 年 7 月，包括歐洲各國及美國與加拿大等三十五國的外
長在芬蘭首都赫爾辛基召開「歐洲安全與合作會議」（Konferenz
über Sicherheit und Zusammenarbeit in Europa，簡稱 KSZE），達成
相當程度的共識，並決議移師瑞士的日內瓦繼續討論細節。1975
年，各國領袖又集會於赫爾辛基，簽署共同宣言，表明放棄武力
解決爭端、尊重各國邊界及主權、不干涉他國內政、民族平等、
民族自決、尊重人權等重要原則。各國也同意在舉行必要的軍事

演習時，應先知會他國。雖然西德的基民黨積極反對，但西德政府仍簽署該共同宣言，歐洲和平獲得進一步的發展。

　　但在其他地區，就沒有如此平靜，甚至引發了經濟的危機。1973 年，埃及與敘利亞等國在俄國的支持下，對以色列發動攻擊，雙方爆發大規模衝突，雖然並無明顯勝負，但阿拉伯的產油國家開始以減產石油作為工具，警告國際社會。此舉造成國際油價飛漲，而世界金融體系也受到相當影響。在此種經濟環境下，西德地區的失業人口快速增加，也影響其內政的發展。首先，執政的社會民主黨內部就發生路線之爭。1974 年 5 月，總理布蘭德的機要祕書被指控為東德間諜，布蘭德為此辭職下臺，由施密特（Helmut Schmidt，1918–2015 年）繼任為總理。而聯合內閣中的重要成員——奚爾（Walter Scheel，1919–2016 年）原為自由民主黨主席，被選為總統後不再兼任黨主席。原本擔任內政部長的根舍（D. Genscher，1927–2016 年）繼任自由民主黨主席，並改任副首相兼任外交部長。新的政府體制組成，但內政與外交政策上，頗能符合聯合政府的口號「延續、集中」，主張外交政策上繼續其前任之政策外，更要集中力量，振興經濟。在東德方面，也有相當大的改變，原擔任黨總書記的烏爾布利希特（Walter Ulbricht，1893–1973 年）於 1973 年去世，何內克（Erich Honecker，1912–1994 年）逐漸取得政治主導權。何內克政治態度較為強硬，主張與西德劃清界限。雖然東德已加入聯合國，其「爭取國際承認」的國家目標初步完成，但東德政權對西德仍存有相當恐懼，擔心在國際社會中為西德併吞，所以特意強調其社會主義的特質，在

官方機構或正式文書中，盡量去除「德意志」、「德國」等字眼，以避免與西德產生混淆。在 1968 年公布的憲法中，東德原本自稱為「德意志民族之社會主義國家」，1974 年也刻意將「德意志民族」字眼刪去。異議人士也受相當壓制，甚或遭到放逐的命運。

二、1970 年代的西德社會

　　早在 1968 年伊朗國王巴勒維訪問西德之際，學生由於對其國內政治手段相當反感，因而在法蘭克福舉行示威抗議活動，甚至縱火焚燒一家百貨公司，引起政府的強力鎮壓。此後，西德地區的學生開始用各種不同的方式，表達對社會議題的關心，逐漸發展成長時期的學生運動。其中，有少部分的學生組織轉變成激進的武裝暴力團體，以警察及駐德美軍基地為主要對象，用暗殺或放置爆裂物等手段，表達其對社會不滿之情，進而綁架人質，要求政府釋放其被捕之黨羽，造成社會重大的騷動，赤軍連（Rote Armee Fraktion，簡稱 RAF）的活動，尤其引人注目。1977 年，恐怖分子的活動達於高峰，甚至劫持飛機，要求西德政府釋放受刑人，西德政府下令以武力鎮壓，仍無法完全遏止恐怖活動，到 1980 年代，仍不斷有與赤軍連相關的恐怖活動發生。

　　1970 年代許多社會運動都與學生運動的開展有關。參與學生運動的女性注意到美國的婦女運動正在開展，因此也在西德境內提出與女性相關的議題，其中以兩性平權及墮胎合法化為主要的焦點。德意志社會受到國家意識及基督教的神學觀念影響，一直反對墮胎，德意志帝國成立後，將墮胎行為視為犯罪，可處以感

化教育；威瑪時期雖有改善，但納粹時期將墮胎視為「對德意志民族的攻擊」，可處以死刑。1945 年以後，刑度降低，但墮胎仍需受刑罰，即是所謂的「二一八條款」。當婦女為二一八條款而走上街頭時，社民黨與自民黨聯合內閣也希望有所回應，1974 年，國會通過相關法案，准許有條件的墮胎。但此法卻經憲法法庭判為違憲，不能實施。婦女運動受相當影響。此後，許多婦運團體開始籌劃成立協談中心、中途之家等，實際協助婦女。

　　與婦女運動同時發展的是「公民主導運動」(Bürgerinitiative)。民主政治中，公民對政治事務的意見經常以投票行為表現。但1968 年以後，許多德國人對政治事務相當關心，又受到群眾運動的影響，決定自行表達。初起之際，許多人對地方事務提出有異於政府的主張，稱之為「公民主導」，但此時缺乏組織，議題也限於地方事務，如：交通、市政或教育等問題。經過多年的發展，組織漸具規模，議題也發展到全國性的共通事務，環境保護與核能安全是其中比較引人注意的項目。在反核運動中，公民主導運動組織發動大規模抗議及示威活動，迫使政府重新檢討其核能政策。環保議題更促成了「綠黨」(Bündnis 90/Die Grünen) 的成立。1970 年代後期，許多環保支持者提出「綠色名單」(grüne Listen)參與地方選舉。稍後，社會運動者、婦女運動者也加入這個行列，逐漸形成以「生態——社會——基層民主——非暴力」為口號的綠黨，並在全國選舉中獲得支持，進入國會。

　　綠黨的出現，一方面顯示原本政治結構發生問題，民意與政黨不能緊密結合，所以才有「公民提案」的需求，綠黨於焉出現，

提高人民對政治事務的關懷。另一方面，這種大規模的社會運動促成各政黨自我反省，將許多公民提案的議題，納入其政黨政見。

三、世界經濟危機

1973 年，近東地區又爆發衝突，產油國以石油作為武器，迫使各主要國家採取較為中立的政策。提高油價後，各國購油成本大幅增加，造成貨幣市場秩序紊亂。加上美國長期介入越戰，國防軍費大幅增加，貨幣貶值，世界經濟發展因而受到重大影響，後世史家均以「世界經濟危機」稱之。西德的經濟在這一波經濟危機中又受到兩方面的衝擊：一方面，日本工業於戰後迅速復興，將其工業品銷售到世界各地，由於產品結構類似，價格顯然便宜，影響德國的工業產品之銷售；此外，各主要工業生產國採取低利貸款方式，要求借款國購買其工業產品，德國部分工業品的銷售因而受到嚴重影響。傳統重工業如造船、煉鋼等部門與部分紡織工業受到的打擊最為顯著，西德主要工業城市的失業人口因而大幅增加。

為了解決失業率增加的社會問題，西德政府希望以國際合作及刺激國內消費等方式來改善困境。1975 年，由法國總統出面，邀請德、英、義、日、美等國領袖在巴黎集會，商討解決之道。稍後，加拿大亦加入此高峰會，漸成為定期性經濟會議，協商全球性產業秩序。1978 年以後，經濟秩序逐漸穩定，西德的失業人口總數也逐漸下降。由於經濟不景氣，自民黨與社民黨對社會福利政策開始產生歧見，對刺激經濟景氣的方式也發生爭執。

　　1980 年，西德國會改選，基民黨推出史特勞斯（Franz Josef Strauss，1915–1988 年）為總理候選人。史特勞斯於 1962 年擔任國防部長時，曾經因為《明鏡週刊》(der Spiegel) 涉嫌洩露國家機密，派出警力搜索該刊之編輯總部，全國為之譁然。史特勞斯為此事下臺，後又曾任財政部長（1966–1969 年），但給選民較為保守的印象，所以自民黨不願與之合作，社民黨與基民黨之聯合內閣基調得以繼續維持。大選結果，自民黨雖有斬獲，但黨魁根舍認為：如果經濟情勢繼續不振，而自民黨與社民黨歧見不改，則必須另謀出路。所以根舍於選後開始與基民黨黨魁柯爾（Helmut Kohl，1930–2017 年）保持友好關係。

　　聯合內閣面臨的新問題是政府舉債的程度。自民黨希望能減少政府債務，減少政府的社會福利，雙方歧見益深。1981 年夏天，根舍已經發表公開信，要求其黨內同志準備「轉向」(Wende)。1982 年，聯合內閣的次一年度預算討論中，雙方發生嚴重爭執，施密特本欲將自民黨籍的經濟部長藍姆司朵夫（Otto von Lambsdorff，1926–2006 年）解職，但藍姆司朵夫請辭，雙方決裂，根舍決定與基民黨合作，國會改選，自民黨順利與基民黨組成聯合政府，由柯爾擔任總理。

第四節　戈巴契夫「開放」「重建」對東西德的影響

　　1985 年之後，歐洲政治有重大變革，新擔任俄共總書記的戈巴契夫放棄布里茲涅夫（Breschnew，1906–1982 年）建立的基本

原則❶，採取新的政策，一方面實施經濟「重建」(Perestroika)，另一方面提出「開放」(Glasnost) 的口號，希望改變俄國原本對世界事務的干預政策。除了採取較為平和的國際政策外，也允許其附庸國家進行有限度的改革措施。受到這樣的鼓勵，許多華沙公約組織會員國也都朝向經濟改革、內政開放的路線前進。1985 年後，兩德關係的發展就在這樣的氣氛下，有了較為大幅度的調整。

　　戈巴契夫就職後，立即就裁減核武問題，與美國展開會談。雙方領袖經過幾次會面後， 在 1987 年簽訂 〈中程核武條約〉 (INF)❶，此為世界和平之重要里程碑。原本的裁軍計畫只有「限制」，但 *INF* 之精神為「銷毀」，並建立管控措施，使世界和平在望。由於德國正處於兩大陣營之間，萬一發生戰爭，所受創傷將最鉅，所以美俄雙方會談過程中，兩德均積極介入。國際局勢的發展， 也有利東西德和談。 1987 年中，〈單一歐洲法〉 (*Einheitliche Europäische Akte*) 通過，歐洲共同體十二個會員國❷同意合併成單一歐洲，並希望將全歐納入。故此，歐洲共同體積極與東歐集團組成之「經濟合作會議」討論加強合作事宜。在此綏和的國際氣氛中，東西兩德也積極對話。1987 年 9 月，東德領

---

❶　1968 年，俄國以武力鎮壓捷克的民主運動之後，公布重要原則，主張在共黨國家之內，只有有限制的主權及有限制的自決權。

❶　即 *Intermediate-Range Nuclear Forces*，雙方同意拆除地對地中程飛彈設施，並建立預警制度，可派員前往對方檢視拆除之成效。

❷　歐洲共同市場原有十個會員國，1986 年，西班牙與葡萄牙加入，成為十二個。

袖何內克正式訪問波昂，雙方以對等國家方式進行各種活動。

　　東西雙方逐漸和解之後，給西德社會帶來一波新的移民。在第二次大戰結束後，由於領土及政治現實的改變，許多人被迫遷移，但仍有一部分的德裔人士居於東歐各地。西德政府稱這些德裔人士為「外移者」(Aussiedler)，明確承認其本人及家屬可以擁有德意志公民權利。1985 年，東歐各國採取較為開放的政策後，許多德裔外移者獲准離境，前往西德定居。據統計，僅 1988 年就有十四萬外移者自波蘭進入西德，這些外移者未必通曉德語，對民主制度也不熟悉，進入西德之後，政府必須花費相當人力、物力，以使其融入當地社會。另外也有相當多的東歐或其他地區以尋求政治庇護而進入西德之「政治難民」(Asylbewerber)，為安頓這些難民，西德政府的社會福利支出大幅增加，並排擠其他之福利措施，使西德公民頗有怨言，逐漸有排外的聲浪，甚至組織成政黨或暴力集團，專以排外為訴求。政治觀察家甚至用「新納粹」(Neo-Nazi) 形容一些極端的組織，如光頭黨 (Skin-heads)。

　　除了外移者及政治難民湧入之外，許多東德人民也企圖逃往西德。根據德國「基本法」之規定，東德居民自動被視為西德國民，所以東德人民不斷利用各種方式進入西德，定居就業。東德為阻止人民逃亡，甚至在邊界架設機槍，射殺叛逃者。西德政府及國際人權組織均甚為關切。1972 年的〈基礎條約〉商談過程中，兩德政府也為此開啟激烈爭端，但並未有重大改變。1985 年之後，東德與東歐其他國家間之邊境管制逐漸緩和，許多東德居民乃利用前往東歐國家旅遊之機會，進入西德使館，申請西德護

圖 35：柏林圍牆　1989 年 11 月柏林圍牆開放，圖為一位青年正擊毀圍牆。

照，順利離境，進入西德。此事經媒體一再報導❹，許多東德人民紛紛效尤。

　　1989 年 ， 東德政府計畫舉行東德政權成立四十週年慶祝大會❷。東德各界開始利用此機會，展開大規模的遊行示威活動，表達對政府的不滿。10 月中，社會統一黨召開會議處理此一危機時，卻有許多政治人物也對何內克加以聲討，並將之解職，大量政治局委員紛紛辭職 。 新的領導者克倫茲 （Egon Krenz ， 1937

---

❹　由於西德政府及媒體的刻意安排 ， 東德居民可以清楚的收視西德之廣播、電視節目。

❷　東德成立於 1949 年 10 月 7 日。

年－）則發表公開演說，主張「轉向」，包括放寬人民遷徙及言論自由、大赦逃亡者、調查過去「國家安全」人員之不當措施，並取消前往捷克等地的出境管制。於是以赴捷克為名而繞道前往西德者激增。許多人也受到鼓勵，進行另一波的示威活動，要求：加速改革；新聞、行動及選舉自由；撤銷社會統一黨特權等項。東德政權面臨重大危機，政府又改組，新政府於 11 月初宣布全面開放邊界，停止射擊逃亡者。據了解，三天之內，有近三百萬人利用此機會進入西德地區參訪。到此時，雙方已經意識到該嚴肅討論國家合併或統一的問題了。

一、兩德統一之交涉

　　兩德統一，並不是一個單純的國家統一問題，東西兩德分屬於兩個不同的陣營：北大西洋公約組織與華沙公約組織；兩德也分別在社會主義及資本主義的基礎上發展其各自的經濟及社會規範，兩者一旦合併或統一，將會產生哪些問題？過去居於東德的人士，如何追討其被社會主義政權沒收的財產？許多東德國家安全人員鎮壓反政府的行動，是否可以處罰？在討論統一之前，如何先就這些問題一一加以澄清？所以西德政府抱持較為慎重的態度，主張緩進，先透過與德國有關的四強加上兩德，就國際事務上解決相關爭議，即是「二加四會談」，1990 年 6 月，戈巴契夫表示同意東西德合併之後，德國仍可留在北約組織中，並同意承認統一後的德國為主權國家。東西德統一的外部問題大致解決。由於奧得－耐塞河之德波國界問題，波蘭對東西德統一仍有疑

慮❷，四強乃要求西德政府保證尊重德波邊界，才解除波蘭疑慮。

　　東西德雙方也就東德國家安全組織（Staatssicherheitsdienst，簡稱 Stasi）的問題進行磋商。原本東德的國家安全體系無孔不入，監督平民百姓，根據估計，Stasi 約有八萬多工作人員及十萬以上的線民 (Inoffizieller Mitarbeiter)，收集所有人的相關資料，並藉以控制政治人物。1989 年以後，民怨爆發，希望解散國安組織 (Stasi) 及其後續機構，也希望銷毀所有資料。但政府一直遲遲未處理。1990 年夏天，群眾衝入 Stasi 總部，企圖自行解決。最後政府同意將檔案特別管理，才解決部分問題。

　　1990 年 3 月，東德進行國會選舉，由於雙方統一有望，此次選舉又以民主方式進行，西德各主要政黨也開始在東德地區活動，社民黨首先恢復其在東德的黨部及組織，許多基民黨的認同者也與其他政黨聯合，組成德意志聯盟 (Allianz für Deutschland)，原本執政的社會統一黨則改組成民主社會主義黨 （Partei des Demokratischen Sozialismus，簡稱 PDS）。另有許多小黨也參與各地選舉。選舉結果，基民黨獲勝，但仍需以聯合方式組織政府，第一任總理為德梅齊（Lothar de Maizière，1940 年–），另選出伯格曼－波爾（Sabine Bergmann-Pohl，1946 年–）女士為總統。

　　雙方均有民主的政府之後，開始洽商統一的問題，其中，貨

---

❷　1950 年東德與波蘭達成以奧得－耐塞河為界的條約，1970 年西德也以條約形式承認德波邊界為奧得－耐塞河。但此時西德總理柯爾又顯出保留態度。

幣、社會組織等均需事先規範。討論結果，以西德貨幣為法定貨幣，統一之後，薪資、存款等以西德馬克計算，原本之東德馬克如何兌換，另有一套計算標準。有關法律歧異部分，達成協議前各自實施❷，雙方並研商出〈統一條約〉(*Einigungsvertrag*)，以西德的基本法為憲法，但相關規定如領土等，仍需作適當的修改❷。

四強也同意結束占領狀態，並將配合德國統一的時程，於 10 月 3 日以前恢復德國的國家主權。

二、兩德統一後的聯邦體制

1947 年，德意志民主共和國（通稱東德）成立，終止原有的聯邦體制，改行中央集權的政府組織。但 1990 年兩德統一之後，德意志聯邦共和國東德地區的基本政治組織又能迅速恢復其聯邦體制，包括梅克稜堡－前波蒙 (Mecklenburg-Vorpommern)、布蘭登堡 (Brandenburg)、圖林恩、薩克森及薩克森－昂哈特 (Sachsen-Anhalt) 在新邦 (Neue Bundesländer) 立刻重新運作。

這五個新邦的歷史長短不一，有的是第二次世界大戰之後新組，有的則是傳統舊邦，但均能在中央政府瓦解之際，迅速組織運作。這自然與德意志帝國長久以來的聯邦體制有關。

---

❷　例如東德對墮胎的法律限制遠較西德寬鬆。

❷　加入東德的五個邦：梅克稜堡－前波蒙邦、布蘭登堡邦、薩克森－昂哈特邦、薩克森邦及圖林恩邦。

　　二十年來，東德選出的各邦議會議員與國會議員不僅是德國的重要政治領袖，在歐洲乃至世界政治舞臺上也都扮演吃重角色，聯邦總理梅克爾（Angela Dorothea Merkel，1954 年–）便是一例。

第五節　〈馬斯垂克條約〉與歐盟成立

　　二十世紀末，許多歐洲國家已經有共識，在歐洲經濟共同體 (European Economic Community, EEC) 的基礎上，進一步建立更緊密的歐洲共同體 (European Community, EC)。1990 年代初期，德國總理柯爾與法國總統聯手催生這樣的國際體系，包括貨幣聯盟與政治聯盟兩個概念。〈馬斯垂克條約〉於 1993 年 11 月生效後，歐洲聯盟 (European Union) 正式成立，建立「歐洲公民」概念。1995 年，奧地利、芬蘭、瑞典也加入歐洲共同體❷⑥。

一、貨幣聯盟

　　德法等國主張：為實現資本自由流通，真正發展出統一市場，歐洲應當發行共同貨幣，建立歐洲共同體的中央銀行體系，才能

---

❷⑥　歐洲共同體逐漸轉成歐洲同盟之際，德國的國際法學者不斷討論歐盟的性質：邦聯還是聯邦？德國學者認為：歐盟是一種國際公法的衍生組織，與邦聯或聯邦的性質有些出入。歐盟並非聯邦，但對成員國國內法律制定過程有相當影響，衛生、食品安全等法規方面，各成員國往往採取同樣步驟。但外交上，歐盟雖然常常事先協調，不過在聯合國各組織中，會員國又完全獨立行使其權力。

有效運作。〈馬斯垂克條約〉就規範：最晚應於 1999 年 1 月發行歐洲共同體內的統一貨幣。但仍有部分國家對此有些疑慮，瑞典、丹麥和英國等並未加入歐元區。

1999 年 1 月 1 日，歐盟正式啟動歐元機制，包括德國在內的十一個歐元創始國中率先以歐元 (Euro) 為法定貨幣；2002 年 1 月 1 日，歐元開始流通，歐洲十五個國家的貨幣如馬克、法郎、里拉等都走入歷史。貨幣整合使歐盟成為一個更緊密的政治經濟實體，吸引許多東歐國家尋求加入，比如 2004 年 5 月 1 日，馬爾他、賽普勒斯、波蘭、匈牙利、捷克、斯洛伐克、斯洛維尼亞、愛沙尼亞、拉脫維亞、立陶宛十國正式加入歐盟。2007 年，羅馬尼亞和保加利亞也成為歐盟正式成員國。這兩次的「東向擴張」(Osterweiterungen) 讓歐盟領域向東延伸，人口及面積增加不少，內需市場也擴大。德國位處中歐，地理位置重要，工業發達，與東歐經濟互補，受益甚大。

二、政治聯盟

〈馬斯垂克條約〉概念中也包括〈政治聯盟條約〉，這也是法國總統密特朗與德國總理科爾於 1990 年共同提出。希望歐洲共同體各國在外交與國防事務上協調一致，其前提改變歐洲議會的諮詢性質，轉變為具有立法功能的議會。但是各國對此有較多疑慮，例如公民身分、移民申請等方面，立場不能一致。在社會福利政策方面，也有許多國家差異，丹麥便否決〈馬斯垂克條約〉，英國則採取保留立場。

2004 年，歐盟各國又簽署建立《歐盟憲法》的協定，並委託
「歐盟憲法委員會」制定，希望歐盟全體成員國統一使用。憲法
應當經過各會員國公民投票，經多數同意並確認後才可生效。
2005 到 2006 年間，各國各自辦理公民投票，許多國家因公民對
此點看法不同，爭議頗多，被迫擱置。各國領袖乃協商〈里斯本
條約〉(*Tratado de Lisboa, the Treaty of Lisbon*)，納入各國意見，
重新修訂《歐盟憲法》。〈里斯本條約〉於 2007 年 12 月由歐盟各
成員國共同簽署，2009 年 12 月 1 日生效。

〈里斯本條約〉改變了原本德法兩國領袖對歐盟體制的理想，
例如原本希望建立共同的政治認同，制訂歐盟國旗和國歌，也應
取消各國國歌或其他認同符號。頗多國家態度保留。條約也同意
成員國自行決定加入或退出個別條款。既有選擇，並無強制力，
自然會有許多變數，影響歐盟發展。

不過歐洲聯盟的建立也是人類歷史上一個重大事件，從中古
以來便衝突不斷的歐洲能夠突破困難，協商成為一個準政治體，
可以保障地區安全，因此諾貝爾獎委員會於 2012 年將當年的和平
獎頒給歐洲聯盟。當然，歐盟不斷有各種內外的挑戰，例如部分
歐元區的債臺高築，影響幣信問題，各國如何面對陸續湧進的難
民也有不同的做法。大英王國 (United Kingdom) 甚至辦理公投，
宣布退出歐盟。

而在軍事方面，早在 2003 年歐盟便計畫成立一支快速反應部
隊。2004 年 7 月，歐盟外長會議進一步決定建立歐盟軍事裝備
局，以推動歐盟的安全與防務政策，協調歐盟的軍備開支，幫助

成員國提高防務能力，包括危機處理、軍備合作、軍事技術研發
以及開發具有競爭力的歐洲軍事設備市場。德國也因此負起更大
的軍事功能，開始積極參與聯合國的維和工作，不僅派遣部隊前
往巴爾幹半島，也參與北大西洋公約組織的軍事行動，派兵前往
阿富汗。

兩德統一之後的發展

　　「統一」雖然是許多德國人的夢想，但當統一突然到了眼前，德意志人民卻有迅雷不及掩耳之感，東西德雙方的體制不同，價值觀及對生活態度不同，原本各自隔著一道圍牆過日子，尚未能體會這種差異，統一之後立刻發生衝突。西德（此後改稱「德西」）認定東德（改稱「德東」）的工廠缺乏效率、浪費能源且無環保概念，將許多工廠關閉，但在過去，這些工廠解決德東人口就業問題。於是，失業的工人無處可去，社會治安亮起紅燈，使得德東人民在短短時間內就感受到許多差異，並開始懷念過去，許多混亂的社會價值觀甚至在德東地區演變成大規模的排外風潮。而德西地區人民眼見德東的重建工作耗費大筆經費，失業人口又排隊領取失業救濟金，排擠了以往的社會福利預算，也頗有怨言。德國政府為解決日益窘迫的財政支出，於 1991 年起開徵「團結捐」(Solidaritätszuschlag)，原本用於波斯灣戰爭特別支出，後又挹注到德東的建設，故稱為「團結捐」❶。特別捐開徵之初，以一年為限，然財政並無起色，時徵時停，加之此筆賦稅徵收的

圖 36：東西德統一慶祝活動

功能不明確，得由政府任意運用，有違憲之虞，引起許多批評❷。

　　2004 年，基督民主黨與自由民主黨聯合提名原在國際貨幣基金會任職的財經專家柯勒（Horst Köhler，1943–2004 年）為總統候選人。由於柯勒並未積極參與政治，引起許多討論，但仍獲得

---

❶　徵稅原因請參 MDE.DE, "Deshalb wurde der Solidaritätszuschlag wirklich eingeführt," https://www.mdr.de/geschichte/zeitgeschichte-gegenwart/politik-gesellschaft/solidaritaetszuschlag-soli-steuer-was-ist-das-102.html, accessed Nov. 23, 2023.

❷　團結捐的爭議請參 Lexware, "Solidaritätszuschlag: Wissenswertes rund um den Soli-Beitrag," https://www.lexware.de/wissen/mitarbeiter-gehalt/solidaritaetszuschlag/, accessed Nov. 23, 2023.

聯邦大會支持，順利當選。

　　2004 到 2005 年間，社會民主黨與綠黨的聯盟在地方選舉中失利，總理施洛德（Gerhard Schröder，1944 年–）於 2005 年 7 月 1 日向聯邦議會提出信任案未能通過。總統宣布解散聯邦議會，重新選舉。基督民主黨成為聯邦議會最大黨，但獲得的席次不如民調預期，也未能取得過半席次。經過長期協調，基督民主黨與社會民主黨組成大聯合內閣，自由民主黨與綠黨成為在野黨。

第一節　德國統一後的內閣更迭

　　德國統一之後，繼續延續德意志聯邦共和國的政治體制。統一後的首任總理仍由柯爾擔任。德國能夠迅速統一，也基於柯爾的政治判斷。他於 1989 年利用柏林圍牆議題，開始與俄羅斯及美國磋商德國統一事宜，也以「東德」將納入北大西洋公約組織為由，順利獲得美國支持。雖然兩德統一勢必造成德國財政困難，也有可能衝擊基督民主聯盟的選情，但是德國居於歐洲中心位置，陣痛之後，仍有發展前景。德國統一之後，柯爾仍繼續擔任總理，直到 1998 年卸任為止，他擔任總理長達十六年，成為德國在任最久的總理，而其領導的聯合內閣也於同年解散，由社會民主黨取而代之。

一、施洛德時期（1998–2005 年）

　　葛哈特・施洛德原為律師，1963 年加入「社會民主黨」，並於 1978 年成為青年社會主義者 (Jungsozialisten) 聯合會主席。1980 年施洛德當選聯邦議院議員，1990 年社會民主黨在下薩克森邦地方選舉獲勝，施洛德開始擔任該邦總理。

　　1998 年 10 月德國聯邦大選，社會民主黨得票率頗高，得與綠黨共組執政同盟，施洛德出任聯邦總理，再於 1999 年接任社會民主黨全國主席；2002 年 9 月，聯邦議會改選，施洛德領導的執政聯盟主要政見為反對美國霸權和軍事冒險，態度強硬，頗獲選民支持，社會民主黨與綠黨組成的執政聯盟（又稱紅綠聯盟）得以再次組閣。但施洛德也曾在北約要求下派兵前往科索沃和阿富汗。這是第二次世界大戰後德國國防軍首次在北約境外從事軍事活動。施洛德卸任時，德國在阿富汗駐紮的兵力高達兩千人，僅次於美軍軍力。

　　施洛德任職期間，德國經濟逐漸出現疲態、失業率不斷提高，許多社會保障體系更是難以為繼。他雖然於 2002 年大選獲勝，但其得票已經減少，與反對黨的席次相去不遠。施洛德必須有效解決經濟問題，才能重獲民心。他連任後立即組織一個以哈茨（Peter Hartz，1941 年– ）為首的專案小組，提出「哈茨方案」(Hartz-Konzept)，主要概念包括調整失業救濟、促進再就業等改革社會福利的措施。但因哈茨本人牽涉詐騙、背信等事件，使得議會與民眾對此方案缺乏信心。施洛德無法挽回經濟蕭條局面，

甚至因此下臺。

　　2004 年 2 月，施洛德辭去社會民主黨主席之職，專職總理，但民意調查仍顯示民眾對社會民主黨的支持不斷下降。2005 年 5 月，德國部分地區舉行地方議會選舉，社會民主黨在執政四十年的北萊茵－威斯伐稜邦 (Nordrhein-Westfalen) 的選舉中遭到敗績，施洛德迅速承認自己已經失去民意，自行提出「不信任案」，並根據憲法，提請總統解散議會，提前舉行聯邦議會改選。9 月，德國聯邦議會改選中，社會民主黨與基督教民主聯盟席次相近，基督教民主聯盟雖然多出四席，但要組織執政聯盟並不容易，幾經磋商，基督教民主聯盟和社會民主黨達成協議，組成左右共治的「大聯盟」政府，由基督教民主聯盟的梅克爾擔任總理，社會民主黨則擔任內閣重要閣員，施洛德退出政壇。2006 年起，施洛德出任羅斯柴爾德銀行的全球經理，並成為北溪股份公司和俄羅斯石油的董事會主席。

二、梅克爾時期（2005–2021 年）

1.政治生涯

　　安格拉‧多羅提亞‧梅克爾出生於西德漢堡，隨後移居至東德。原本學習物理與化學，曾在科學研究機構任職。1989 年，柏林圍牆倒塌，兩德得以在各方運作下，完成統一。梅克爾也在此時投入民主運動，她先加入新組織的政黨「民主出發」（Demokratischer Aufbruch，簡稱 DA），而後民主出發併入東德基督教民主聯盟 （Christlich-Demokratische Union ， 簡稱 CDU-

Ost)，梅克爾也成了民主聯盟的黨員。1990 年 3 月，東德舉行第一次也是最後一次的民主選舉，境內出現許多政黨競爭，其中出現政黨聯合組織「德國同盟」(Die Allianz für Deutschland)，由東德基督教民主聯盟、德國社會主義聯盟（Parteien Deutsche Soziale Union，簡稱 DSU），以及梅克爾所屬的「民主出發」共同組織，在此次大選中獲得 41% 選票，德梅齊組織內閣，梅克爾成為東德新政府的政府副發言人。1990 年 12 月兩德統一後，梅克爾於 1991 年當選聯邦議院議員，並出任柯爾內閣的婦女青年部部長（Bundes-ministerin für Frauen und Jugend，1991–1994 年）。此後數年間，梅克爾陸續擔任過環境和核能安全部長（Bundesumweltministerin，1994–1998 年）、基督教民主聯盟的秘書長（CDU-Generalsekretärin，1998–2000 年），以及基督教民主聯盟主席（CDU-Vorsitzende，2000–2018 年）。2005 年 11 月，基督教民主聯盟與社會民主黨組成聯合內閣，梅克爾擔任德國聯邦總理，為德國歷史上首位女性總理。而梅克爾政府執政期間，德國民眾對其滿意度都能維持在 60% 至 80% 之間，是近來德國政壇的異數。

2. 政治主張

2005 年，德國舉行聯邦議會選舉，梅克爾代表基督教民主聯盟，與施洛德代表的社會民主黨互相角逐，結果兩黨均未過半且得票數相近，皆不足以獨立組織政府，僅能透過協商共組聯合內閣。最終，梅克爾獲得支持，出任聯邦總理，但內閣人事中，基督教民主聯盟僅有六個位置，而社會民主黨占有八個內閣位置，

居於優勢。此外，梅克爾執政之初即面臨醫療改革、能源問題，以及移民問題等重大內政課題，但因兩大黨共治，經常彼此掣肘或齟齬，未必能掌握改革的時程。直到 2009 年德國聯邦議院重新選舉時，梅克爾獲勝、議席增加，改與自由民主黨共同組織政府。

3.外交政策

梅克爾的政策相當務實，也能堅守立場，例如她雖重視與中華人民共和國的經濟合作，卻能不畏壓力，在人權議題上貫徹主張。2007 年 9 月，她因會見達賴喇嘛，引起北京抗議，當時社會民主黨籍的外交部長史坦邁爾（Frank-Walter Steinmeier，1956 年–）亦對此批評，她表示：「我自己決定要與誰見面。」（"Entscheide selbst, wen ich treffe."）在梅克爾十六年的任期中，她曾經訪問中國各地十二次，應是這段期間訪華次數最多的西方政治領導人物。

梅克爾對土耳其問題亦同，她認為土耳其與德國是「特殊的夥伴關係」，但不認為土耳其應該加入歐盟。2008 年初，土耳其前總理艾多安 （Recep Tayyip Erdoğan， 1954 年–） 在訪問德國時，向旅居德國的土耳其社群發表演說，希望土耳其人不要被同化，甚至認為「文化融合是反人類罪行」。這種說法立即引起梅克爾抗議。

4.社會政策

西歐原為基督教盛行地區，在歷史上歐洲文化對「同性戀」有相當爭議，對「同性婚姻」更是排斥。近年來，因思想解放、社會多元，對相關議題也有各種討論。

2001 年 8 月，德國政府先立法承認同性伴侶可經登記，建立

「生活伴侶關係」(Eingetragene Lebenspartnerschaft)，獲得除共同
收養和租稅優惠以外，因婚姻關係而享有之各項權利。2009年
10月，德國聯邦憲法法院藉由判例宣達：「所有基於兩性婚姻關
係而享有之權利與義務，都適用於同性且已登記的生活伴侶關
係。」

2004年10月，德國聯邦議院進一步通過〈生活伴侶關係法
修正〉(*Gesetz zur Überarbeitung des Lebenspartnerschaftsrechts*)，
使生活伴侶關係的權利獲得更廣泛的保障，得以收養子女，並可
離婚，請求贍養費。統計顯示：德國在2004年10月底有五千對
同性伴侶登記為生活伴侶關係，2007年時增加為一萬五千對。
2017年6月，德國聯邦議會通過法律，確認原本同性伴侶領養小
孩之法律限制，可因同性伴侶之婚姻關係而解除。

2017年，德國再度舉行聯邦議會選舉，於2018年初，基督
教民主聯盟才與社會民主黨達成協議，再度組成聯合內閣，梅克
爾也四度出任總理。在此次任期中，梅克爾面臨國內對其難民政
策的非難，2018年10月的地方選舉裡，巴伐利亞的基督教社會
聯盟和黑森邦的基督教民主聯盟分別失利，梅克爾明確感受民意
變化，只得宣布放棄競選基督教民主聯盟主席之職，也宣布總理
任期結束後，不再尋求連任。稍後，全球遭新冠病毒肆虐，公共
事務或減緩，或停頓，對德國衝擊甚大，但梅克爾個人仍受到相
當支持，例如2020年3月，她透過電視發表公開演說，吸引兩千
五百萬至三千萬人收視。2021年，聯邦議會大選結果由社會民主
黨獲勝，其與自由民主黨及綠黨共組政府，結束了梅克爾長達十

六年的執政，為第二次世界大戰之後，德國總理任職期間次長者，僅差柯爾十天。

三、蕭茲時期（2021 年– ）

蕭茲（Olaf Scholz，1958 年– ）出生於下薩克森邦的歐斯那布呂克 (Osnabrück, Niedersachsen)，其父母均從事紡織業。蕭茲年幼時即隨父母遷居漢堡，雖曾經受洗為抗議教派信徒，但成年後退出教會，是德國第一位承認沒有宗教信仰的總理，但他也認為基督教對德意志文化影響深刻，也有特定的社會功能。

1977 年，蕭茲高中畢業，隨後進入漢堡大學學習法律，畢業後曾服社會役十六個月。1985 年，蕭茲取得律師資格，進入律師事務所服務，從事勞動法相關業務，直到他於 1998 年參選為止。1998 年，蕭茲當選為聯邦議會議員，並與同為社會民主黨成員的妻子結婚。2002 年，蕭茲再度當選為聯邦議員後，並於 2002 至 2004 年間擔任社會民主黨秘書長。

2005 年，基督教民主聯盟與社會民主黨組成聯合政府，2007 年時，內閣改組，蕭茲成為梅克爾內閣的勞動及社會事務部部長。但 2009 年德國聯邦議會選舉，社會民主黨未能參與組織政府，蕭茲退出公務部門，於稍後當選為社會民主黨副主席 (Vizepräsident)。

1.擔任漢堡市市長（2011–2018 年）

2011 年，蕭茲代表社會民主黨參加漢堡市市長選舉並當選。當時社會民主黨得票率為 48.3%，取得漢堡議會一百二十一個席

次中的六十二席，可以完全執政。2018 年 3 月，聯邦議會改選後，社會民主黨與基督教民主聯盟兩黨談判組閣，蕭茲出任第四次梅克爾內閣的副總理兼財政部長。2020 年 8 月 10 日，社會民主黨為因應 2021 年聯邦議會改選，經過黨代表大會商議，決定以蕭茲代表社會民主黨角逐德國總理。

德國政治評論家多認為蕭茲為人木訥，缺乏幽默與機智，但性格相當溫和，屬於中間派。他在 1975 年便以學生身分加入社會民主黨，成為社會民主黨「青年社會主義者組織」(Jungsozialisten) 的重要成員，1982 至 1988 年間還成為該組織的副主席，並曾於 1987 至 1989 年間擔任國際社會主義青年聯盟副主席。

2.出任德國總理（2021 年 12 月）

他出任聯邦總理後，必須立刻解決環保、能源與疫情等重大議題。能源問題上，蕭茲主張擴大可再生能源，取代石化燃料；他還主張組織專司氣候議題的國際組織，具體工作包括制定各國減碳的最低目標等。新政府亦提出 2030 年以前完全禁止燃煤發電的目標，並計畫在 2040 年時完全禁止天然氣發電。歐洲議會決議歐洲將在 2035 年時完全禁止銷售使用內燃機的車輛，蕭茲也完全配合。

蕭茲繼任時，新冠肺炎疫情尚未降低，聯合政府雖不斷要求德國人盡快完成疫苗注射，降低新冠對社會的威脅，但許多德國人拒絕接種疫苗，蕭茲政府乃推出「強制疫苗令」，要求德國居民盡快完成必要接種。這個防疫政策，立刻引起許多反對，由於部

分疫苗使用 mRNA 的非傳統技術，使部分人們對疫苗安全性深感疑慮。即便疫情趨緩，德國各界對疫苗效果及其可能造成的人體傷害等，仍是討論不斷。

　　蕭茲原本是一位溫和的中間派，1987 年蕭茲曾經出訪德意志民主共和國，並在自由德國青年組織集會上，以青年社會主義者組織代表身分，表達支持裁軍協議的信念，曾經批評北約為「侵略性的帝國主義同盟」，並視德意志聯邦共和國的工業生產型態為「歐洲大企業家們的堡壘」。然而，他對社會自由主義者聯盟也無好感，認為是「講鬥爭多於做實事」。2019 年底，蕭茲批評美國制裁俄羅斯興建「北溪二號」的行為是「嚴重干涉歐洲內政與主權」。然而執政之後所承受的政治壓力便與在野不同，他因受到各方勢力的影響，經常必須妥協，甚至改稱美國為「歐洲最親密與最重要的夥伴」，支持美軍在德國境內部署核子武器。

　　俄羅斯與烏克蘭爆發衝突之後，蕭茲的立場更是尷尬。雖然美國不斷敦促德國對俄羅斯採取強硬立場，但是蕭茲並無意願與俄羅斯衝突，也不願就美國要求德國軍援烏克蘭之事表態。但在各種因素考量下，他也不斷妥協，向烏克蘭提供反坦克武器以及導彈。

第二節　當代德國面臨的重要課題

一、經　濟

　　1990 年代中期，歐洲經濟處於停滯狀態，而德國因為兩德統一，大幅增加各種財政支出，導致經濟惡化、出現發展瓶頸；其次，德國政府無法有效控制國內失業問題，有些地區的失業率甚至高達 20%，加深人民的危機感，並在各邦選舉的結果中透露出來❸。2000 年以後，德國經濟逐漸好轉，失業率降低，但是好景不常，2020 年起的新冠肺炎嚴重衝擊德國經濟。政府一方面耗費鉅資對抗疫情，加上為防疫而制定之許多禁令造成經濟損失，影響到政府財政結構。

二、難　民

　　2007 年起，陸續有許多中東與非洲的年輕人經由土耳其偷渡至希臘，再利用歐盟中的邊境開放機制，轉往歐洲各國，德國也是一個重要的目的地。歐洲各國乃開始加強對外國地區的證件檢查，對自陸路進入的非法移民控制有成，許多企圖偷渡者便改由

---

❸　其結果便是在 1998 年的聯邦議會改選中，基督教民主黨與自由民主黨十六年來的聯合執政結束，由取得較多席次的社會民主黨與綠黨共組聯合政府。2002 年，社會民主黨與綠黨的聯合政府再度獲選民支持。

海路進入希臘。在此同時，巴爾幹半島部分非歐盟國家公民也到
德國等地申請「政治庇護」，尤以阿爾巴尼亞、科索沃與塞爾維亞
為大宗。2015 年 1 至 7 月間，德國相關部門所收到之近二十萬各
國難民的申請案件中，近兩萬來自塞爾維亞、波士尼亞與赫塞哥
維納（簡稱波士尼亞或波赫）和北馬其頓等國，但其動機實際為
「經濟移民」。

　　許多以難民身分向其所在國申請庇護者，未必在母國受到政
治迫害。2013 年，歐盟各國檢查移民申請後，雖認定許多人不符
資格，但也僅遣返不到四成的非法移民，重要原因之一，是申請
者的母國不願意「回收」，例如德國有意將不具難民資格的阿富汗
人遣送回國，但阿富汗政府頗多不願。德國也以斷絕經濟援助為
要脅，要求北非國家接收被遣返的國民。

　　德國政府除積極遣返「非政治難民」，例如 2016 年德國資助
約五萬四千人離開德國，另強制遣返約兩萬五千人，同時也需面
對德國境內難民帶來的其他問題。這些難民到了德國後，會先被
安置在收容所，許多地方政府也安排其居住，並可領取生活津貼
（2015 年時每人每月可領三百五十二歐元）。他們一但獲得「難
民」身分，便可根據規定打工賺錢。大批湧入德國的「難民」在
收容上不免產生許多問題，收容所中的女性常遭受強暴，甚或被
迫賣淫，在男女混居的收容所中尤其常見。此外，德國本地女性
遭難民騷擾或性侵之事件也時有所聞。2015 年 12 月 31 日的跨年
夜，科隆便發生多起性侵事件，其他各邦多有類似情況，也有地
方政府因隱匿造成的黑數。德國調查統計顯示，2015 至 2016 年

間，暴力案件上升約 10%。2016 年時，與難民有關的案件約為十七萬四千四百三十八宗，較 2015 年上升 52.7%。難民與暴力行為遽增的連結，造成社會對公共安全不再的憂心及不滿。2016 年起，德國政府開始收緊難民政策，例如改發實物，避免其將現金津貼寄回家鄉，以此降低外國人前來尋求庇護之誘因。

第三節　新右派主義出現

　　2008 年左右，美國次貨危機引發全球金融海嘯，導致歐洲經濟陷入低迷，也使歐洲部分國家的「主權債務危機」逐漸浮現。主權違約 (Sovereign default) 是指當某國政府擔保外債，卻未能按時還本付息，便發生危機。2009 年起，歐盟成員國的希臘、愛爾蘭、義大利、西班牙和葡萄牙便發生政府擔保的外債無法依約償付，陷入嚴重的經濟危機。

　　此時，歐盟開始努力解決幾個歐洲政府公債遭降低評級的危機，便於 2010 年 5 月通過以七千五百億歐元成立「歐洲金融穩定基金」（European Financial Stability Facility，簡稱 EFSF），以期穩定歐洲金融秩序。歐元區國家與國際貨幣基金會先於 2010 年中提供希臘政府總值一千一百億歐元的貸款，同年底，又貸給愛爾蘭八百五十億歐元，葡萄牙也貸款七百八十億歐元。但希臘的經濟危機並未因此解決，2011 年中，希臘再度出現違約危機，不得不在歐盟監督下，裁減財政開支，以期獲得歐盟支持。

　　德國作為歐盟中最大經濟體，其對歐債危機的態度舉足輕重。

由於歐債問題危及世界第二大通貨歐元之穩定性，其穩定性又決定歐元之存亡，故國際上多要求德國必須在危機中負起更多責任，提供協助，但德國主流民意對此多持反對意見（畢竟貸款皆來自納稅人的錢）。一些德國人民在面對歐盟及歐元危機中，感受到歐洲一體化進程對德國基本生活秩序的威脅，右派保守思想因而開始甚囂塵上，「德國另類選擇黨」（Alternative für Deutschland，簡稱 AfD）的出現，便與此息息相關。

一、德國另類選擇黨崛起

漢堡大學總體經濟學教授陸克（Bernd Lucke，1962 年– ）等一些對歐元持懷疑態度者，於 2013 年 4 月在柏林成立「德國另類選擇黨」，他們認為歐債問題已曝露歐元區問題，必須有所改變；同時，黨內尚存在以佩特里（Frauke Petry，1975 年– ）等人領導的「右派」，強調極右翼思想。2015 年，歐洲發生「難民危機」，各國難民湧至歐洲尋求庇護。德國光在 2014 年即收到十七萬三千件庇護申請，至 2015 年更提高至八十萬件，對歐盟各國及其社會造成極大壓力；「右派」藉此宣揚國家及認同議題，逐漸成為黨內主要勢力。

其實，黨在成立之初即經歷激烈的路線之爭，兩位創黨人便因人事問題發生衝突，陸克甚至無法連任黨領導之職，憤而率其所領導的「自由經濟側翼」退出德國另類選擇黨，另組「進步與出發聯盟」（Allianz für Fortschritt und Aufbruch，簡稱 ALFA）。極右派的佩特里與莫伊藤 （Jörg Meuthen，1961 年– ） 繼續主持黨

務，更加右傾。另一名政治領袖卡畢茲（Andreas Edwin Kalbitz，1972 年–）積極主張納粹思想，推廣「新納粹」言論，根據德意志聯邦憲法保衛局 (Bundesamt für Verfassungsschutz) 的說明，卡畢茲還是 2009 年已經被解散的 「德意志忠誠家園青年團」（Heimattreue Deutsche Jugend，簡稱 HDJ）的領導人，由於他的言論不免引起社會注意及公權力干涉，黨為免爭議，於 2020 年 5 月將其開除黨籍。

「另類選擇黨」的路線變化，使其由原本的「自由─保守」路線轉向右翼民粹主義。2021 年，德意志聯邦憲法保衛局將另類選擇黨歸為「極右派嫌疑案件」，認為其可能威脅德國民主，故對其黨員實施監聽等措施。

2021 年底，莫伊藤發表公開信，宣布不再競選黨主席一職，次年初，又宣布退出另類選擇黨。目前，另類選擇黨採雙元領導，以愛麗絲‧魏德爾（Alice Weidel，1979 年–）和蒂諾‧克魯帕拉（Tino Chrupalla，1975 年–）為主席，也是聯邦議會中的領導。

許多德國政論人士認為，另類選擇黨之政治主張係繼承原本德意志民主共和國（東德）理念，故僅能吸引「德東地區」的群眾，在原德意志聯邦共和國（西德）地區發展會受到一定限制。但近年來德國經濟表現欠佳，又有許多難民問題，引起許多群眾不滿，轉而支持「另類選擇」。2023 年，德西的巴伐利亞與黑森州的地方選舉中，該黨獲得許多支持，甚至成為者兩邦地方議會中的第二大黨，不過目前政壇上之既有政黨對其極右傾向甚為懼憚，紛紛表示不會與「另類選擇黨」組織聯合政黨。

二、「另類選擇黨」的黨綱與政治訴求

「德國另類選擇黨」創建之初的主要訴求是反對發行歐元，認為歐元機制保障許多經濟體質不佳的會員國，德國不應對他國負債承擔責任，否則會危及德國經濟。此外，「另類選擇黨」也主張減稅、刪減財政開支、嚴格執行難民收容政策。2014年，另類選擇黨通過的新政黨綱領中，質疑歐元危機將對德國的民主制度、法治體系、市場經濟都造成一定程度的傷害，對「歐洲一體化」的概念也不無疑問，並支持德國在一定條件下仿效英國退出歐盟。

另類選擇黨的重要意識型態建立在「戰爭罪責問題」上。第二次世界大戰結束之後，德意志帝國遭列強分區占領，幾年後出現德意志聯邦共和國（西德）與德意志民主共和國（東德）。兩個政府對希特勒或第三帝國的罪行有不同認識：西德政府認為自己繼承原有的帝國，也願意接受帝國應負的所有政治責任，諸如賠償猶太人等；東德政府接受共產主義綱領，認為德意志人民也受到第三帝國的殘害，對第三帝國造成的國際罪行，不負任何責任。例如2017年初，「另類選擇黨」在原東德圖林根邦大城德勒斯登集會時，黨部領袖比約恩・霍克（Björn Höcke，1972年–）提出對納粹論述的翻案主張，認為德國當前的歷史教育內容頗多荒謬，德國人必須重新認識第二次世界大戰的歷史，才能走出自己設下的困境。還主張第二次世界大戰末期盟軍對德國轟炸，造成生命與財產的極大損失，德國人也是戰爭的實際受害者。這種言論自然引起許多人不安，認為有違反聯邦憲法之嫌。

　　然而，另類選擇黨的許多訴求在現實上卻頗能引起許多共鳴，在 2014 年歐洲議會議員選舉時，逐漸獲得選民支持，贏得席次。此後，他們在部分地方議會選舉中，也都頗有斬獲，在 2017 年的聯邦議會選舉中，更獲得 12.6% 的選票，得以進入聯邦議會，組織黨團。2019 年時，另類選擇黨在德國十六個邦議會中均有席次，成立黨團。

　　2022 年初，俄烏戰爭爆發，歐洲各地都受到影響，一方面因為經濟制裁，能源禁運，使得歐洲許多國家經濟發生問題，德國受創頗深；另一方面，北約各國因具軍援烏克蘭及收容難民之「道德責任」，造成各國財政負擔。因此，德國境內反戰聲浪漸起，對聯邦政府危機處理能力並不信任，這種民意直接反映在選舉中。在 2023 年巴伐利亞與黑森兩個邦的地方議會選舉中，「另類選擇黨」得票率快速增加，成為這兩邦議會中的第二大黨，說明另類選擇黨的政治訴求，不再限於德東地區，逐漸為德西地區人民接受。多次民意調查中，都可以看到另類選擇黨聲勢不斷上漲，這也引起德國政府的注意。

　　2022 年初，烏克蘭與俄羅斯發生武裝衝突，以美國為首的北約組織積極支持烏克蘭各種軍事、武器及人道援助等。德國政府響應美國的號召，杯葛俄羅斯、對其進行經濟制裁，甚至中斷原本來自俄羅斯的天然氣與石油，嚴重影響德國的能源供應。此時，執政聯盟中的綠黨因採行環保能源政策，強制關閉境內核能發電廠，德國的能源價格高漲，物價隨之上揚，影響民生至鉅，執政聯盟的民意支持更是不斷下滑。民眾因此累積諸多不滿，稍後也

充分反映在各級選舉之中。2023 年的期中民調顯示：另類選擇黨在德國全境的支持度僅次於基督民主聯盟，穩居第二，甚至領先執政的社會民主黨。

第四節　今日德國

一、多事之秋

　　2020 年以後，德國社會面臨的各種挑戰中，以難民議題、俄烏衝突以及經濟發展遲緩最具重要性。這些問題更改變了德國二次大戰以來的政治及社會結構。

　　由於許多尋求政治庇護者信奉伊斯蘭教，德國許多學生餐廳和一般餐館為表示尊重，開始減少豬肉供應，改為穆斯林可以接受的食物，引發部分德人批評。他們認為，豬肉食品為德國文化的重要內容，德國人無需改變自己的飲食習慣，同時他們也未強迫穆斯林破戒。但隨著穆斯林人口不斷增加，不免有改變德國社會結構及文化成分之疑慮，此點可能刺激德國「新納粹主義」主張的發展。

　　能源議題也是德國的新挑戰：俄烏衝突破壞了德國原本的天然氣與石油供應，綠黨加入執政聯盟之後，堅持其關閉核能發電廠的政策，造成德國能源短缺。目前新能源車已經成為未來汽車工業的主流，德國又缺乏生產汽車用電池的原物料，必須尋求與掌握稀土資源的中國企業合作。另一方面，德國也必須強化其晶

片生產技術，才能面對新的通信與運輸的需求。

　　為了處理這些急迫問題，德國聯邦政府於 2021 年 4 月提出〈2021 年第一次補充預算法〉，要求追加六百億歐元預算，因應新冠疫情所需支出，但當時聯邦議會授權並未完成。2023 年，為因應對烏援助、社會福利支出與移民安置等需求，聯邦政府預算已經面臨困難，但為了新的能源政策，聯邦政府設置「氣候與轉型基金」，以補助台積電等電子晶圓製造商前往德國設廠，並計畫將這筆原本用作抗疫的六百億歐元資金挹注「氣候與轉型基金」，以支應相關費用。

　　在野的基督民主聯盟因而向德國聯邦憲法法院提起告訴，指證 2021 年德國聯邦預算追加案有適法問題，憲法法庭於 2023 年 11 月裁決，德國執政團隊將原本用於應對新冠肺炎的預算移做「氣候與轉型基金」之用，作法違憲。判決一出，德國聯邦政府預計於 12 月向聯邦議會提出的 2024 年預算案立即面臨資金缺口，更引發國內爭議。

二、新的世界秩序

　　二十一世紀以後，世界正面臨新一波的秩序調整，亞洲幾個國家相繼崛起，非洲的經濟不斷上升，傳統列強的地位也不斷發生變化。美國前國務卿季辛吉（Henry Kissinger，1923–2023 年）在 1970 年代提出世界五極中心理論，認為中、美、俄與日本為強權，西歐如果互相合作，可以成為另一個強權，美國必須調和「五極」的關係，以謀求最大的利益。在現代，歐盟雖建立了相當的

話語權，但大英王國退出歐盟，對歐洲的發展，自有很大衝擊。目前日本經濟又停滯不前，即將為德國超越，印度又緊追其後。在此同時，金磚國家組織的成員不斷增加，2023 年金磚國家峰會又邀請阿根廷、埃及、衣索比亞、伊朗、沙烏地阿拉伯及阿拉伯聯合大公國加入，形成新的經濟秩序，對西歐與美國都形成一定衝擊。

　　歐盟成立之初，德國原本為一個重要的「領頭羊」，因位居中歐，得以善用東歐地區資源與西歐的工業產能，創造新的契機。但是近年來，歐盟受俄烏戰爭的影響，經濟成長減緩，德國經濟更出現減緩現象。以色列與其周邊國家的衝突不斷升高，使得德國處於極為尷尬的位置。面臨各種轉捩點，德國必須迅速做出決斷，但其政府似乎仍在摸索面對挑戰，解決問題之道。

附　錄

大事年表

西元前

113–101　羅馬人與慶柏族、條頓族之戰。

西　　元

約 90　　興建界牆。

410　　　西哥德族劫掠羅馬城。

476　　　西羅馬帝國滅亡。

455　　　汪達爾族劫掠羅馬城。

482–511　克勞得威西為法蘭克王。

751　　　梅羅維恩王室被廢。

768–814　卡爾大帝。

800.12.25　卡爾大帝加冕為帝。

843　　　〈費當條約〉簽訂。

843–876　路得威西統治德意志，為東法蘭克王。

900–911　小子路得威西（東法蘭克卡羅林恩王室最後一個國王）。

1096–1099　第一次十字軍。

1147–1149　第二次十字軍。

1189–1192　第三次十字軍。

1202–1204　第四次十字軍（攻陷君士坦丁堡）。

1220–1230　《薩克森鏡》。

1228–1225　第五次十字軍。

1248–1254	第六次十字軍。
1254	萊茵聯盟成立。
1273	哈布士堡的魯道夫一世繼任為王。
1291	十字軍運動結束。
1309–1376	教宗居於亞維農時期。
1339–1453	法國境內百年戰爭。
1347–1351	瘟疫流行。
1347	義大利爆發黑死病。
1348	德意志地區開始設立大學。
1356	頒布〈金印詔書〉。
1370	漢撒同盟大敗丹麥軍隊。
1414	西格蒙於康士坦茲召開宗教會議。
1453	君士坦丁堡為土耳其人所控。
1517	馬丁路德提出〈九十五點〉。
1521–1526	卡爾五世與法蘭西斯一世之戰。
1524–1525	農民戰爭。
1546–1547	徐馬卡登之戰。
1555	〈奧古斯堡宗教和約〉。
1608	抗議教派聯盟成立。
1609	公教聯盟成立。
1618.5.23	布拉格拋窗事件。
1648.10.24	〈西法稜和約〉。
1640–1688	費里德利希・威爾罕為布蘭登堡大選帝侯。
1655–1660	第一次北方戰爭。
1664	利奧波德一世與土耳其訂立休戰條約。

1683	土耳其圍攻維也納城。
1700–1721	第二次北方戰爭。
1713–1740	普魯士王費里德利希・威爾罕一世在位。
1740–1786	費里德利希大帝在位。
1732	各國簽署〈國事詔書〉。
1740–1742	第一次什列西恩之戰。
1744–1745	第二次什列西恩之戰。
1789.7.14	攻陷巴士底，法國大革命開始。
1792	普奧對法國宣戰。
1806	萊茵聯邦成立。法蘭茲二世放棄神聖羅馬帝國帝號。
1810	柏林大學成立。
1812	拿破崙開始攻俄。
1813	萊比錫大戰。
1814.8.5	維也納和會。德意志聯邦成立。
1815.6.18	滑鐵盧大戰。
1816.9.26	德意志聯邦議會開幕。
1817	〈瓦特堡宣言〉。
1834	德意志關稅同盟。
1848	〈共產黨宣言〉，三月革命爆發。法蘭克福大會召開。
1863	丹麥戰爭。
1866	德意志戰爭。
1867	北德聯邦成立。
1870–1871	德法戰爭。
1871.1.18	威爾罕一世即位為德意志皇帝。
1878	柏林會議。

1882	三國同盟。
1888–1918	威爾罕二世在位。
1890	俾斯麥去職。
1896	克魯閣電報事件。
1897	德國占領膠州灣。
1900	義和團事件。
1912–1913	巴爾幹戰爭。
1914.6.28	薩拉耶佛事件。
1914.8	德國對俄、法宣戰。
1917.4	美國參戰。
1918.1.8	威爾遜提出「十四點和平計畫」。
1918.11.9	德皇威爾罕二世遜位。
1918.11.11	停戰。
1919	召開巴黎和會。艾伯特獲選為總統。
1920.3	卡普政變。
1922	簽訂〈哈帕洛條約〉。
1924	道斯計畫。
1925	〈盧卡諾條約〉。興登堡獲選為總統。
1926	德國加入國際聯盟。
1932	興登堡再度獲選為總統。
1933.1.30	希特勒出任總理。
1933.3	授權法通過。
1934.8	興登堡去世,希特勒成為「元首及總理」。
1935	〈紐倫堡法條〉,猶太人被剝奪民權。
1936.9	紐倫堡黨大會。

1938	簽訂〈慕尼黑協定〉。
1939	簽訂〈德蘇互不侵犯協定〉。
1939.9	出兵波蘭。
1941.12.11	希特勒對美宣戰。
1945.5.7–8	德軍向美俄投降。
1949.5.23	基本法公布，德意志聯邦共和國成立。
1949.10	德意志民主共和國成立。
1951.4.18	歐洲煤鋼組織成立。
1952.5.26	簽訂〈德國條約〉。
1954.10	〈巴黎和約〉。
1955.5	西德加入北大西洋公約組織。
1955.9	哈爾斯坦原則。
1957.1.1	薩爾加入德意志聯邦共和國。
1961.8.13	柏林圍牆建立。
1963.1.22	西德與法國簽訂友好條約。
1963.10	艾德諾引退。
1969	布蘭德任總理。
1971	東西德簽訂過境協定。
1972.6	〈東方條約〉生效。
1972.12	〈基礎條約〉。
1973	東西德同時加入聯合國。
1974.5	布蘭德下臺，施密特繼任總理。
1982	施密特去職，柯爾繼任總理。
1987	何內克訪問波昂。
1989	戈巴契夫訪問波昂。

1989.11	東德開放邊境。
1990.8.	〈統一條約〉簽字。
1990.10.3	兩德統一。
1998	社民黨與綠黨共組聯合政府。
1999	歐元機制啟動。
2000	梅克爾出任基督民主黨黨魁。
2002	社會民主黨再度勝選。
2004	柯勒當選總統。
2005	基督民主黨與社會民主黨組成聯合內閣，梅克爾擔任總理。
2009.12	〈里斯本條約〉正式生效。
2012	歐洲聯盟獲頒諾貝爾和平獎。
2013.4	德國另類選擇黨成立。
2013.9	德國國會大選，執政黨基督教民主黨聯盟獲 311 席，未能過半，必須與擁有 190 席的社會民主黨合作，組織政府，仍由梅克爾出任總理。
2015	歐洲發生難民危機，許多來自非洲的難民湧入歐洲，各國應接不暇。根據聯合國的統計，這波難民潮中，德國接受百萬人，散居各邦，造成許多民怨。
2017	第十九屆國會大選，基督教民主聯盟僅獲 246 席，社民黨則獲 153 席，超過半數（總共 709 席），原本應可順利繼續組織執政聯盟。但雙方因為難民問題發生歧見，經過許多周折後才勉強達成共識，繼續執政。
2020	新冠疫情開始。
2021.12	蕭茲任總理。

| 2022 | 俄烏戰爭爆發，德國響應美國號召，向烏克蘭提供反坦克武器和導彈，杯葛俄羅斯、進行經濟制裁，並中斷來自俄羅斯的天然氣與石油，影響德國的能源供應。 |
| 2023 | 另類選擇黨成為巴伐利亞邦、黑森邦地方議會第二大黨。德國聯邦政府設置氣候轉型基金，並計畫將新冠疫情的預算移於此。11 月，德國憲法法庭裁定違憲。 |

參考書目

Christian Meier, *Was ist nationale Identität*, in: Thomas Gauly (hrsg.), Die Last der Geschichte, Kontroversen zur deutschen Identität, Köln, 1988.

Leopold von Ranke, *Preussische Geschichte, 1415–1871*, ausgwählt und bearbeitet von H- J-, Schöps, Mühtal, 1981.

Myron Gilmore, *The World of Humanism*, New York, 1952.

Leopold von Ranke, (Ausgewählt und bearbeitet von Hans-Joachim Schöps) *Preussische Geschichte, 1415–1871* (Mühltal: VWA.-Techow Verlag, ?).

Heinrich von Treitschke, *Freiheit, Einheit, Völkergemeinschaft, Eine Auswahl aus Reden und Schriften*, Wien. Walter Verlag, 1953.

Theodor Heuss, *Deutsche Gestalten*, Tübingen, 1951.

Hans Schleier, *Die kleindeutsche Schule "Droysen, Sybel, Treitschke"*, in: Joachim Streisan (hrsg.), Studien über die deutsche Geschichtswissenschaft von 1800 bis 1871, Berlin (Ost): das europäische Buch, 1969.

Hajo Holborn, *Deutsche Geschichte in der Neuzeit*, München, 1970, Bd. II.

Thomas Nipperdey, *Nachdenken über die deutsche Geschichte*, München: C. H. Beck, 1986.

Wilfried Loth, *Das Kaiserreich, Obrigkeisstaat und Politische*

Mobilierung, München: dtv, 1996.

Wilfried Loth, *Das Kaiserreich, Obrigkeisstaat und Politische Mobilierung*, S.171, Dokumente Nr. 1.

圖片出處

編輯部繪製：1、2、3、5、6、18、21、25、26；AKG Berlin：4、7、13；Wikipedia：8、9、10、12、15、16、17、19、23、24、27、28（左和右）；公領域：11、14、20；German Federal Archive：28（中）；Bettmann/CORBIS：29、34；Christel Gerstenberg/CORBIS：30；Hulton-Deutsch Collection/CORBIS：31、33；Peter Tumley/CORBIS：35；Owen Franken/CORBIS：36。

愛爾蘭史——詩人與歌者的國度

翡翠之地、生命之島,儘管獨立之路血淚交織,唱詠克爾特的詩歌永不止息,愛爾蘭人以樂觀與勇氣面對各種橫逆,向世人展現其堅強的韌性。本書娓娓道來愛爾蘭歷史的起伏,邀請讀者一同徜徉詩人與歌者的國度!

丹麥史——航向新世紀的童話王國

全球最幸福國家不是一天內打造出來的!這個童話國度裡有全歐洲最開明的王室、勇敢追求改革的文人、還有積極擁抱創新的人民,讓我們一窺丹麥人如何攜手面對種種時代風潮,建立人人稱羨的幸福王國。

法國史——自由與浪漫的激情演繹

法國,她優雅高貴的身影總是令世人著迷,她從西歐小國逐漸成長茁壯,締造出日後舉足輕重的地位。在瑰麗的羅浮宮、不可一世的拿破崙之外,更擁有足以影響世界的歷史與文化成就。

西班牙史——首開殖民美洲的國家

大航海時代的海上強權——西班牙,締造了傲人的日不落國,也將王國帶入前所未有的輝煌。在時代的轉移下,經歷高潮、低盪、君權和獨裁,今日的西班牙,終於走出一條民主之路。

希臘史——歐洲文明的起源

希臘是孕育歐洲文明的故鄉，然而其銜接歐亞大陸的優越地理位置，卻也為眾多強權所垂涎，羅馬人、十字軍、鄂圖曼的先後入侵與征服，使得希臘長期遭受異族統治。即使在近代掀起獨立戰爭，獨立建國之後的希臘仍是列強爭奪東歐霸權的籌碼。希臘擁有偉大而悠久的歷史，走向現代的路途卻是顛簸坎坷。這個歐洲文明的起源地，能否發揮她古老的智慧，航向名為未來的彼岸呢？

烏克蘭史——西方的梁山泊

位處歐亞大陸交界，烏克蘭相繼受鄰國掌控，但烏克蘭人並非逆來順受，他們讓全世界知道，民族精神的存續是值得用生命捍衛且不可妥協之物！本書帶領讀者回顧烏克蘭政治史上的跌宕起伏，爬梳其歷史背景，一探歐亞兩大勢力交界的烏克蘭如何力求生存的戲劇性過程。

國家圖書館出版品預行編目資料

德國史：中歐強權的起伏／周惠民著.－－增訂四版
一刷.－－臺北市：三民，2024
　　面；　公分.－－（國別史）

　　ISBN 978-957-14-7728-2 （平裝）
　　1. 德國史

743.1　　　　　　　　　　　　　　112020181

國別史

德國史——中歐強權的起伏

作　　者｜周惠民
創 辦 人｜劉振強
發 行 人｜劉仲傑
出 版 者｜三民書局股份有限公司 (成立於 1953 年)

三民網路書店
https://www.sanmin.com.tw

地　　址｜臺北市復興北路 386 號　　（復北門市）　(02)2500-6600
　　　　　臺北市重慶南路一段 61 號 (重南門市)　(02)2361-7511

出版日期｜初版一刷 2003 年 10 月
　　　　　增訂三版一刷 2019 年 1 月
　　　　　增訂四版一刷 2024 年 4 月
書籍編號｜S740390
I S B N｜978-957-14-7728-2